资本大格局

千亿操盘者的投资逻辑

葛小松◎著

新世界出版社
NEW WORLD PRESS

图书在版编目（CIP）数据

资本大格局：千亿操盘者的投资逻辑 / 葛小松著
. -- 北京：新世界出版社，2017.12
ISBN 978-7-5104-6317-4

Ⅰ. ①资… Ⅱ. ①葛… Ⅲ. ①投资—研究 Ⅳ.
① F830.59

中国版本图书馆 CIP 数据核字 (2017) 第 136963 号

资本大格局：千亿操盘者的投资逻辑

作　　者：葛小松
责任编辑：房　阳
责任校对：宣　慧
责任印制：王宝根
出版发行：新世界出版社
社　　址：北京西城区百万庄大街 24 号（100037）
发 行 部：(010)6899 5968　(010)6899 8705（传真）
总 编 室：(010)6899 5424　(010)6832 6679（传真）
http://www.nwp.cn
http://www.nwp.com.cn
版 权 部：+8610 6899 6306
版权部电子信箱：nwpcd@sina.com
印　　刷：北京天宇万达印刷有限公司
经　　销：新华书店
开　　本：710mm×1000mm　1/16
字　　数：300 千字　印张：20
版　　次：2017 年 12 月第 1 版　2017 年 12 月第 1 次印刷
书　　号：ISBN 978-7-5104-6317-4
定　　价：48.00 元

// 推荐序 //

大格局，应基于宽博感知、新锐认知与第一性原理

韩大为 / 曜为资本共同创始人兼 CEO

处于商业社会的人大都在追求商业意义上的成功，“成功原因是什么”遂成了一个比“生存还是死亡”更令人感兴趣的问题。

显然，这个问题没有放之四海而皆准的答案，不同时代的人会给出不同的答案：《商道》一书主张“财上平如水，人中直似衡”，小说《青瓷》则认为“小财靠勤，中财靠德，大财靠命”……但最近几年，备受推崇的成功要素当属“格局”。

一个人的格局从哪里来？不久前猎豹移动公司 CEO 傅盛写了一组被称为《认知三部曲》的文章，我觉得他在这组文章提出的一个概念，即“认知升级”可以部分地回答这个问题。傅盛认为，认知水平决定了一个人基于综合情况而做出精准判断的能力，它高于技能，在 AI 时代尤其如此。

随着 AI 的进步，在不久的将来大多数技能会被 AI 取代，认知则不会，因为它是综合判断，是开放的而非封闭的。在互联网时代，认知差距已成为人与人之间唯一的壁垒，只有不断进行认知升级、在认知方面有过人之处的人才能在互联网时代“大而化之”，成为商海弄潮儿。傅盛的文章在朋友圈里刷屏了好一阵子，可见其观点是被大多数人认可的。我也深为认同，但同时觉得应该有所补充。

我认为与认知比起来，感知也很重要。没有人能够不经实践、在没有感知的情况下获得认知。就是那些搞纯理论的人也要做思想实验：麦克斯韦妖、爱因斯

坦追光、薛定谔的猫……更何况从事商业活动的人，更需有深入广泛的感知空间与强大的感知能力。没有感知的广博就不会有认知的新锐，正如傅盛所说，认知产生的原理跟神经网络的模型训练很像；概述而言，就是“通过海量信息不断输入，再进行自我思维模式的训练，最后输出一个判断”。换言之，认知来自感知，两者是一体的。要有格局，就必须二者兼备。古人讲“读万卷书、行万里路”就是这个道理。

另外，我认为格局还有一个来源：对第一性原理的体悟。第一性原理是当下很俏的一个商业概念，它是指“从物理学的角度看待世界，即一层层拨开事物的表象，看到里面的本质，再从本质一层层往上走”。

特拉斯的 CEO 马克斯对第一性原理倍加推崇：“我们运用第一性原理而不是比较思维去思考问题，这非常重要。我们在生活中总是倾向于比较，对别人已经做过或者正在做的事情我们会跟着做。这样做的结果是只能实现细小的迭代发展。”马克斯之所以能成为“乔布斯第二”靠的是第一性原理。

在我看来，第一性原理的核心就是过去我们常说的“抓本质”。其对于商业活动是非常重要的。我是运作金融资本的，我就经常问自己：金融的本质是什么？答案在我们上中学时都学过：价值尺度和交易媒介（这两个是最核心的）等。可以说，金融的本质就是给资产（或产品、服务）定价，使各种要素流动起来——从生产系统的角度看就是资源配置。这个本质决定了金融业必须为实业服务，否则它就循环不起来，或者说形不成闭环。

体悟了第一性原理，也就找到了自己的定位。有无格局不仅是认识问题，也是实践问题，格局应该是一个能让你在所处的环境与形势中“一览众山小”的节点。这就是你的定位。这一点对于从事金融行业的人特别重要——因为金融业离钱太近，诱惑太多，体悟到第一性原理更有助于你不走偏。

最近几年，随着金融业改革与开放的深入进行，国内金融创新不断，主流虽然是好的，但确实也产生了许多“杂质”：

一是人人都在搞或想搞金融，结果是脱实向虚，金融圈形成了所谓的“内循环”体系。据统计，2016 年上半年 M1 增速超过了 24.6%，M2 增速超过 11.8%，M0 的增速为 7.2%，2016 年年末 M1 的增速为 17%，M2 的增速为 9.6%，M0 的增速为 7.3%。这两组数据说明大量资金没有流入经济实体，而是流入了房地产市场和地方政府的融资平台。

二是打着金融创新旗号进行的融资活动“花样翻新”，游离于监管体系之外，形成了许多灰色地带，产生了一些局部失控的现象。总之，当下我国已经出现了经济过度金融化的苗头。各行业的盈利对比情况可以印证这一判断。据统计，目前我国金融行业的增加值已超过了一向作为支柱产业的房地产，其对 GDP 的贡献率也超过了美国。麦肯锡的一份报告显示，最近几年，金融业对其他行业的利润挤占情况是非常严重的，个别年份甚至出现过 80% 的利润被银行和金融机构拿走的情况——2015 年，美国 500 强企业中 18 家银行的净利润占比为 11%，中国的 500 强企业中银行的数目恰好也是 18 家，但其净利润的占比竟超过了 50%。可以说，目前中国金融行业的产值、产品、从业数量、机构数量均已超出了实体经济的需要，股灾、互联网金融泡沫、影子银行等问题都是金融业过度繁荣造成的。

为什么会这样？我觉得就是因为许多金融机构、金融从业者背离了第一性原理，只看到自己的一亩三分地，没有大的格局。不久前召开的第五次全国金融工作会议提出“回归本源、优化结构、强化监管、市场导向”的方针，强调服务实体经济、防控金融风险、深化金融改革的“三位一体”，对我们来说就是要回归第一性原理。对于做私募股权投资的我们来说这是重大利好。

金融业不是不发展了，而是要更好地发展，尤其是要更好地为实体经济服务：

一是大力发展直接融资。从 2012 年的第四次全国金融工作会议直到现在，中国经济运行的总体杠杆率，尤其是企业部门杠杆率已经上升到值得警惕的程度。不久前召开的第五次全国金融工作会议暗示金融工作的重中之重是国有企业降杠杆，其主要手段是进行混合所有制改革。二是坚持对外开放和走国际化的道路，即金融要助力国内实业企业实现产业链的全球化布局。

我相信在这两个方面私募股权投资基金都能有大作为，未来私募股权投资的价值会进一步彰显，会在金融业乃至整个国民经济中担任更重要的角色，因为私募股权投资基金一直与实业关系密切，尤其是与新兴产业与需要升级、重组的产业关系密切，与全球化关系密切。

总之，我认为格局不是一种高姿态，也不仅仅是一种胸怀，它是由宽博的感知、新锐的认知和对第一性原理的体悟“升发”出来的，是具体的，有方法论意义的。葛小松先生之所以将本书命名为《资本大格局：千亿操盘者的投资逻辑》，我想不仅是因为他想告诉我们成功的投资，或者说成功的商业活动均取决于操盘者是否有格局，更主要的是他想告诉我们格局来自哪儿，是由哪些要素组成的。该书能让你有条理地了解、理解、掌握这些要素：宏观、行业、企业、操盘要点、案例（可以将其视为进行综合判断的思维过程），另外还有为中国私募股权基金的发展与创新方向提出的建议：强化产融结合，而非为金融而金融。这是它与那些偏重工作流程或技术要点解释的写私募股权基金的图书不同之处。

获取流程与技术易，但拥有格局却很难！就这一点而言，可以说该书的时代感是很强的。我一直以为写私募股权投资基金的书应该具有时代感，毕竟在中国私募股权基金是最近几年才兴起的“新事物”，并且可以预计今后一段时间其会越来越大行其道——所谓“黄金十年”已是共识。

大格局，承载的是历史，指向的是未来！

// 自序 //

我的资本格局观

躬逢其盛，与有荣焉。

作为一名中国的“80后”，我有幸在改革开放初期那种朝气蓬勃的氛围中成长，并见证了中国经济30多年持续高速的发展。仍然记得当年在读大学期间，最爱探究的就是各种经济现象和问题，尤其是中国经济增长奇迹背后的原因。这种思考，让我由衷地钦佩经济的力量、资本的力量。

2010年，我创办了GIO华兴控股集团，实现了自己从小的梦想——成为一名投资家。在创业的6年时间里，我自然关注到中国GDP增速连续6年的下滑，尤其是近年来，中国日益浮现关于债务高企、房地产泡沫、僵尸企业、人民币贬值、投资与消费乏力等众多经济问题，并伴随着全球经济衰退的声音，让人应接不暇并忧虑重重。

我一直认为，一名真正的投资人应该做到“荣衰看过、不为所乱”。叶盛风急却不乱者，因其有根立本。而我的“根”，也就是我的资本格局观，可以概述为四个字：“一点三度”。

小到个人，大到组织或国家，其兴衰起伏的背后，最根本的原因就是“一点”：供与需如何此消彼长？用什么样的方式来达到或突破这两者之间的平衡是资本最应关注的核心问题。

而要更好地探讨这个根本问题，则需放到更充分的“广度”中去比较，比如地区的经济问题要放到全国范围里去看、中国的经济问题要放到全球的范围里去看；要放到更充分的“长度”中去思考，比如当下的经济问题要放到改革开放的30多年中去看，甚至放到中国和世界经济上千年的发展历史中去看；要放到更充分的“厚度”中去感触，比如经济问题背后到底隐藏或显现了什么样的人性、民族性和人类的文明价值观？

接下来，我将结合上述的“一点三度”来阐述我的经济和资本格局观。不揣浅陋，权当抛砖引玉。

资本的历史观：风起云涌的三次全球化浪潮

除了经济问题，我平时喜欢看一些关于历史、政治之类的“杂书”，因为我觉得，了解这些知识有利于扩充我的资本视野。

众所周知，两千多年前，在全球的各地，诸多先贤开创了人类几大文明价值体系。而此后，无论是在同一疆域内还是在不同疆域间，文化、政治、经济三者互相依存缠斗，或此消彼长，或共同促进，这成为人类发展历史中的基本命题。这种文化交融的背后，是依靠不同的物质载体来实现的；而物质交换背后，其实际就是“供”与“需”的你来我往、破坏与平衡。

我不惮浅薄，斗胆以三种物质及三个阶段来概述这逾越千年的发展史：第一次中西方大交融发生在2000多年前，供给端与需求端是丝绸、陶器与黄金、白银等贵金属，交易主体是东西方的各个国家。

中国的文字与文明，始载于远古陶器碎片，其核心思想是敬天与法祖，滥觞之下百家并出，并滋生出从战国到汉初蓬勃的市场经济。君不见《史记·货殖列传》上，各行各业均有富可敌国的商人，相当于古代版的“富豪排行榜”。

丝帛、瓷器、造纸、火药等诸多生产与制造技术称雄全球，通过“丝绸之路”西进及“陶器之路”南下，水陆并进，将中华文化圈的影响力扩张到日韩、伊斯兰世界及欧洲诸国。从汉语的“Qin（秦）”，到梵语中的“cinah”，再到波斯语中的“chini”，“China”一词的流变，即是数种文明冲撞、涵孕的生动记载。而把舵助风的便是商业的力量。

第二次中西方大交融主要集中在 16–17 世纪，供给端与需求端是瓷器、茶叶与黄金、白银等贵金属，交易主体还是东西方的各个国家。

16 世纪是世界古代与近代的分界线，因为美洲大陆的发现开启了人类历史新的一页。同时，它也是中西方文明与经济实力的分水岭——此之前，中国的工艺技术与生产力居世界之冠，称霸全球。

16—17 世纪，因为从新大陆源源不断输入的黄金、白银等贵金属，让欧洲的经济飞速发展。而商人新贵阶层的涌现，是触发欧洲文艺复兴运动决定性的力量。这场涉及文化、政治、经济等各个领域的浩大变革，其影响力深远至今，奠定了今日世界发展的大格局。

中国曾是这次全球化浪潮的“既得利益者”，其输出的瓷器与茶叶等丰富物品，让中国成为全球白银最大的吸纳之地。而此时，《论语》《大学》等中国儒家经典却“反其道而行之”，通过传教士的翻译进入欧洲，掀起了一股“中国风”。

商业之力量，让贵重的金银在全球流转，而比金银更为贵重的文明，也通过这种流转找到了新的熔点。“理性”是启蒙运动发展的重要观念之一，这一观念源自希腊古典文明，却在遥远的东方古国找到了印证。欧洲启蒙运动诸贤们极度推崇中国文化传统中所强调的理性、不重神学思辨的思想体系。

而在中国，一场“文艺复兴运动”亦处于萌芽之中。繁荣一时的贸易极大地促进了当时文化思想的昌盛——有强调个性思想的阳明之学，有着浪漫诉求的李势、重视西方科学研究实证方法的方以智，还有明末提出接近民主制度设计并进行实践的黄宗羲，更有医学家李时珍、地理学家徐霞客……

让人扼腕长叹的是，叩关而来的清军，屠尽了昙花一现的繁华。中国落下了沉重的大锁，但民间交易仍如海浪般此起彼伏、汹涌不止。最后，因为东西方贸易出现了严重的贸易顺逆差，为保护自己的利益，列强们纷纷命令自己的军舰向中国这个古老的国度侵进……

渣打银行 2010 年的报告证实了这一点：世界的第一个超级增长周期是从 1870 年到 1913 年，全球经济增长在这一期间显著加快，年均增长 2.7%，是美国的兴起引发了这个超级周期。

第三次中西方大交融则发生在 20 世纪中末期，供给端与需求端变成了美元和价廉物美的产品，交易主体主要是以美国为首的西方发达国家和以中国为首的东方发展中国家。

中国适逢其时，成为全球化浪潮的最大受益者之一。学者陈志武指出，中国之所以在短短几十年迅速由弱至强，内因是受益于改革开放政策，外因是积极投身于此次全球化浪潮。

如果放在这样大的历史观中去看，可以说中国新一代领导人于 2013 年提出的“一带一路”战略是极具历史智慧和前瞻眼光的。因为从各国经济增长的数据来看，全球经济低迷从 2008 年开始，中国经济的拐点则在 2010 年，这意味着此次全球化浪潮开始从波峰掉头向谷底而去，中国决定同时恢复或开通陆上、海上的两条经济之路，从而让中国乃至全球摆脱经济发展困境，重现甚至超越中国历史上曾有的荣光。

值得注意的是，之前的中西方大交融，供需方一旦发生不可调和的矛盾，那解决问题的最有效途径便是悍马长枪或坚船利炮；而在中世纪开始兴起的一波全球化浪潮中，解决供需矛盾的主体变成了另外一种新兴组织——公司，解决问题的手段也变成了契约合同。原因无他，因为大家最终发现，以契约、规则、合同等为工具来维护自己的经济利益，其成本比军舰和战争要低得多。但近年来，全球化浪潮中供需方的矛盾开始日益凸显并靠经济手段难以协调时，战争的乌云又开始浮现。

“东则海防，西则塞防，二者并重，决不能扶起东边，倒却西边。”这是晚清重臣左宗棠在《复陈海防塞防及关外剿抚粮运情形折》中的高瞻远见。当下，我们面临同样的世界政治经济竞争困局，但中国人解决问题的实力与办法已经与晚清有天壤之别了。创新、开放、联动、包容，成为化解供需双方矛盾的解决之道。

资本的地理观：中国经济发展的三大核心区域

近年来，因为工作关系，我走访了很多地区的产业开发园、考察了很多企业，广泛地和国内外经济学者及投资人进行了各种形式的交流。在不同的时间、去不同的地方、见不同的人、探讨不同的问题，我始终在思考一个从大学时代就烙印在我脑海中的问题：为什么中国经济会在短短的几十年里取得如此神速的发展？

多年前，看到张五常教授的《中国的经济制度》一书。在书中他认为中国改革30年取得巨大成功的根本原因是，很好地解决了从等级排列的合约安排转移到以资产界定权利的合约安排。他提出的“县域经济竞争”理论引发了我的思考。

在我看来，中国起始于1978年的经济改革，主要分三个阶段，每个阶段有不同的核心发展区域。

第一个阶段在20世纪80年代，以深圳为首的珠江三角洲区域，因为得改革开放风气之先，摆脱了历史的束缚，在经济上率先取得了飞跃性的发展。

当时最直接最主要的供需方，一个是发生在外部，主要发生在中国内地与香港、台湾等地，继而又与日本、韩国及美国等西方国家经济贸易往来日益频繁；一个是中国深圳等沿海开放城市与广大的内地省份之间的经济交易往来。内需与外需同时爆发。

第二个阶段主要集中在 20 世纪 90 年代，以上海为首的长江三角洲区域的崛起。较之中国改革开放初期稍显无序的发展，此阶段的发展更显出区域良好的规划性，在长江三角洲区域众多先进现代的工业园如雨后春笋般冒了出来，吸引了大量外资企业入驻。

而在 20 世纪 90 年代初，正是全球技术和产业变革的前夜，最显著的特点是日本企业及其产品的崛起；非计算机生产企业开始定义未来，典型的是从事软件开发的微软、从事系统整合的 IBM、从事营销的戴尔；以施振荣的宏碁、郭台铭的鸿海科技为代表的中国台湾半导体等高科技行业崛起；而日益开放的中国大陆开始走向世界，外国公司也如潮水般开始涌入我国，中国经济进一步享受内部改革开放、外部全球化带来的双重红利，进入一轮改变世界经济版图的经济发展轨道中……

在我的案头，摆着一份从 1980 年到 2016 年的中国 GDP 增长数据，这些看似冷冰冰的数据，在我眼里却犹如一首激昂的时代交响曲，我分明能聆听到几十年来中国改革开放那些激越人心的最强音符。尤其让人骄傲的是，这些可贵的数字，是由像我一样每一位成长中的中国人用智慧和汗水一起浇铸的。（2017 年 1 月 20 日上午，国家统计局公布 2016 年经济数据显示，在 2015 年印度经济增速首次超过中国后，2016 年中国经济增速又重回全球第一。）

第三个阶段可以从 2014 年算起。在这一年的 2 月 26 日举行的京津冀协同发展工作座谈会上，习近平总书记明确提出："实现京津冀协同发展，是一个重大国家战略，要坚持优势互补、互利共赢、扎实推进，加快走出一条科学持续的协同发展路子来。"习近平总书记的讲话首次将京津冀协同发展上升到国家战略层面。

2017 年 4 月 1 日晚，中共中央、国务院发布决定围绕河北省雄县、容城和安新三县及其周边部分区域成立雄安新区的消息，这是继深圳特区和浦东新区后又一个具有全国意义的新区，也是在对北京城市副中心进行规划建设之后，我国政府在京津冀协同发展蓝图上又一具有历史意义的战略决策。在论述此战略的重要性时，官方甚至用了“千年大计”这样的词语。

而京津冀协同发展战略与此前一年提出的“一带一路”战略并不是彼此孤立的，两者是密切相关的。无论是 20 世纪 80 年代的珠江三角洲区域发展战略，还是 90 年代的长江三角洲区域发展战略，抑或近年来的京津冀协同发展战略及粤港澳大湾区发展战略，其核心都是在中国建立一个或若干个经济发展核心区域，由中国经济发展的“根据地”带动其他区域发展。

而中国由三个核心区域牵动的三次发展浪潮，其放眼和对应的都是起始于中世纪、在二战后逐渐达到高潮的全球化浪潮。而这波全球化浪潮在 2008 年美国金融危机和 2010 年欧洲主权债务危机后，已有明显的“落潮”趋势：全球经济陷入持续的低水平（如低增长、低投资、低贸易、低通胀、低油价、低利率、低收入、低雇佣率……）之中，上一个以美国牵头的“发达经济体负债消费、新兴经济体拼命生产、能源经济体提供动力”的强增长周期宣告结束。

而新兴的国家，尤其是表现最为突出的中国，在图谋更重要的历史责任——立足于京津冀协同发展战略、长江经济带战略及粤港澳大湾区发展战略基础之上，更是积极走出去，倾力打造“一带一路”战略。正如中国国家主席习近平 2017 年 5 月 14 日在“一带一路”峰会开幕式讲话中指出的一样，中国要协同其他各国，将“一带一路”建成和平、繁荣、开放、创新、文明之路。

从全球化浪潮的受益者，到全球化浪潮的主推者，这是一条中华民族的复兴之路。

资本的时机观：全球经济下行的挑战与机遇

前面谈了这么多大格局，会有人问：这跟投资到底有什么直接关系？我的答案是：生死相关！

我常常和一些投资人或企业家进行交流，大家难免谈到投资中的种种风险。但在我看来，很多所谓的风险其实只是技术性风险、专业性风险，只能算是“小风险”，真正的“大风险”，同时也是“大机遇”，我认为有三个：

第一，从全球化浪潮的角度看全球政治格局的风险与机遇。正如我前面谈到的，无论是个人或组织，还是国家之间，最根本的关系是供需关系，其矛盾也是因为供需关系失衡造成的。而近十年来，全球政治格局最大的问题或者说供需矛盾，就是中国的崛起与美国的日渐衰退。作为政治力量，中国在取代美国成为全球领导者之前，一定是在经济上赶超美国成为全球第一大经济体。贸易逆差背后是经济实力的体现，而通过经济手段解决不了经济问题时，战争或政治争端便粉墨登场。

美国当地时间 2016 年 11 月 8 日，唐纳德 · 特朗普“出人意料”地当选美国新一届总统，这让很多人大跌眼镜，很多国家都在密切关注和评估特朗普当选总统后对全球政治、军事和经济的影响，并出现了很多不看好的声音。在投票结果出来后，美国各地都出现了反对特朗普的游行示威活动。2017 年 1 月 21 日，特朗普在美国国会山宣誓就任美国第 45 任总统，并在就职演说中阐述自己“美国优先”的治国理念。我认为，风险加剧，中美的贸易大战一触即发。

但风险背后同时意味着机遇。如果从另外一个角度来考虑，那么上述政治争端的风险背后，则蕴含巨大的机遇，比如通过“一路”去俄罗斯、巴基斯坦等国家投资，通过“一带”去菲律宾等国家投资。近期中国与菲律宾两国之间关系的阴晴反转，充分证明了政治对经济和投资的巨大、非理性影响，也唯如此，巨大的风险与巨大的收益之间的变幻犹如观看川剧“变脸”。

我注意到，因特朗普当选美国总统后，竟然带动中国沪指强势反弹，盘中“一带一路”概念股再度活跃，如中国交建于2016年11月11日当天收涨7%。摩根士丹利股票分析师Kevin Luo在2天前的一份分析报告中即预测：“一带一路”主题将会受益于美国大选结果，主要是因为美国新任总统宣称要进行贸易保护，美国对亚太地区和全球其他地区参与程度要降低，这无疑给了中国更广阔的机会。这也充分证明了“危中含机”的道理。

第二，从中国区域发展的角度看未来投资的增长点。如前所述，在经历了珠江三角洲、长江三角洲等为核心的区域带动全国经济发展的阶段后，无论是个人，还是机构投资者，下一波投资的热点区域，一定是京津冀地区及“一带一路”沿线。京津冀协同发展战略刚刚启动，将有数万亿投资倾注在这片土地上，基于京津冀区域为基点的“一带一路”沿线地区将会是中国乃至全球资本漫延欢歌之所，将会有一大批资本新贵在这里崛起。

第三，从产业发展的角度看，在新信息、新技术革命推动之下，与传统产业的结合，一定会诞生巨大的产业投资机会。中国知名的企业家任正非、马云等人，都在不同的场合谈到了对新技术革命的敬畏之心，认为未来能让华为、阿里巴巴这样的巨型企业一夜之间倒下的，一定是因为对未来新技术的忽视或者无视。最尖端智能的机器人与最传统的生产线甚至田间地头一旦紧密结合，将会迸发出让人类迄今为止难以想象的生产力。

警惕政治风险，紧跟新一轮全球化浪潮和中国新的区域发展战略，密切关注新信息、新技术带来的产业机会，是一位卓越的投资人所应具有的超前意识和战略眼光。

目　录

CONTENTS

前言
// 私募股权投资的过去与未来

科幻文学大师威廉·吉布森说过一句广为人知的话：“未来已经来临，只是分布不均”。而我写这本书的初衷用一句话概括就是：让已经来临的未来能够尽量分布得更均匀一些。

这是一个有使命感的投资人的并不虚空的愿景！

我进入私募股权投资行业已经七八年时间。这期间，国内私募股权投资基金行业趋势渐明，愈呈兴盛之象，这让我看到了未来——国内私募股权投资基金的未来。与此同时，我发现身边的绝大多数非专业人士，包括我们的一些合作伙伴或潜在的合作伙伴，却并没有看到我所看到的。他们中的大多数人对私募股权投资基金仍有陌生感、违和感。我希望用这本书破除这种陌生感、违和感。因为我觉得私募股权投资已经开始取代房地产投资，成为国内最好的投资理财方式，这个过程至少会持续 10 年以上。我希望更多的人能认识到这一点，希望大家一起正视“已经来临”的未来。

未来在哪儿？答案在历史的延长线上，正所谓“让历史告诉未来”。私募证券投资基金的未来也需要其历史来“告诉”。

应该说，私募证券投资基金的历史并不长，脉络也很清晰。通过它，我们很容易为私募证券投资基金“定性”——需要先界定一下，本书的“主角”是私募股权投资基金，而非私募证券投资基金。这主要是因为 GIO 华兴控股集团的定位是私募股权投资基金，我们也做证券投资，但做的方法仍是股权投资的方法，即像巴菲特的伯克希尔公司一样做长期投资，其主要是出于产业布局方面的需要，而不是大家通常概念中的“炒股票”。

依我的理解，用两个词组就足以为私募股权投资基金“定性”：一是创新推手；二是理财能手。

解决产业发展痛点的创新推手

星星之火可以燎原！

与其他商业组织一样，私募股权投资基金的旺火也是由“星火”点燃的。这些“星火”可以被追溯到第一次世界大战到第二次世界大战之间的一些投资机构，其中既有政府主导的，也有私人性质的。前者的出资人是政府部门，比如成立于 1918 年的战时金融公司（the War Finance Corporation，WFC），其主要投资私有性质的军工企业；后者的出资人是一些富豪或富豪家族，包括范德比尔特、惠特尼、洛克菲勒、华宝等，1938 年劳伦斯·洛克菲勒投资东方航空是最典型的案例。

不过，这些投资机构都不是现代意义上的私募股权投资基金，准确地说，它们只具有私募股权投资基金的功能，但不具有其组织架构、产权关系和管理模式。现代意义上的私募股权投资基金是二战后诞生的。其标志性的事件是美国研究与发展公司和惠特尼公司的成立，时间均为 1946 年。

美国研究与发展公司是由被誉为“风险投资主义之父”的乔治斯·多瑞特（欧洲工商管理学院的创建者和哈佛商学院的院长）、拉尔夫·弗兰德斯和卡尔·康普顿（麻省理工学院的主席）创建的，主要投资从二战中生还的军人所经营的企业。美国研究与发展公司被认为是第一个拥有大量风险投资成功案例的公司，据说其总投资回报率高达 500 多倍，年均回报率高达 101%。美国研究与发展公司最成功的投资案例是投资数字设备公司（DEC）——1957 年投资 7 万美元，数字设备公司 1968 年 IPO（首次公开发行），挂牌当天市值超过 3.55 亿美元。惠特尼公司是由 John Hay Whitney 和 Benno Schmidt 所创建的，其最成功的投资案例是投资 Florida Foods Corporation——该公司研发出了一种被称为 Minute Maid 的橙汁，解决了美国士兵难以随时补充营养这个“痛点”，1960 年 Florida Foods Corporation 被可口可乐公司收购，惠特尼公司大赚一票。

美国研究与发展公司和惠特尼公司从事的都是风险投资业务——当时私募股权基金并没有细分。受二者的带动，新的风险投资不断出现，投资案例不断增多。20 世纪 50 年代至 70 年代，它们主要投资硅谷的创业公司，其中最早也最典型的投资是制造出第一个可批量生产、销售集成电路产品的仙童半导体公司。该公司可谓是美国硅谷的“黄埔军校”，为 PC 时代的 IT 产业输送了大量人才，包括 PC 时代的霸主之一英特尔也是由其员工创建的。伴随硅谷的成长，风险投资基金在电子、医学、数据处理等领域获得了丰厚的回报，风险投资遂成了高科技产业投资的代名词。

这一时期的风险投资可谓是功在千秋——除了襄助硅谷成长以外，它们还奠定了今天仍在使用的私募股权投资基金的组织与运作模式，尤其是美国研究与发展公司，其被普遍认为是第一个把募集资金的对象从富豪家庭（或个人）变为普通高净值家庭（或个人）的私募股权投资基金。“旧时王谢堂前燕，飞入寻常百姓家”，开风气之先！

同时，私募股权投资基金通常采用的有限合伙制也是由其奠定的。该制度将合伙人分为两类：一类是普通合伙人（general partnerships, GP），在法律上，须承担没有限制的连带责任，组成普通合伙人需要两名或两名以上的个人；另一类是有限合伙人（limited partnerships, LP），在法律上，有限合伙人仅承担以其出资数量为限的责任，组成有限合伙人最少需要一名承担有限责任的合伙人和一名普通合伙人。普通合伙人除了能根据其出资多少获得等比例的投资收益外，还能收取管理费并依据约定享受一定比例超额收益——前者一般每年是资产总额的1%-2%，后者一般是投资净收益（净利润）的20%。

组织创新就是制度创新。一个适宜的制度可以带来“人人奋勇、个个争先”的局面。在新组织与运作模式的带动下，20世纪50年代至70年代，风险投资机构如雨后春笋，其中一些至今仍笑傲江湖，比如被称为全球创业投资界的双子星座的凯鹏华盈（Kleiner Perkins Caufield & Byers，KPCB）和红杉资本（Sequoia Capital）均创建于1972年。这一时期出现的知名风险投资机构还有 AEA Investors、TA Associates、Mayfield Fund、Apax Partners、New Enterprise Associates、Oak Investment Partners and Sevin Rosen Funds。它们对以个人电脑为中心的新一轮的科技革命起到了推波助澜的作用，许多知名IT公司都得到过它们的襄助，包括现在全球市值最高的公司苹果电脑。另外，Tandem Computers、Genentech、Electronic Arts、Compaq、Federal Express and LSI Corporatio也是它们的“杰作”。

需要说明的是，私募股权投资基金起源于风险投资，但并不限于风险投资。到目前为止，就盈利模式看，私募股权投资基金有创业资本、发展资本、重振资本、杠杆收购、管理层收购、夹层资本、Pre-IPO、PIPE 8种，其中前两种属于风险投资范畴。应该说，直到现在，风险投资仍是私募股权投资基金两大品种之一。

除了风险投资，私募股权投资基金还有一个常青的品种，即杠杆收购。杠杆收购比风险投资出现得晚一些，但从某种意义上讲它更为引人瞩目。这可能与其体量更大有关——一是基金本身的资产规模大，二是投资项目的标的大。另外，相对而言，其资本运营的技术含量也要比风险投资高一些，运营的总体风险也更大一些，或者说“富贵险中求”的效应更突出，故事性更强，更符合媒体与相关专家的胃口——风投失败的案例很少为人所知，但杠杆收购失败的案例则万众瞩目，其中一些甚至成了新金融政策出台的依据。在本书中，我将分析几个典型的案例。

杠杆收购又被称为融资并购，指公司或个体利用收购目标的资产作为债务抵押举债收购目标公司的行为。有案可查的第一个杠杆收购案例是1955年的麦克莱因工业公司（McLean Industries, Inc.）对泛大西洋汽船公司（Pan-Atlantic Steamship Company）和水手汽船公司（Waterman Steamship Corporation）的收购，其创造了杠杆收购的经典“玩法”：为收购借了0.42亿美元，同时还通过发行优先股筹集到了700万美元。交易完成后，麦克莱因工业将水手汽船的0.2亿美元现金和资产用于还贷，还迫使新选出的水手汽船董事会同意向其支付0.25亿美元的分红。用被收购者的钱来偿还收购者为收购借的钱的“玩法”由此确立。

值得一提的是，被认为是有史以来最伟大的投资家的沃伦·巴菲特（Warren Buffett），也是靠杠杆收购发迹的。巴菲特通常被认为是一个证券投资者，要不怎么被称为股神呢？但其实，他更主要的角色是私募股权投资者。1965年，在董事会的支持下，巴菲特得到了伯克希尔哈撒韦公司（Berkshire Hathaway）的控制权，当时伯克希尔哈撒韦的主业是纺织品制造与销售，巴菲特将其改造成了一个以保险业为核心的多元化投资集团，不断收购其他公司，且均带有杠杆收购性质。巴菲特一直不认为自己是杠杆收购者，因为在收购中他不使用过高的杠杆率，更不会进行敌意收购。实际上，巴菲特的创新在于他把杠杆收购与保险经营结合了起来，保险经营让他能源源不断地获取比举债或发股融资成本更低的资金，那就是保费收入。巴菲特的价值投资法，尤其是关注收益和现金流的理念，成为后来许多私募股权投资者的效仿对象。

投资是一个高风险行业，做私募股权投资也不例外。在70多年的发展过程中，私募股权投资带来了一些“血淋淋”的教训：20世纪80年代后期杠杆收购的异化带来了杠杆的过度使用（杠杆率越来越高）乃至敌意收购和绿票讹诈（green mail）的出现，结果是一些大型私募股权投资基金的破产和整个资本市场的一地鸡毛；20世纪初由风险投资间接催生的纳斯达克股市泡沫的破裂造成资本市场一片哀号……

但总的来说，私募股权投资仍可以被称为创新推手。私募股权投资基金的发源地与“主战场”是美国，我们很难想象：如果没有私募股权投资基金这个创新推手，二战后的美国经济会活力四射？这种活力不仅是指其增长速度快、影响大，是全球经济的发动机，更指其在技术、产品、业态、组织、管理、运作方式等方面的创新不断，全球都唯其马首是瞻。

现在有一个词特别流行，叫“痛点”。一个好的生意总是要解决一个或一些痛点的，私募股权投资也不例外，它针对的痛点有两个：一是新技术市场化的效率低下，或者说创业企业融资难；二是一些成熟企业的资产运营效率低。风险投资解决的是第一个痛点，杠杆收购解决的是第二个痛点。因此，风险投资可谓是技术创新的推手，技术创新会带来新的产品与业态，或者说创造出新的需求，就竞争策略而言，其对应的是“蓝海”；杠杆收购解决的是第二个痛点，因此杠杆收购可谓是管理创新的推手，管理创新会带来新的收入与成本关系，提升一家企业的全要素生产率，就竞争策略而言，其对应的是“红海”。当然，这两者的区分是相对的，而非绝对的。

上述判断可以为私募股权投资基金的周期性所佐证：不论是风险投资还是杠杆并购，都有一定的周期性。风险投资的周期性与技术革命的进程密切相关：每到技术革命的发力点，风险投资就会更为活跃一些。反之，在旧技术业已成熟而新技术尚未“发力”前，风险投资就会沉寂一阵子。比如20世纪80年代中期至90年代初期，风险投资的表现就不如杠杆并购，因为当时正处于从传统IT革命向互联网革命的过渡期；90年代中期，随着互联网革命浪潮的来临，风险投资再度活跃，直至2001年纳斯达克股市泡沫破灭才“收敛”了些。不过，这个时间只有两三年，因为近二十多年来，互联网领域的创新始终都是“大步流星”，从互联网到移动互联网，现在又到了物联网、人工智能、大数据，一浪接一浪，一浪更比一浪高。

杠杆并购的周期性则与经济的周期性波动密切相关——相关研究表明，经济增长放缓对杠杆收购的发展有催进作用。其逻辑是经济增长放缓会导致企业的资本运营效率下降，因而需要通过改变管理层（团队）、改变发展战略（企业重组与行业整合）等方式来扭转颓势。

杠杆收购的第一次繁荣源于二战后黄金增长期的结束，时间为 20 世纪 70 年代中期。自那以后，杠杆收购案例开始增多。据统计，1979 年至 1989 年，仅超过 2.5 亿美元的杠杆收购案例就多达 2000 多起。这其中有一些背离了“初心”，即不是以提升资本运营效率为目的，而是为了投机获利。最著名的案例是 1989 年 KKR 对 RJR Nabisco 的杠杆收购，其最终成交价为 311 亿美元，号称历史上最大的杠杆收购。此次杠杆收购后来还被写成《门口的野蛮人》一书并被拍成了电影。

“出来混早晚是要还的。”背离“初心”最终让一些大型杠杆收购基金灰飞烟灭，其中最著名是德崇证券。就像 2007—2008 年金融危机中的雷曼兄弟，德崇证券的倒闭重创以杠杆收购为主业的私募股权投资基金，为一个疯狂的时代画上了句号。20 世纪 90 年代中后期，杠杆并购基金“低调”了一阵子，当时它们主要投资电信领域。2001 年，杠杆并购行业再次到达低点，当年超过 5 亿美元的案例只有 6 个。

2003 年以后，受 2002 年美国国会通过《萨班斯—奥克斯利法案》的影响，杠杆收购再次走向繁荣，超大型的杠杆收购案例不断出现。这主要是因为《萨班斯－奥克斯利法案》大幅提高了美国上市公司信息披露和内部管控的标准，从而提高了它们的经营成本，降级了它们的资本运营效率，结果是让私募股权投资基金为杠杆收购找到了新的有利可图的盈利模式：收购上市公司然后让其退市。

杠杆收购的第二次繁荣随着黑石与 KKR 的上市达到了顶峰。此后，受金融危机影响，其又进入了温暾状态。但最近两三年，随着美国虚拟经济（资本市场）繁荣与实体经济平淡的背离局面的形成，杠杆收购再度显现出活跃迹象，一个标志就是巴菲特将伯克希尔哈撒韦的业务重心逐步从证券投资转移到股权投资上，连续做了几次超大型的并购：2009 年以 440 亿美元购入的美国第二大铁路公司伯灵顿北方圣达菲；2013 年以 56 亿美元收购西部电力企业内华达能源公司；2015 年以 372 亿美元收购飞机零部件以及能源生产设备制造商精密机件公司……

正因为正能量显著，所以总的来说，各国政府对私募股权投资基金均持支持与鼓励的态度，尤其是对风险投资。实际上，在风险投资成为一个行业的过程中，政府的推动作用是非常大的，它主要体现在两个方面：一是设立政府引导基金。1958 年，美国政府发布小企业投资准则。该准则正式允许美国的小企业管理署（SBA）许可私有的“小企业投资公司”（SBICs）帮助美国的小型创业公司的融资和管理。“小企业投资公司”的性质与现在我们所说的政府引导基金类似，其职能是引导民间资金流向技术创新型的小企业。二是进行相应的税收安排。1981 年 8 月 15 日，里根总统签署了后来被称为 1981 年经济复苏税法的 Kemp-Roth 议案，将资本利得税率的最高值从 28% 降低到 20%，其使得高风险的投资活动更加有利可图，1982 年— 1993 年私募股权投资行业的第一次大繁荣即受惠于它。

高净值普通人群的理财能手

第二次世界大战以前，私募股权投资基金的投资人都是富豪或政府机构；第二次世界大战后，私募股权投资基金的投资人开始多元化，总体而言，高净值普通人群——中产阶级成了私募股权投资基金投资者的主体。所以，可以说，私募股权投资基金的兴盛是社会结构中产化的结果，中产阶级队伍的扩大是私募股权投资基金发展的前提条件。

当然，这里的所谓高净值普通人群是私募股权投资基金投资者的主体，并不意味着只有这些人才是私募股权投资基金的融资对象，养老金、企业年金、保险公司、慈善或捐赠基金会、家族办公室或信托也是私募股权投资基金的融资对象，而这些对象的资金很大一部分也是属于高净值普通人群的，尤其是养老金与企业年金。

实际上，私募股权投资行业的大发展曾直接受益于美国劳动部对雇员退休收入保障法案（ERISA）某些投资限制条款的放松。雇员退休收入保障法案是 1974

年推出的，当时对养老金持有包括上市公司在内的一些公司的股权是有较为严格限制的。1978 年，美国劳动部放松了一些限制，其中就包括允许养老金投资于私募股权投资基金。此举大大拓宽了私募股权投资基金的融资渠道。据统计，1978 年私募股权投资基金的融资总额从 1977 年的 0.39 亿美元飙升到 5.7 亿美元。另外，一些养老金还进入了高收益债券（或垃圾债券）市场，其对以杠杆收购为主业的私募股权投资基金的发展起到了间接的促进作用，因为做杠杆收购一般都需要大量举债。

高净值普通人群之所以愿意投资私募股权投资基金，主要是因为其收益率较高。从前面的叙述可知，较之储蓄、证券投资（股票、国债、公司债）、保险，私募股权基金的投资收益要高得多：一些风险投资案例的回报率能高达几百倍，甚至上千倍；一些杠杆收购案例的回报率也超高，同时获得回报的时间还短——主要是因为能使用较高或超高杠杆率的缘故。20 世纪 80 年代的杠杆一般是公司购买价格的 85% 到 95%，KKR 在 1986 年对 Safeway 的并购是以 97% 的杠杆和 KKR 投入的 3% 的权益而达到目的的。后来，随着 20 世纪 80 年代后期杠杆收购浪潮的逝去，杠杆收购的杠杆率急速下降，20 世纪 90 年代以来，杠杆收购的杠杆率始终维持在 20% 到 40% 之间。当然，较之储蓄、证券投资（股票、国债、公司债），私募股权基金的投资风险也更高一些。但其仍为高净值普通人群所能承受。实际上，高净值普通人群一般会建立自己的投资组合，即把资产配置到不同类型的资产上：房产、股票、保险、收藏……私募股权投资基金只是其中一类。

除了收益率较高外，配置私募股权投资基金还有一个好处：可以享受国际化利益。这一点看看 IDG 资本、红杉资本、经纬创投、贝恩资本、软银集团等国际私募股权投资基金在中国市场的作为即可知之。我国比较早的一批私募股权投资基金绝大多数都是美元基金。换言之，投资者绝大多数都是国际投资者。通过投资面向中国市场的私募股权投资基金，它们享受到了中国经济持续高速增长的

“红利”，赚得盆满钵满。直到2012年，我国境内的人民币基金的募资数量才超过美元基金。

孕育具有中国特色的创新空间

从某个角度来说，美国的今天就是中国的明天。这一点在私募股权投资基金行业表现得也很明显：我国的私募股权投资行业也发轫于风险投资，这可以追溯到20世纪80年代。

1985年中共中央发布的《关于科学技术体制改革的决定》提到了支持创业风险投资的问题，随后由国家科委和财政部等部门筹建了我国第一个风险投资机构——中国新技术创业投资公司（中创公司）。20世纪90年代后，一些海外私募股权投资基金开始进入我国，掀起了我国的第一次私募股权投资浪潮。它们主要投资国有企业，由于体制没有理顺，行政干预严重，更由于没有退出渠道，它们大都铩羽而归。

1999年，政府把私募股权投资行业的发展纳入了自己的视野，将其视为吸引和利用外资的一种方式（当时我们还处于资本稀缺的状态），随后推出政策与举措：1999年《中共中央、国务院关于加强技术创新、发展高科技、实现产业化的决定》出台，为我国私募股权投资的发展做出了制度上的安排；同年《关于建立我国风险投资机制的若干意见》出台，其是我国第一个有关风险投资发展的战略性、纲领性文件，为风险投资机制建立了相关的原则；2000年前后政府开始筹备在深圳开设创业板。2002年推出《指导外商投资方向规定》和《外商投资产业指导目录》；2004年启动深圳中小企业板；2005年推出《国家外汇管理局关于境内居民通过境外特殊目的公司融资及返程投资外汇管理有关问题的通知》……这些政策、举措使得国内私募股权投资的市场环境得到了极大的改善。与其相伴的是一大批风险投资机构的面世，一开始是由政府主导的，其中具有代表性的是深圳创新投资集团公司、上海联创、中科招商，后来则遍地开花：政府主导的、外资的、合资的、民营的。

2004 年，深圳中小企业板正式启动，为私募股权投资在国内资本市场上退出打开了一扇窗户。私募股权投资的成功案例开始批量出现，不仅是风险投资，其他品类的私募股权投资案例也时有出现。来自美国的新桥投资于 2004 年 6 月，重金买入了原属深圳市政府所有的深圳发展银行 17.89% 的控股股权，其投入总金额高达人民币 12.53 亿元，这也是国际并购基金在中国的第一起重大案例。由此为发端，一批面向成熟企业的基金开始在国内资本市场上“显影”。

自那以后，我国私募股权投资行业从萌芽期进入到成长期，迅速完成了管理模式从粗放到精细、盈利模式从单一到多元的转化。这个过程可以分为三个阶段：第一阶段是指 2008 年以前。这一阶段我国私募股权投资基金的管理模式与盈利模式都很简单，只要找到优秀企业或控股或参股，即可坐享 3 ~ 5 年后的投资金额 1 倍变 4 倍乃至更多倍的收益；第二阶段是指 2009 年至 2013 年。这一阶段我国私募股权投资基金的业务重心是做上市前投资（Pre-IPO），相应地其管理模式与盈利模式都要比第一阶段复杂一些：不仅要找到优秀企业，还要熟悉中国证券市场的规则，并具有深度介入资本市场的能力；第三个阶段是 2014 年以后。因受“大众创业、万众创新”和去产能与产业升级（供给侧改革）共同拉动的影响，我国私募股权投资行业迎来了爆发期。清科集团《中国股权投资市场 2015 全年回顾与展望》显示，2015 年我国股权投资基金数量从 2014 年的 745 家爆涨至 2970 家；宜信公司与清科研究中心发布的《2016 年中国股权投资回报专题研究报告》显示，截至 2016 年上半年，中国股权投资市场活跃的 VC/PE 机构超过 10000 家，管理的资产总量已超过 5 万亿元人民币，中国已成为仅次于美国的全球第二大私募股权投资市场。

在数量与管理资产总量迅速增加的同时，市场对私募股权投资基金的要求也水涨船高：得具有通过在资本市场上的一系列运作把一家一般优秀的企业变成特别优秀的企业的能力，即通过并购整合来重组企业乃至行业资源以提升运营效率的能力。并购整合首先就意味着单个投资标的体量的扩大，没有金刚钻是应付不来的。清科集团《中国股权投资市场2015全年回顾与展望》显示，在我国私募股权投资机构2015年的投资案例中，共有30起规模超过了20亿元，虽然这30起投资案例仅占总数的1.1%，数量较少，但其涉及的金额却接近当年投资总额的三分之一，达到了32.5%。

需要说明的是，尽管已呈现出些许的“狂热”，但就私募股权投资的年投资金额占GDP的比例看，和欧美发达国家相比，我国仍是明显落后的。这意味着我国私募股权投资市场容量仍有相当大的增长空间。据统计，目前我国资产超过1000万元的高净值人群已超过121万，他们需要理财，需要进行资产配置。跨地域跨国别、跨资产类别、超配另类资产是资产配置的黄金三原则。而私募股权投资基金属于最重要的另类资产，理应被超配。在房地产价格已虚高、人民币贬价、国内投资服务专业化水平仍不高的情况下，私募股权投资没有理由不入他们的“法眼”， 私募股权投资行业没有理由不继续壮大。我同意一些人所说的，股权投资会成为下一个十年国民投资配置的重心，一如此前的房地产。

可以说，对私募股权投资人士而言，现在是最好的时代。在数量庞大的投资者与由处于创业、产业升级、国企重组等浪潮中的融资者的双向拱卫下，在中国这片土地上将诞生中国人操盘的黑石集团、KKR、红杉资本、凯鹏华盈……美国人有的我们都会有！

但这就够了吗？我的答案是不够！拿来主义没错，但不能只是拿来，因为它只能让你大，却不能让你强。要想强我们就得创新，就得做出“中国特色”。

创新空间在哪儿？我认为应该在产融结合上，因为私募股权投资本来就是一种产融结合形式。产融结合是经济发展到一定阶段必然会出现的一种企业组织形态，全球各国都是如此。与其他金融机构比起来，私募股权投资基金最大的特点是能更深地介入产业的运行与企业的运营。从行业发展的趋势看，这种介入的程度是越来越深的。换言之，越来越多的私募股权投资基金都不再甘当资金提供者，其还会帮助被投资的企业发展。在这方面国外的一些企业已经有了很好的实践：软银集团、红杉资本、铁狮门……透过历史的轨迹，我们不难预计，在新技术涌现的速度越来越快、股权投资企业之间的竞争越来越激烈的今天，产融结合的形态应该会越来越多，程度应该会越来越深入，创新大有可为。而也只有如此，私募股权投资基金才能让自己创新推手与理财能手的作用得到更好的发挥，让自己支持实业、助力“中国梦”实现的价值得到更好的体现。

我相信，中国的私募股权投资人士有智慧也有能力找到自己的创新空间，做出自己的“中国特色”，只要我们勤于思考和勇于实践。本书便是我对自己从业经历与经验进行思考的产物，我希望通过它与读者交流，让读者了解我们是如何思考的。换言之，本书的主体内容是对私募股权投资人士思考方式的呈现，而非工作方法的说明——那是一些更为专业的图书甚至教科书的内容。实际上，思考方式的呈现要比工作方法的说明更难一些，因为它更无形，更不线性或者说无法流程化。

心心相印才是最有价值的沟通方式！因为最有价值的东西必然是面向未来的东西，而未来在我们每个人的心中，因为“未来已经来临，只是分布不均”。

第一部分

投资者的格局，决定资本胜负

本部分内容讲作为私募股权投资者在投资时应首先考量的一些宏观经济与产业变迁方面的内容，从某种意义上讲它决定了你的格局与姿态。做任何事都要看大势。思考宏观经济与产业变迁问题有助于我们看清大势。看清大势后再找风口会事半功倍，找准风口后再找项目会找得比较到位。

第 1 章
// 经济观：未来世界的中心在中国

在全球经济增长与衰退之间，隔着一个中国

“予室翘翘，风雨所飘摇，予维音哓哓！”这是《诗经》中的句子，译成现代汉语——“我的巢儿垂危，正在风雨中飘摇，而我只能惊恐地悲鸣哀号。”近年来，全世界各界人士都在广泛关注和讨论的一个话题，便是世界经济持续低迷并衰退。在全球一体化浪潮之下，地球早如同一家，经济下滑带来的悲观情绪迅速漫延扩散。

尽管进入大众视野的时间不长，但各种形式的、有组织的私募股权投资（PE）已经存在近百年，且已经历了一个完整的经济周期和一系列由主导产业更迭带来的经济波动。几十年来的事实表明，私募股权投资行业也具有周期性，总体上与股市的长期趋势同步。股市是经济景气的晴雨表，于是，私募股权投资市场的冷暖也就与宏观经济形势有了密切关系。

这意味着作为一个私募股权投资人，我们首先就得关注宏观经济形势，而且是全球宏观经济形势，因为经济早就全球化了，各国、各地区的经济脉络已链接成一张网，不存在“自给自足”的经济体。

作为一名投资人，我一直对全球经济形势保持密切关注：现在全球的经济形势如何？有什么特点？这涉及两个层面的问题：第一个是总量问题，或者说状态问题；第二个是结构问题。

对第一个问题，全球很多国家政府及知名经济组织、专家等都对处于风雨飘

摇之中的经济大环境发出过“哓哓之音”。

2016年6月16日由摩根士丹利常驻香港经济学家Chetan Ahya牵头所撰写发布的研究报告中，出现了如此耸人听闻的“危言”：“我们认为，当前的宏观经济环境和20世纪30年代有许多相似之处。”报告指出，高债务、高通胀、低增长以及低收益率的政策错误，是美国20世纪30年代经济大萧条的典型特征，而现在很多国家的政策决策者们正在重复美国20世纪30年代经济大萧条时期的错误。

世界经济合作与发展组织（OECD）在2016年9月21日发布最新《中期经济展望报告》中警告说，由于贸易增速放缓等全球化倒退现象依然存在，全球经济仍陷于“低增长陷阱”。该组织的全球经济增长预期比6月份有小幅下调。

国际货币基金组织（IMF）和世界银行秋季年会于2016年10月7日至9日在美国华盛顿举行。IMF总裁拉加德在此次年会上发表讲话指出，发达经济体仍然深陷于低增长、低投资和低通胀的循环。IMF在此次年会召开前夕发布的2016年10月期《世界经济展望》中，对全球今年经济增速下调了0.2个百分点，理由是全球形势并没有那么鼓舞人心，继美国增长减缓、英国投票退出欧盟后，全球经济增长今年仍将低迷不振。

曾任世界银行高级副行长、首席经济学家的林毅夫，在2016年10月16日复旦大学首席经济学家论坛上发言时，对未来全球经济发展表现了悲观性的展望，认为发达国家很可能会陷入像日本那样十五年，甚至二十年或更长时间的经济增长的放缓……

我认为，对全球经济陷入衰退的动态应该保持充分的警惕，因为它是众多全球性经济组织和著名经济学家在对大量数据和大量经济现象进行分析和调研后得出来的，如果对这些悲观论调不屑一顾、盲目乐观，不采取积极的作为，则在不久的将来，可能都会尝到全球性经济衰退带来的“恶果”。

对第二个问题我的回答是：目前世界经济中心正在从西方向东方转移，而且转移速度日益明显和加剧。

第二次世界大战前，美洲凭借丰富的土地资源和当时劳动力资源丰富的世界经济中心形成了大量的互补型贸易，在这样的前提下，美洲经济迅速崛起。在这其中，又以美国发展最为迅速，其很快发展成为美洲经济规模最大的国家，并凭借着较低的产品成本以及发达的国内贸易而成功替代英国，成为新的世界经济主导。

然而，此后形势再次发生了较大的改变，特别是二战之后，东亚和东南亚同样凭借着丰富的劳动力资源和美国丰富的土地资源形成了互补，因此，亚洲经济也有了很大的提升和改善。特别是在2008年世界金融危机全面爆发以后，受金融危机的影响，很多发达国家的需求急剧下降，这使得很多亚洲的发展中国家的出口面临着很大的挑战。为了解决这一个问题，这些国家不得不开始进行经济改革，发展全新的贸易结构，这使得亚洲一些新兴经济地区的贸易取得了突飞猛进的发展。相关资料显示，2014年，亚洲整体经济的平均增速为5.5%，其中中国和印度经济增速更是高达7.4%，远远超过了世界2.6%的平均值，同年，世界经济中心美国经济增速仅仅为2.8%，英国与之相同也是2.8%，而法国却只有0.9%。

三十年河西，三十年河东。一场金融危机让西方发达国家从世界经济中心的霸主地位上重重摔下，而亚洲的发展中国家却借此机会迅速崛起。世界中心正在从西方转移到东方、到亚洲。

与此同时，亚洲经济格局内部也有了较大的转变，三十年的改革开放政策使得中国经济的发展举世瞩目，而一向走在亚洲经济发展前列的日本却开始走向衰退，中国开始在亚洲经济的发展过程中占据举足轻重的地位。2010年，中国超过日本，成为仅次于美国的全球第二大经济体。

从某种意义上说，是中国经济在支撑着当下世界经济的发展。相关资料显示，2015 年全球经济增速为 3.0%，其中，美国经济增速约为 2.1%，而中国以 6.9% 的增速继续保持领先，仍是全球经济增长最大贡献方。耶鲁大学高级研究员斯蒂芬·罗奇曾预测，2016 年中国对世界经济增长的贡献率将达到 39%。这对防止全球经济陷入衰退、提振全球各国政府信心、维护推动全球一体化进程，将起到难以估量的作用。

而根据 2017 年初国家发表的数据显示，经初步核算，2016 年国内生产总值（GDP）高达 74.4 万亿元，比上年增长 6.7%，在国际范围内仍名列前茅。如果以 2010 年美元不变价计算，2016 年中国对世界经济增长的贡献率达到了 33.2%，虽然稍低于斯蒂芬·罗奇的预测，但仍然是世界经济增长第一大引擎。

在罗奇看来，中国经济仍然保持的高增长对全球经济衰退起到“防洪堤”般的巨大作用。“我将是第一个承认假如没有中国经济增长，危机后的全球经济将陷入巨大困境的人，看空中国的人需要对他们所希望看到的后果十分小心。”

确实，来自国际货币基金组织（IMF）的相关统计显示，若以购买力平价来衡量中国经济，则其所占全世界国内生产总值（GDP）的比例高达 17.3%。而根据国家统计局在 2017 年 1 月 20 日上午所公布的经济数据显示，经初步核算 2016 年中国的国内生产总值为 744127 亿元，经济增速达到了 6.7%，尽管 6.7% 这个数字和之前 8% 的经济增速相比，只能算是差强人意，但是全球角度来看，以往以欧、美、日等为代表的主要经济体对于世界经济增长的影响力正在逐步削弱，印度等国虽然依然保持着较快的增速，但受经济规模限制，巴西等国仍旧没能摆脱衰退的枷锁，在这样的情况下，中国这个 6.7% 已经非常显眼。

而 6.7% 的中国经济增速可换算成约 1.2 个百分点的全球经济增速。假如没有中国经济支撑，IMF 所预测的 2016 年全世界经济的增长速度就会从 3.1% 骤降至 1.9%，这个数值远远低于 2.5% 这个公认的经济衰退标准。

我认同罗奇的观点。我可以很负责任也很骄傲地说：在全球经济增长与衰退之间隔着一个中国。

内外兼修，推动供给侧改革和“一带一路”建设

1963 年，美国气象学家爱德华 · 洛伦茨在一篇提交纽约科学院的论文中首次提出了著名的“蝴蝶效应”：在南美洲的亚马孙河流域，一只热带雨林中的蝴蝶，在不经意间扇了几下翅膀，便会在两个星期后引发一场席卷整个美国得克萨斯州的龙卷风。而在今天，全球最引人关注的“蝴蝶”莫过于中国，它翅膀的翕张引发的将是席卷世界的“龙卷风”。作为一家中国私募股权基金，在关注世界经济形势之外，我们更得关注中国经济形势。

中国经济在过去 30 多年取得了举世瞩目的成就。从 1978 年至 2012 年，35 年间，中国经济的年均增长率约 10%，使占全球超过五分之一的人——超过 13 亿人摆脱了贫穷，且其中一部分人进入了中产阶级队伍。瑞士投资银行瑞士信贷的调查显示，2015 年，中国的中产阶层人数达到 1.09 亿，首次超越美国的中产阶层人数（9200 万名）。瑞士信贷定义的中产阶层是指拥有 5 万—50 万美元自由资产的人。这一数字今后仍会逐渐扩大。

当然，这不意味着中国经济一好百好。众所周知，目前中国经济也不是很景气。自 2010 年开始，中国 GDP 的增速开始逐年下降，且目前仍看不到反转的迹象，成为 L 形形态的可能性更高。与之相伴，中国经济发展中的一些长期的、深层次的问题开始彰显、发酵——

产能过剩：中国有许多产业的产能处于严重过剩状态，特别是煤化工、多晶硅、风电设备、平板玻璃、钢铁、水泥六大行业。此外，电解铝、造船、大豆压榨等行业也存在程度不同的产能过剩问题。

外贸增长率下降：据中国海关总署2016年7月13日发布的外贸进出口数据显示，2016年上半年，中国货物进出口贸易总额11.13万亿元，与上一年同期相比下降了3.3%。出口贸易总额6.4万亿元，下降了2.1%；进口贸易总额4.73万亿元，下降了4.7%；贸易顺差总额1.67万亿元，增长了5.9%。

2016年6月当月，全国进出口贸易总额2.04万亿元，下降了0.3%。其中，出口贸易总额1.17万亿元，增长了1.3%；进口贸易总额8633亿元，下降了2.3%；贸易顺差总额3112亿元，增长了12.8%。

人口红利消失：相关数据显示，中国人口总量增速下行，自然增长率降至5%以下，已出现严重老龄化问题；劳动力人口占比出现下降趋势，抚养比日益升高。

高企的债务：中国目前最突出的也是令人最担心的是债务问题。当前，中国的债务问题日益受到全世界关注。高昂的数据显示，目前中国正处于近年历史上最大的借贷狂潮之中——2015年，中国的债务总额达到26.6万亿美元，从2008年到2015年中国的债务与GDP之比从154%暴增到249%。高盛最新报告预测，如果算上影子银行的信贷渠道，中国的债务/GDP比率正以每年30%到40%的速度在增长，到2019年会达到400%。外界普遍担忧，中国快速增长的债务最终会导致经济危机。相关报道称，如果中国一旦爆发债务危机，便会引发货币的贬值、资本的外逃、利率的上升、房地产的暴跌，由此注定会引发经济危机。

在前面提到的经济学家Chetan Ahya的报告中，尤其关注中国日益增长的资本性支出及日益降低的投资增值收益，认为这一“不可持续的”资本性支出和投资，比中国“无穷尽的”债务负担还严重，将导致“中国拖累全球经济增长，朝向更低GDP以及更低预期回报方向发展”。

该报告数据对比显示：在2000—2007年，中国为了维持资本效率，投资额度只占 GDP 的 24%，要用投资 GDP 的 3.6% 来换取 1% 的 GDP 增长；2015 年中国全年的资本性支出占全球的 26%，预期 2016 年将占 GDP 的 41%（相当于 4.7 万亿美元），而今天中国投入 GDP 的 6.4% 才能获取 GDP 1% 的增长（图 1–1）。摩根士丹利在总结上述悲观论调时，用到“我们坚信”这样的词汇。

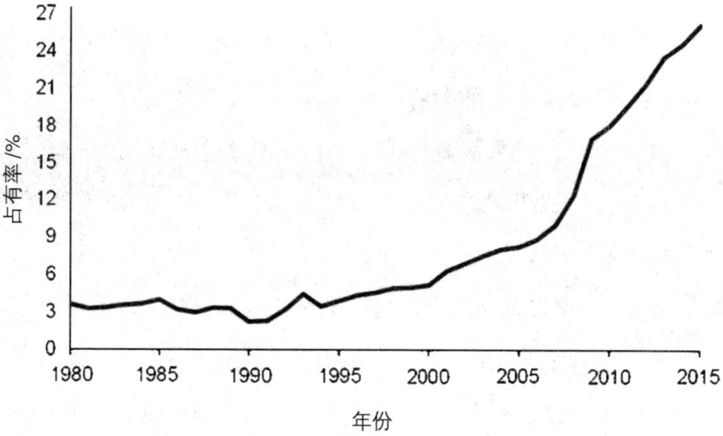

图 1—1　1980—2015 年中国全年的资本性支出在全球占有率

应该说，中国经济的问题并非小痒。对此，不论是国内还是国外，都有一些经济学家非常悲观，有人甚至提出“下一轮全球经济衰退将从中国开始”。

我认为这是杞人忧天！实际上，目前中国经济不振——或者说实际增长率低于潜在增长率主要是大周期与小周期双重因素叠加作用的结果：大周期是指全球经济环境正处于从旧主导产业周期结束与新主导产业周期开始的转折期，全球经济形势都不好，使中国经济面临外需不足之困；小周期是指经过 30 多年的发展，中国经济到了产品换代、产业升级的时期。

这意味着过去 30 多年中国所依赖的后发优势与人口红利已被耗尽，意味着中国传统的发展模式不再适用，必须在深化改革的基础上从内外两个方面对经济结构进行调整。

内部调整的主体是供给侧改革。2015 年，中国在内需方面适时提出了供给侧结构性改革。中国国家主席习近平召开中央财经领导小组第十三次会议，要求坚定不移推进供给侧结构性改革。习近平发表重要讲话强调，推进供给侧结构性改革，是综合研判世界经济形势和中国经济发展新常态做出的重大决策。

但究竟什么是供给侧结构性改革？其实许多人不是很明确，甚至把供给侧结构性改革视为无所不能的“万金油”，所以有必要准确把握供给侧的正确内涵。

全国政协委员、国家行政学院教授、中国公共经济研究会会长韩康认为，当前，在供给侧改革的认识方面，在社会上存在着两个问题：第一个是，人们普遍对供给侧改革的概念过宽，对其作用和功效预期过高。就是把目前稳增长、调结构的诸多问题一并放到供给侧改革中，把供给侧改革当成了“万金油”，这明显失之极端。第二个是，对供给侧改革本身的理解存在问题。基于学术理论，供给与需求、供给管理与需求管理是个统一体，并且永远不可分开。

我很赞同这一观点，即供与需如何此消彼长？用什么样的方式来达到或突破这两者之间的平衡？这也是资本最应关注的核心问题。所以，我认为供给侧结构性改革是中国经济向好的有利内部保障。

外部调整的主体则是国际化，尤其是“一带一路”战略：在 2013 年 9 月至 10 月，中国国家主席习近平出访中亚、东南亚时，提出共建“丝绸之路经济带”、共建“21 世纪海上丝绸之路”的重大倡议，简称“一带一路”战略。

“丝绸之路经济带”战略涵盖东南亚经济整合、东北亚经济整合，最终二者合一，通向欧洲，形成欧亚大陆经济整合大趋势。“21 世纪海上丝绸之路”战略从海上联通欧亚非三个大陆，并与“丝绸之路经济带”战略形成一个海上、陆地闭环。“一带一路”战略是符合欧亚大陆经济整合的大战略。

“一带一路”战略是以中国为主导的国际化战略，其重要性在于中国经济未来发展中是否能够消除外部不利因素影响和制约；是在后金融危机时代，中国作为世界经济增长的火车头，全面整合、带动世界经济发展，进一步扩大开放的一大创新战略。

知名经济学家林毅夫认为："就在世界还在为中国经济增速减缓以及股价、汇率双双下调感到忧虑的同时，中国已经开始加紧推动'一带一路'这项有利于全球经济的倡议。除了为其他发展中国家创造前所未有的机会，'一带一路'还将帮助中国更好地利用国内外市场和资源，强化自身经济实力，继续担当全球经济增长的火车头。"

有理由相信，随着中国"一带一路"战略的逐步实施，国际经济环境将会向有利于中国方面转变。我认为这正是中国经济向好的有利外部保障。

有必要指出的是，不论是供给侧改革还是"一带一路"战略都需要金融改革的支持——包括发展PE。金融改革既能促进创新，优化供给结构——金融服务本身就是高端服务业，又能助力企业国际化，优化产业布局。

我认为内部调整结果的确定性相对而言要更高一些。正如林毅夫在复旦大学110周年校庆高端学术论坛上演讲时所说："谈及经济增长，不仅要分析长期的供给面，还要分析短期的需求面。"大家都知道"三驾马车"的理论，即出口、投资和消费。受金融危机的波及对我国的出口贸易影响很大，若要保持经济持续增长，就必须更多依靠内需的拉动。内需有投资和消费两个方面。

从投资的角度来看，林毅夫认为我国有利的条件非常多："比如说产业，我们现在的产业跟人均GDP是相当的，中国现在人均GDP是7000多美元，比美国要低得多，所以我们尚处在中低端水平。即使现在有很多产业是产能过剩，但是我们还可以产业升级。这跟发达国家不一样，发达国家产业都在前沿，下一个新的产业还没找到。而对我们来说，新的产业并不难找。"

另外，我个人认为我们还有一大红利可以发挥：人才红利，毕竟我们拥有全球最大的接受过高等教育的人群，其完全可以取代人口红利。

外部调整的确定性要差一些。这主要是现在出现了一些"逆全球化"的苗头儿，让全世界自由贸易受损，甚至有可能导致民粹主义、国家主义等泛滥，让更多国家或地区重回“闭关锁国”的状态，从而让二战后推向高潮的这一波全球一体化浪潮陷入低谷。经合组织前不久警告说，很多全球供应链正在断裂，反对贸易自由化的声浪不减。李克强总理曾在分析当前世界经济形势时说：“当前世界经济复苏乏力，全球贸易持续低迷，以保护主义、孤立主义为代表的‘逆全球化’思潮抬头，地缘政治风险上升，英国公投脱欧等带来新的复杂变化。”美国前总统奥巴马在即将卸任时曾为《经济学人》撰写的一篇文章中表现出了深刻的担忧，他说：“这就是当今世界的悖论。这个世界比以往任何时候都要繁荣，我们的社会却充斥着不确定性和不安情绪。我们面临着选择——要么退回到封闭的旧经济中，要么奋勇向前，承认全球化会带来的贫富差距加剧，但同时努力让全球经济为所有人带来福祉。”

不过，对此也不必过分担心，毕竟过往的历史告诉我们，全球化是大趋势。

经济态势企稳，全球上调对中国信心指数

1991 年，一位叫钱军的复旦大学世界经济系学生申请退学，然后赴美留学。在经历了艰辛的求学生涯之后，他最终在沃顿商学院取得博士学位，随后又在波士顿学院金融系拿到终身教职，其夫人也任职于美国一流学府，他们在波士顿市郊的威尔斯利镇有近 500 平方米的大宅和大草坪，可以算是在美国站稳脚跟。但与当初毅然辞国而去一样，21 年后的 2013 年，他们又毅然告别美国回到中国。

钱军认为，中国增长的原动力，是因为人民有强烈要富裕起来的愿望。前不久，一位印度教授号召全球经济学家，共同推荐中国政府争取诺贝尔和平奖，理由是中国政府在过去几十年里，实现了几亿人脱贫。这位教授欲通过中国政府获得诺贝尔和平奖一事，来刺激印度政府以中国政府为榜样。钱军认为，在中国，今后还有几亿人要通过打拼成为中产阶级，这股追求富裕的力量是巨大的。另外，中国与日本、德国迥然不同，因为中国拥有巨大的内需市场，所以能使中国经济持续发展。

简单地分析一下即可知，大多数不看好中国经济发展前景的主要原因是对深化改革没有信心，他们认为在现有体制下改革无法继续推进。

应该说，我们的市场化进程确实不快，但同时也应该看到，改革在按部就班地进行。改革是一个系统工程，复杂得很，不像躲在象牙塔里的那些专家想得那么简单。改革进入深水区，需摸着石头过河。不积跬步，无以至千里；不积小流，无以成江海。有识之士应该看到近年来深化改革已取得一些成效。

（1）简政放权："进一步简政放权，深化行政审批制度改革"是2013年《中共中央关于全面深化改革若干重大问题的决定》中，对履行政府职能的具体定位和要求，即要做到全面与正确。而全面深化改革的重点则是经济体制的改革，处理好政府和市场的关系是其核心问题，即要让市场在资源配置中起决定性作用，同时要更好地发挥政府的职能作用。简政放权就是要切实转变政府职能，大力推进市场经济稳健发展，使生产关系与生产力、上层建筑与经济基础之间相互适应，努力推进经济社会健康地持续发展。在这之后，2015年，国务院又批准、印发了《2015年推进简政放权放管结合转变政府职能工作方案》。近年来，从中央到地方，简政放权已经取得了一定成就。中央政府自2013年至2015年，共下放和取消了900多项行政审批事项。

（2）税制改革及结构性减税：增值税由生产型转向消费型是税制改革的主要内容，旨在鼓励企业对固定资产积极投资；同时，对增值税的征收范围加以扩大，过去缴纳营业税的金融保险业、律师事务所、会计师事务所等行业，由缴纳营业税改为缴纳增值税。到目前为止，增值税征收范围扩大这项工作已基本完成，预计每年将减免所得税5000亿元。此外，可能会改革个人所得税，还有可能推出房产税、遗产税。

（3）去产能：据工信部的数据显示：截至2016年9月，全国钢铁和煤炭去产能全年目标任务已经完成80%多。截至2016年10月底，2016

年去除4500万吨粗钢产能的全年目标任务业已完成。截至2016年11月底，2016年去除2.5亿吨煤炭产能的全年目标任务也即将完成。

(4) 大众创业、万众创新：由于互联网龙头企业的榜样作用，十多年来，中国的创业热潮汹涌澎湃。2014年9月在达沃斯论坛上，李克强总理第一次提出“大众创业、万众创新”，并于2015年将其写入政府工作报告，“大众创业、万众创新”由此成为国家战略。当前，在科研领域投资、发表学术论文数量方面，中国仅次于美国，并且在某些领域拥有科技创新领导者地位，例如在金融科技领域。北京、深圳目前已成为全球科技创业中心，创业热度不亚于美国硅谷。

(5) 央企重组：目前，已经有四大产业中的八家大型央企实现了重组。中航工业与国机集团达成“共同发展八万吨模锻压机项目”的重组协议。中航工业与保利集团达成“将房地产业务全部划转到保利集团”的重组协议。中核建设与中国一重达成“在高温气冷堆主设备制造领域开展全面合作”的合作协议，就兵器工业以及建立现代企业制度等方面达成一致。

(6) 混改试点：2016年10月，央企混改“6 + 1”试点正式出台，国企改革再一次成为社会关注的热点。目前，在企业去杠杆的宏观形势下，国企也不甘落后，产业整合和混改同时加速进行。与此同时，国资委设立了三个职能部门，即监督一局、二局和三局，以此举措进一步全面推动外派监事会监督检查成果的综合运用。这一举措被一些人认为是“从管人、管事、管资产转变为管资本”的开端。

(7) 自贸区试点：继2013年9月“中国（上海）自由贸易试验区”正式挂牌之后，自贸区逐步增加。最新一批是2016年8月推出的辽宁省、浙江省、河南省、湖北省、重庆市、四川省、陕西省7个自贸区。当前，这些自贸区在投资、贸易、金融、事中事后监管等方面，形成了新的改革创新成果。2016年11月，国务院发布《国务院关于做好自由贸易试验区新一批改革试点经验复制推广工作的通知》，目的是在全国范围内全面推广自贸区改革试点经验。

（8）金融市场开放：自2013年起，中央推出了一系列“金改”措施：一是相对放开金融产品价格，即取消贷款利率下限和票据贴现利率管制，扩大人民币汇率浮动区间。二是增加金融工具，即推出国债期货、扩容融资融券规模、准允企业发行优先股、准允企业发行公司债。三是在资本市场体系建设、资本市场对外开放（沪港通、深港通）、大力发展私募股权投资基金、人民币国际化等方面进展显著。此外，中央牵头组建了亚投行。

（9）地方债处理政企分开：从2015年起实施的新修订的《中华人民共和国预算法》以及《国务院关于加强地方政府性债务管理的意见》制定了地方政府举债融资的法律制度。《意见》中明确规定：“明确政府和企业责任，政府债务不得通过企业举借，企业债务不得推给政府偿还，切实做到谁借谁还、风险自担。新预算法规定，除发行地方政府债券外，地方政府及其所属部门不得以任何方式举借债务。”另外，2016年11月4日，财政部相关部门负责人重申，在新法生效后，地方政府的债务仅限于政府债券的形式，并且要实行限额管理；融资平台在2015年以后的举债，不属于政府债务。

（10）司法改革：在2016年的两会前夕，最高人民法院发布了《中国法院的司法改革》白皮书。白皮书详细梳理了党的十八大以来司法改革的进展情况和取得的成效。截至两会前夕，十八届四中全会确定的、由最高人民法院牵头的司法改革项目共有29项，目前已经完成11项。其中绝大部分改革项目已经开展试点，并取得一定成果。人民法院“四五改革纲要”确定的65项改革措施也正在有序地进行，并已经完成24项，另外还有32项有实质性进展。当前我国的司法改革，目的是建立公平竞争的市场环境与秩序。

应该说，这些改革大多数只是刚起步，不乏流于形式者，也不乏故疾未除却添新病者，与许多人的期待有差异，但我相信，改革是没有回头路的。这也是我对中国经济持谨慎乐观态度的根本原因。

实际上，改革的成果还是比较明显的。十二届全国人大四次会议闭幕后，国务院总理李克强在回应记者提问时曾表示："中国新的动能正在生成，而且超出我们的预期。这几年中国经济增速是在放缓，但是我们还是实现了比较充分的就业，2015 年新增城镇就业 1300 多万人，而且 2016 年一二月份我们的服务业又增长了 8.1%，其中包括研发等高技术领域，这也带动了传统动能的改造。我们的传统动能还有很大的潜力，因为我们正处在工业化、城镇化的推进过程当中，产业升级有空间，新型城镇化是最大的内需，特别是中西部地区，还有很多有效投资需求。我们把培育新动能和改造提升传统动能结合起来，形成中国经济的'双引擎'，就会闯过困难的关口，跃上希望的高原。"

李克强总理的判断逐步被经济数据所证实。2017 年第一季度中国 GDP 增长 6.9%，已经连续六个季度增速持平，结束了近 6 年来持续下滑的趋势。从 2016 年第四季度起，中国投资增速、外贸出口等宏观经济主要指标逐步企稳向好。而 2017 年第一季度一系列实物量指标和先导指标，奠定了 2017 年中国经济平稳开局的好势头，如：一季度中国社会用电量约 1.45 万亿千瓦时，同比增长 6.9%；同期货物贸易进出口总值 6.2 万亿元人民币，同比增长 21.8%；3 月份制造业 PMI 为 51.8%，连续 6 个月保持在 51% 以上；一季度城镇新增就业 334 万人……

可以说，中国经济的企稳态势已较为明显。其也让许多国际经济研究机构转变了腔调，自 2016 年 3 季度起开始唱多中国经济，瑞银、瑞信、巴克莱、瑞穗、渣打等均上调 2017 年中国 GDP 增长预期，IMF 则在半年内两次上调对中国 2017 年 GDP 增长预估，最近的一次是在 2017 年 4 月，由 6.5% 上调至 6.6%。

现任上海高级金融学院副院长的钱军教授，谈起回到中国的理由，是因为他"赌中国未来会超越美国"！

从美国到中国，世界经济中心的位置正在转移

“黑夜给了我黑色的眼睛，我却用它来寻找光明。”20世纪70年代末，诗人顾城的《一代人》就那么轻易地影响了几代人。

我喜欢把这句话理解为：黑暗的背后蕴藏着的永远是光明；也可以理解为：危机即是机遇。中国文字博大精深，危机一词本身就意味着双重含义，即危险和机遇。在英文中，危机一词则出自古希腊语，其本身也包含着两种含义，其中就包括一个转折点的意思。

从整体上来看，当前全球经济低迷是确确实实存在的，我们必须清楚地认识到这个现实，以正确的眼光看待我们当前所处的大环境，对中国经济保持警惕也是非常必要的，但是我并不主张大家因此而过于悲观，中国经济到底危机还是不危机，还是要从新旧交替的角度看，经济发展不是闪电战，而是一场持久战，我们要看它的整体趋势，短期看来也许某一时期经济指标在下行，但实际上它的上升趋势并未结束。所谓“形有波动，势仍向好”；某一地区或某一行业出现问题，并不能代表整体，一个点的问题是可控的，我们千万不能以点概面，对总体形势做出误判。只要能认清形势，把出现的问题及时控制住，防止其扩散，中国经济是不会硬着陆的。

就像孕育生命，有痛苦，但新的希望也即将到来。在这种时候，我们不能让注意力都集中在疼痛上，那样很容易产生过激行为。应该说，这几年政府管控做得是比较到位的：没有对经济实施大规模强刺激，主要是靠改革政策推动经济发展。这样做的好处是，既稳定了形式，也为未来发展提供了机会。我认为，正确看待经济增速回落，需要有战略上的平常心态。整个社会都要对新常态有合理的预期，通过坚定不移的改革，使经济增长平稳换挡。

纵观美国经济发展史，我们不难发现，美国在每一次经济危机之后，都会有新的产业或技术崛起，可以说美国把每一次逆境都当成了一个成长的跳板，既然美国可以做到，我相信中国也一定可以做到！

众所周知，在工业革命之前，中国一直是世界财富中心。公元500—1400年间，数百年间中国经济都以绝对的优势独占鳌头，凌驾于全球各国之上；15世纪初，西班牙人和葡萄牙人掀起的开辟新航路热潮为世界经济贸易掀开了新的一章：欧洲的贸易中心开始从最初的地中海沿岸西班牙和葡萄牙等国家向大西洋沿岸的英国、法国转移；而进入19世纪以后，经过了工业革命的英国，以自由的经济政策和发展飞速的技术水平在世界经济中地位大幅提升，最终后来居上，成为新的世界中心。据有效数据显示，1820年，英国人均国内生产总值就已经达到了中国的3.4倍。

而伴随着世界贸易的兴起，美洲开始凭借丰富的土地资源和当时劳动力资源丰富的英国形成了大量的互补型贸易，在这样的前提下，美洲经济迅速崛起。在这其中，又以美国发展最为迅速，其很快发展成为美洲经济规模最大的国家，并凭借着较低的产品成本以及发达的国内贸易而成功替代了英国成为新的世界经济主导。

值得一提的是，在二战之中，其他各国都蒙受了巨大的经济损失，只有美国凭借向参战各国售卖军需用品而狠狠地发了一笔“战争财”，巩固了其经济实力，继之成为新的世界经济霸主，特别是在苏联解体后，更成为全球唯一的超级大国。单极世界由此确立。

不过，这种态势正在发生改变。2010年，渣打银行在《世界进入新一轮超级周期》中称，到2020年，中国GDP就将完成对美国的超越，而到2030年，其将占世界的24%，并且达到美国的2倍。而在2013年，渣打银行对之前的这份报告做出了一些修正，其预测，中国年均经济增长将在2013—2020年达到7%，而在之后的10年之间达5.3%，到了2022年，中国GDP总量将成功超过美国。

当然，超越之路不会一帆风顺。正如知名媒体人秦朔所说，中国超越美国比美国超越英国更难。而特朗普时代的到来，更给这种预期的增加了很多不确定性。在特朗普竞选的第一天，其便将自己的核心价值表达得非常清楚——要让美国更加强大，让美国永远是第一！他性格强势，极具表现力和主观性，上任不久，便接连签署了多项总统令。而在财政政策上，特朗普主要表现为减税、扩大基建投资、放松监管。

鉴于特朗普的贸易政策，大家对于未来中美贸易关系发展走向有着很多不同的见解。我认为，虽然不确定性很多，但是总体上中美关系的走向仍然将保持一个较为正确的基调。虽然贸易摩擦加剧的可能性较大，但是不会有全面极端的贸易战发生。同时，对于中国来讲，在RCEP（区域全面经济伙伴关系）方面，对于中国来讲蕴含着较大的机遇，中国可以充分把握美国退出TPP的机会，建立打造一个地域性的新合作模式，以此来使中国的影响力得到增加。

总之，特朗普开启了美国一个全新的经济时代，对于其给美国经济的发展，以及中国超越美国成为新的世界经济中心带来的影响还存在着很多的未知。可以肯定的是，从现阶段的人均指标看，中美之间的差距还是非常巨大的。从IMF2015世界人均GDP排名的数据中我们可以看到，中国7990美元的人均GDP以及世界第76位的排名，与美国55905美元的人均和世界第6的排名相差甚远。可见，中国想要在短时间内超越美国并不是一件容易的事情。

不容易并不等于做不到。我认为10年内，中国超越美国成为下一个世界经济中心是一个大概率事件。

需要说明，我的判断并不仅仅是基于中国经济体量按现有GDP的增速会在不久后超过美国，也并不仅仅是因为中国有城镇化、新型工业化、农业现代化等驱动引擎，更主要的是我看到了，中国在这一次产业周期的轮替中已经做好了非常好的卡位——我国政府一向主张信息化与工业化并重，所以我们在信息化方面与国外的差距并不大，在一些关键性的新兴领域甚至是领先的，比如在共享经济、人工智能、航天航空。大周期与小周期叠加使我们得以与发达国家站在同一起跑线上，可以实现“换挡超车”。只要我们坚持改革开放，和美国并驾齐驱甚至超越美国的那一天就会到来。

与世界经济霸主变迁呼应的，还有世界格局从单极向两极演变。今后10—20年时间里，世界将形成中美共同治理的格局。实际上，亚投行的设立、“一带一路”战略方针的提出、二十国集团（G20）领导人第 11 次峰会在中国成功举办、《巴黎气候变化协定》签署、“一带一路”峰会在北京召开……在这一系列世界性的事件中，中国引领世界的能力已经日益彰显。

著名的经济史学家金德尔伯曾经表示，一个国家的经济从起飞到快速发展，再到成熟乃至最后的衰退，都是有一定的生命周期的。回顾历史，我们不难发现，每个大国崛起的背后都有具有竞争优势产业的支撑，而中国也并不例外。在我看来，当前世界经济中心从美国到中国转移这是大趋势，但是中国经济何时能够顺利从美国接过世界经济中心的交接棒，实现新的“惊险的一跃”，还需要时间去考验。

对中国来说，时间不是静止的，还是一环扣一环地不断解决问题的动态的过程。

【案例 1】国际私募推动恒大 IPO：国际资本的中国赌局

作为一名商人，其商业的眼界大小往往直接决定他能够做的事业的大小，以及他通过什么模式来盈利；假如你拥有一市之眼光，那么就可以做一市之事业；假如你拥有一省之眼光，那么就可以做一省之事业；假如你拥有心怀天下的眼界，那么你所为之奋斗的事业就将扩展到全世界。

恒大集团董事长许家印正是这样一位目光长远、眼界极宽的企业家。无论是1996年公司创立伊始，带领集团逆市而上，运用“短、平、快”的战略使企业名震广州，还是2004年提出“二次创业”的口号，立足羊城、辐射全国，最终跻身中国房地产企业十强，无不显示出许家印审时度势、高瞻远瞩的气魄。而2006年许家印带领恒大集团奔赴香港上市，则再一次将他洞察先机的能力和与不断开拓事业新边疆的勇气展现得淋漓尽致。

2007年1月，恒大地产得到德意志银行、美林以及淡马锡三家国际投资机构总额达4亿美元的投资。2008年3月20日，恒大地产首次IPO宣告不利，许家印并不甘心失败并进行了绝地反击，经过一番不懈的努力，恒大地产终于在国际私募基金的帮助下于2009年11月5日成功上市。一路走来，恒大地产已经成为中国企业利用全球资本成功走向世界的表率。

恒大地产集团有限公司（下面简称恒大集团）成立于1996年。“恒大”二字是其创始人、董事局主席许家印起的，意指在时空两个维度上绵延、发展：古往今来连绵不绝曰恒；天地万物增益发展曰大。

应该说，就“年龄”而言，在主要的全国性房地产公司中恒大集团是“小字辈”，但据2017年1月恒大和万科所公布的最新数据来看，2016年恒大已经凭借全年约3733.7亿元的销售额，全面赶超万科3648亿的数值，居行业之首。

恒大集团为什么能后来居上、成就霸业呢？答案是恒大集团比其他国内房地产企业拥有更强的资本运营意识与能力。2006年的弃A股奔H股事件即是恒大集团这一特点的体现。公开资料显示，在2006年开始准备赴港上市并引入私募股权投资前，与其他同类房地产企业相比，恒大集团发展并不快。具体而言，与同属“广东地产五虎”中其他“四虎”——碧桂园、富力地产、合生创展、雅居乐相比，恒大集团已明显落后（表1-1）。

表1-1 截至2006年底，恒大在地产五虎中排名最末

企业	合生创展（00754.HK）	富力地产（02777.HK）	雅居乐（03383.HK）	碧桂园	恒大地产
主要业务收入额 / 万元	692 029.4	10 186 786.0	667 515.6	794 093.7	198 330.4
净利润 / 万元	162 417.8	214 508.4	125 050.8	167 247.9	32 545.9
净利润率	23%	21%	19%	21%	16%
总资产额 / 万元	2 570 456.0	2 660 075.9	1748 375.2	1 531 136.7	779 397.7
净资产额 / 万元	783 766.5	824 665.2	736 953.1	130 982.7	–50 833.4

资料来源：新财富根据公司年报整理

另辟蹊径：内地筹不到钱就去香港筹

恒大集团原本在内地A股借壳上市，许家印当时对恒大地产一度寄予厚望，但由于当时恒大集团借壳上市的琼能源是亏损股，只有债权融资功能而没有股权融资功能，无法获得当时恒大集团最需要的股权融资。恒大集团最终不得不在2006年8月将恒大地产更名并转与他人。自此，恒大集团离开了A股。

与此同时，恒大集团启动了赴港上市进程。2006年5月，许家印已经开始与对内地房产市场感兴趣的国际投资者接触，恒大集团成立了赴港IPO工作组，并在国际投行的帮助下分两步对自己进行了重组：

> 第一步：实施一系列各子公司注册资本（也就是股权成本价）的股权转让。以集团内部转让股权的办法，将从事物业管理和地产的各子公司股权等集团旗下拟上市资产进行整合，由许在穗注册的一批三层子公司集中管理，之后再把这批三层子公司的股权收归恒大实业。

第二步：为符合赴港上市的条件，2006年6月，许家印先在英属维京群岛注册了安基(BVI)有限公司(简称“安基”)，安基作为一家中介控股公司直接持有国内各子公司的股权。随后许又在开曼群岛注册了恒大地产集团有限公司(03333.HK)，恒大地产集团有限公司作为集团上市的主体最终控股集团旗下全部营运及项目子公司。

接下来恒大集团引入了美林、高盛等IPO保荐机构和德意志银行、淡马锡等战略投资者。与他们合作后，恒大集团开始逐步按照国际化企业的管理模式运作。

国际投行机构在恒大集团上市前的投资以贷款、可转换债券、优先股等形式进行。为此，他们与恒大集团签署了战略入股协议。根据协议，他们以总价4亿美元认购了恒大集团8亿股可换股优先股。

同时这份协议还含有“对赌”条款。双方协议约定，如果恒大集团在2008年6月6日前上市，则给他们的回报率不得少于40%；如果在2008年12月6日前上市，则回报率不得少于50%；如果在2009年6月6日前上市，则回报率不得少于60%；如果在2009年12月6日前上市，则回报率不得少于70%。另外，如果最终无法上市，恒大集团还得以现行市盈率回购他们的股份。根据协议规定，各家投行有权获得年股息率达5%的优先股息。许家印作为恒大集团大股东，为了保证各家投行能够获得最低回报，必要时他本人会转让一定数目的集团股份给各家投行，而这种回报对于各家投行来说仅是保底。协议还设定了回报的调整机制，即各家投行得到的回报会随着上市股票发行价的上涨而水涨船高。恒大集团董事长许家印以他本人所拥有的公司股权作为“筹码”，将最低回报、优先股息。以及本金这三项负担背负在了恒大身上。

许家印还在公司管理层面做出了调整。首次公开募股之前，金融投资者都有权力派遣自己的代表进入董事会。只有等到恒大成功上市，并且其所募集资金、总市值达到有关要求之后金融投资者派遣的代表才会自动辞职。

2007 年 8 月，恒大再次筹得境内结构担保贷款 2000 万元和境外结构担保贷款 4.3 亿美元。依据贷款协议规定，恒大要以土地使用权、鑫鑫 BVI 持有的恒大股份和部分子公司股权权益作为抵押，保证贷款人获得高达 19%—19.5% 的年回报率，同时规定 2012 年 8 月到期前要偿还余款。

上市如果遭遇失败，债权人就将把恒大彻底瓜分。因为这两轮海外融资不仅会造成恒大在账面上的高额债务，并且还会产生巨额利息，但当时恒大的总资产额仅为 78 亿人民币。许家印对上述情况可能引发的严重后果心知肚明，但他最终还是选择了孤注一掷，这一切都是为了上市。

功败垂成：冲击上市却遭遇无妄之灾

经过一系列的重组、调整，截至 2008 年 1 月，恒大地产完成了所有的上市准备工作。于是，恒大地产向香港联交所递交的上市申请书。2008 年 3 月 7 日，恒大集团开始 IPO 路演。

不幸的是，就在恒大集团进行 IPO 路演的时候，“黑天鹅”飞临。2008 年 3 月 16 日，因大量持有次贷支持证券的贝尔斯登，在获得美联储一笔不菲的紧急贷款后仍没能挺住，在美联储的极力撮合下以每股 2 美元的“跳楼价”委身摩根大通银行。受其影响，香港恒生指数 3 天中有 2 天的跌幅超过了 1000 点。投资者极度惶恐，如惊弓之鸟，对即将发售的 IPO 股票不问好歹一概拒绝。恒大集团计划融资 15 亿美元左右，在 3 月 13—18 日公开招股期间获得的意向投资额总计有 7 亿—8 亿美元，合 40 多亿元人民币，至少还得再融 15 亿元人民币。无奈之下，2008 年 3 月 20 日，恒大集团不得不暂停 IPO。

暂停上市让恒大集团本能拿到手的 100 多亿港元募集资金“跳票”了，恒大集团立即陷入资金周转不灵之境。当时有业内人士测算，恒大集团的资金缺口高达 120 亿—150 亿元。

一时间恒大集团要倒闭的消息甚嚣尘上，当时十个人中有九个人都认为恒大集团已病入膏肓，多半会步顺驰的后尘。

摆在恒大集团面前的路有三条：卖工地、卖项目、增资扩股。前两者做起来比后者要容易得多，因为当时恒大集团旗下达到预售标准并已取得预售证的楼盘面积有 280 万平方米，如果马上折价开盘，是可以快速回笼大笔资金的。这是所谓的卖工地。此外，恒大集团当时还有近 40 个优质地块，可以用于合作开发，一些国际金融资本对此也很有兴趣。即恒大集团可以出售 30%—50% 的土地储备换取与国际金融资本的合作。这是所谓的卖项目，也即卖土地。

虽然更容易，但许家印只将它们当作“备胎”。他认为无论是卖工地还是卖项目都有损恒大地产的品牌形象和战略利益。要卖的工地大都是分期开发的，且当时大都处于第一期开发阶段。遵照既定的项目品牌和公司品牌“双落地”策略，这些工地尚未达到“准现楼 + 精装修 + 园林实景”的精品楼盘开盘标准。现在卖它们相当于搞假冒伪劣，是短视的行为。

而与其相比，卖项目则不仅是短视的行为，更是短命的行为。对于房地产企业而言，土地就是生命线，卖土地相当于卖儿卖女。拿 30%—50% 的土地搞合作开发意味着恒大地产的战略、模式、管理模式都会改变。

王者归来：不认输巧借外力终获成功

最终，许家印走了第三条路：增资扩股。他花了 3 个月的时间往返于中国香港和美国，与中国香港富豪和国际投资银行代表会晤，其中包括香港三大富豪李兆基、郑裕彤和李嘉诚长子李泽钜，目的只有一个：说服他们投资恒大地产。

第一个被说服的是郑裕彤。郑裕彤对许家印非常赏识，率先同意出资 7.55 亿元人民币与恒大集团合作开发恒大集团在佛山和武汉的两个项目。

郑裕彤此举相当于为恒大集团做了背书，其他人纷纷跟进。2008 年 6 月 26

日，恒大集团与第二批私募投资人达成了增资扩股的协议，总计融资 5.06 亿美元：首先是引进入郑裕彤、科威特投资局等新股东，前者投资 1.5 亿美元，占股 3.9%，后者投资 1.46 亿美元，占股 3.8%，另外 3 家投资银行投资 1 亿美元；同时还成功说服美林、德意志银行等原先的战略投资人追加投资，美林追加 5000 万美元，德意志银行追加 6000 万美元。在此次增资扩股中恒大集团总共出售了 16% 的股份，许家印个人持股被稀释至 56.36%。

融资成功后，恒大集团开始加快项目开工速度，并在 2008 年十一黄金周期间以在全国 18 个楼盘全部 7.5 折的“成本价”进行促销，迅速回笼资金，彻底摆脱了财务拮据的状况。

2009 年 6 月，伴随销售数字的一路走高，恒大集团宣布重启 IPO 进程，并于 8 月 7 日向香港联交所递交了重启 IPO 的申请文件。

2009 年 11 月 5 日，恒大集团的股票在香港联交所正式挂牌交易，开盘价 4 港元，较 3.5 港元的发行价高出 14.29%，尾盘出现急速拉升，收盘价报 4.7 港元。以此计算，恒大地产的市值达到 705 亿港元，成为市值最大的内地民营房地产企业。

与之相伴，许家印的个人身价也水涨船高。恒大地产重启 IPO 招股说明书显示，许家印及其夫人约持有恒大地产 102.02 亿股，约占公司上市后总股本的 68.01%，其中，92.7 亿股由许家印全资拥有的鑫鑫公司（在英属维尔京群岛注册的一家离岸公司）持有，其余的股份则由许家印夫人的均荣控股持有。以 4.7 港元的收盘价计算，许家印夫妇的合计资产高达 479.49 亿港元（约合 422 亿元人民币），顺利取代王传福成为中国内地首富。

从此，恒大地产走上了高速发展之路。

【投资人思考】：如何达到资本与企业的双赢？

恒大集团在A股市场翻云覆雨，进击万科、收购嘉凯城、争锋廊坊发展、分拆恒大淘宝登陆新三板打造亚洲足球第一股、借壳深深房回归A股……要多高调有多高调，但正如文中所说，恒大集团是因为在资本运营方面非常得法才有今天。

而在资本运营方面，私募股权投资基金给予了恒大集团很大的支持，在上市前他们为恒大集团提供两轮几十亿元的资金。没有这些资金，恒大集团既不可能在香港上市，也不可能仅用10年的时间就从“广东地产五虎”中的小弟变成全国地产界的大哥大，更不可能从一家区域房地产公司发展为全球性的房企。

我认为这个案例足以说明私募股权投资机构对于一个企业的价值。在此，我特别想谈一谈对该案例中所提到的“对赌协议”的看法，因为现在很多投资协议都带有对赌条款。换言之，在投资活动中，对赌是一个较为普遍的现象。

现在社会舆论对对赌协议一边倒地持负面看法，认为它是投资人“血洗”创业者的工具。我承认，确实有一些投资人居心叵测，但那只是一小撮儿，绝大多数投资人都是只想管好自己的一亩三分地，挣自己能挣与该挣的钱。绝大多数投资人都是尊重企业家（实业家）的，不然也不会投资他们。实际上，对赌只是投资人自保的一种行为，没有几个投资人在投资之后会巴望着触发对赌条款，最终闹出纠纷大都是不得已而为之，很多时候是企业家经营不力导致的。投资人与企业家既是合作关系，也是博弈关系，能否掌控企业的主导权，最终看的是企业家个人的能力，投资人起不了决定作用。俗话说“欠钱的是爷”！这话有点糙，但其所蕴含的理一点都不糙。投资后投资人就会处于很被动的地位，他们不可能有得陇望蜀之心，他们“望蜀”多半是因为已失去“陇右”了。

我说这些，是希望企业家对对赌协议能有正确的认识，不要视其为罪恶渊薮，更不要情绪化，不正确的认识和情绪失控只会让事件变得更糟。在这方面惨痛的教训是很多的，比如顺驰地产的孙宏斌。据说在顺驰地产赴港上市不成功后，孙宏斌曾希望摩根士丹利入股顺驰地产，以缓解顺驰地产的资金压力。摩根士丹利提出要和顺驰地产签一份对赌协议，以 1 亿美元（按当时汇率计算约为 7.5 亿元人民币）购买顺驰地产 20%的股权，同时约定如果下一年顺驰地产的利润率无法上升到某一个水平，其在顺驰地产的股权将升至 40%。孙宏斌同意了对赌协议。可摩根士丹利又变了，提出了一份更苛刻的对赌协议：把顺驰地产 20% 股权的价格从 1 亿美元降低到 8000 万美元，并要求以在天津、北京、上海、无锡等地盈利最好的 10 多个项目作为抵押物，同时如果顺驰地产今后不能实现预定的盈利就必须接受其进一步以某个价格购买股份，连续 3 年实现不了预定的盈利，顺驰地产的股份将全部归摩根士丹利所有。

上述过程与细节不一定完全准确，不过，其因果关系应该是无误的，因为孙宏斌亲口说过“顺驰不是拿不到资金，是我接受不了这么低的价格。”另外，他还曾用“卖白菜的价格”形容摩根士丹利的开价。

孙宏斌对此事的处理显然是很情绪化的——一些媒体用“抢劫”形容摩根士丹利为孙宏斌开出的对赌条件，正是受了其感染。摩根士丹利的开价是高是低暂且不论，但怎么着，人家也是来救命的，不是来要命的。实际上，如果一开始摩根士丹利的开价就是 8000 万美元，孙宏斌多半也就接受了。孙宏斌拒绝是因为摩根士丹利出尔反尔，而非价格低了——他曾公开说过：“本来已经谈定的价格，大摩在此基础之上又提出了更苛刻的条件。我没有办法接受。”

情绪化的结果是什么？在一切努力失败之后，因资金链断裂，孙宏斌最终还是把顺驰地产卖给了一家叫路劲的公司，而路劲的出价并不比摩根士丹利高。

相反，许家印对投资人的态度一直是非常理性的。据我所知，许家印当初跟那些国际投资人的关系也很紧张，但他一直很理智，该让利让利，该给脸色给脸色——有个传说，2008 年 10 月，因恒大未能达到结构贷款协议中的业绩底线而产生一系列交叉违约，国际投资人主动找上门来和许家印协商解决之道，但竟被告知其已约人打高尔夫，只能给他们 10 分钟时间——但许家印绝不会使性子、闹情绪。巴菲特说过："我的成功并非源于高的智商，我认为最重要的是理性。我总是把智商和才能比作发动机的动力，但是输出功率，也就是工作的效率则取决于理性。"当企业家理智的时候，其与投资人的合作多半是可以继续下去的，因为总体而言，投资人要比企业家更理智一些，这是由工作性质决定的。

另外，对对赌协议能有正确的认识还包含一层意思，即认赌服输、从新来过，不能因为赌输了就拒私募股权投资机构于千里之外，那就不仅是情绪化了，甚至是孩子气了。昌盛中国就是个例子。

昌盛中国是一家位于广州的房地产企业，其商业模式与恒大一样：巨额举债，大量拿地。另外，与恒大集团一样，昌盛中国也于2008年初启动了IPO，结果受金融危机爆发的影响而暂停。而暂停IPO也使昌盛中国陷入财务困境，最终触发对赌条款，被国际投资者"敲了一笔"。昌盛中国董事长邹锡昌为此"一朝被蛇咬，十年怕井绳"。之后开始对上市一事拒之千里，与国际投资人更是老死不相往来。他曾公开表示："千万不能轻易接受风险基金、可换股债券等外国投资机构的资金，他们是慢性毒药。"结果，2008年以后，昌盛中国再无进步。

不同的选择将导致不同的结果，恒大地产之兴与昌盛中国之衰可以说是这句话最好的注解。

第 2 章
// 产业观：产融结合日益深化与升级

万物皆有其准则：让你的投资正逢其时

“天地之道，恒久而不已也……日月得天而能久照，四时变化而能久成；圣人久于其道，而天下化成。观其所恒，而天地万物之情可见矣。”被称为“天人之学”的《易经》阐述了一个道理，宇宙中的万事万物都服从一定的规律：四时更替、花开花落、月盈月亏，无论是自然界还是人类社会，都有其自身的发展周期和循环轨迹。另外，《易经》还强调这种发展周期和循环轨迹不是简单的重复，而是一种由低至高的波浪式前行、螺旋式上升。

如果能明了这个道理，通晓宇宙必变、所变、不变的“大道”，掌握知变、应变、适变的“大法”，就不会对经济发展过程中的一些滞胀现象感到恐慌。与其他事物一样，经济发展中也会出现一个又一个的波峰和波谷，只要能掌握这种波动的规律，就可以立于不败之地。

从事投资活动多年，我领悟出一个基本道理：当投资者在投资某一项产业时，应当首先从该产业所处的发展周期着眼。

众所周知，产业具有周期性。一个产业周期一般被分为四个阶段：初创期、成长期、成熟期、衰退期。作为投资人，在投资前必须首先清楚所投项目处于其所属产业的哪个发展阶段？是不是我擅长并专注的那个发展阶段？这个发展阶段还会延续多长时间？在什么时候它会进入下一个发展阶段？下一个发展阶段是否仍有利可图……对处于不同发展阶段的项目，我们应该采用不同的“玩法”，这些“玩法”构成了私募股权投资基金不同的盈利模式。

处于初创期、成长期的企业，一般是风险投资基金的投资对象；而处于成熟期、衰退期的企业，一般是并购投资基金的投资对象。就单个项目而言，前者的风险无疑要高于后者，但由于所投项目处于新兴产业，迎着朝阳前行，会越走越光明，随着技术的提高、成本的降低、市场的扩大，其收益率会高达几十倍、上百倍甚至上千倍，一个项目的盈利就抵得上几十个、上百个项目的亏损。因此，风险投资一般讲求“广种薄收”，即在总体上要秉持分散投资的原则。而对并购投资基金来说，虽然也不要“孤注一掷”，但不妨对一些项目“下重注”，因为这时你完全可以用专业性挣钱，对其或多或少已经有了掌控力，而非仅仅是资金的提供者。

总之，处于不同产业周期发展阶段的企业对金融服务的需求是不相同的，由此构成了私募股权投资基金不同的盈利模式。私募投资基金有很多种，其划分的依据就是盈利模式的不同。这与功能齐备的资本市场必然是一个多层次的体系是一个道理。

另外，还有一点需要说明，产业周期理论与产业政策也密切相关。很长一段时间以来，产业政策的作用与价值都是一个热门话题。2016 年底，中国两位知名的经济学家林毅夫先生与张维迎先生还为此进行了公开辩论——

张维迎主张废除一切形式的产业政策。他说：“由于人类认知的局限和激励机制的扭曲，产业政策注定会失败。事实上，产业政策只能阻碍创新，而不可能激励创新。跟着政府的产业政策走的企业家，我想也不可能是真正的创新型企业家。为了创新，为了把我们国家变成一个真正的创新型国家，中国企业家需要的是自由和公平竞争的法治环境，而不是什么产业政策的扶植。所以我主张废除任何形式的产业政策，政府不应该给任何企业、任何行业任何特殊的政策，真正的企业家不应该有这个奢望。”

林毅夫的观点一直与张维迎截然相反："许多国家的产业政策失败，但是尚未见到不用产业政策而成功追赶发达国家的发展中国家和保持持续发展的发达国家。对发达国家和发展中国家的经济发展，产业政策之所以重要是因为推动经济发展的技术创新和产业升级既要有企业家的个人努力，也需要有政府帮助企业家解决企业家自身所难以克服的外部性和相应软硬基础设施完善的协调问题。由于不管发达国家和发展中国家的政府所能使用的资源都是有限的，不能什么可能的技术创新和什么可能的产业升级都提供帮助，因此只能策略性地使用其有限资源，优先帮助能对经济持续发展做出最大贡献的产业。"

作为一名投资人，对林毅夫与张维迎两位先生的"笔墨官司"我不作评论，我觉得两者各有各的道理。我只想说一个现实：我们在决定投资大的项目时，肯定是研究考虑相关产业政策的，或者说是要看政府态度的。当然，这不意味着政府提倡的我们就投，不提倡的我们就不投，但我们会把产业政策的走向当作一个重要环境因素加以考量、分析。政府不能取代市场，但可以因势利导，让市场的方向更为明确，从而加速资源配置的速度。换言之，我们认为市场决定产业方向与内驱力，而政府决定"阻力系数"。就像一辆车，要跑出高速必定要将所有车窗关严，以求降低阻力。

回顾一下改革开放以来的历史也可以看到，产业政策对我国经济的发展是有巨大影响的，不论这种影响是好还是坏。1978 年，党的十一届三中全会召开，中国由此走上了改革开放之路，率先开放的是农业，国家提高了农产品收购价格，放松了对农村自由市场的管制，开始实施家庭联产承包责任制，农业因此获得了快速发展；1979 年，国家开始实行一系列有利于轻工业（包括纺织、家电、家具等）发展的政策，在投资安排上也向轻工业适度倾斜，使轻工业投资占全部投资的比重从 1978 年的 9.3% 提高到 1980 年的 14.9%。

轻工业企业技术含量不高，所需投资较少，农业的快速发展对轻工业也起到有力的促进作用——这些因素推动了我国轻工业的快速发展，也使得整个国民经济上了一个台阶；1987 年后，我国的主导产业开始逐步从轻工业向重化工业转变，尤其是 20 世纪 90 年代，我国的主导产业变成了化工、金属冶炼与压延、交通运输设备制造业等，重化工业增加值所占比重呈现上升的趋势；进入 21 世纪后，随着房地产与私家小汽车市场的逐步兴起，除上述重工业外，其他一些重化工产业作为房地产与私家小汽车市场的上下游产业也发展迅猛，比如建材、水泥、电解铝、有色金属及它们的上游行业电力、煤炭等（图 2–1）。

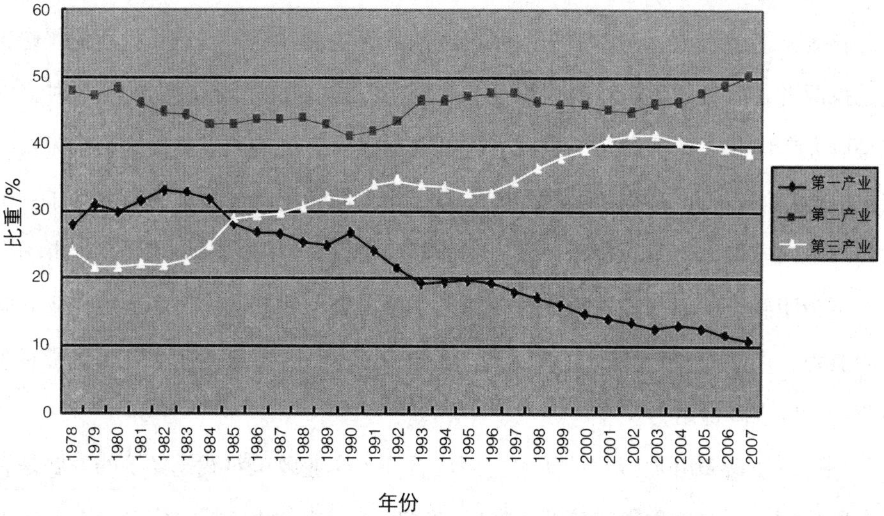

图 2–1　1978 年至 2007 年我国三次产业结构变动图

可以预计，随着国民收入的不断提高，消费结构的不断升级，未来旅游、教育服务、航空、物流服务、新能源、高价值机械和部件、养老、大健康、娱乐等产业在国民经济中的比重将会进一步提高，其中一些会成为新的主导产业。

所谓“美国的今天就是我们的明天”，产业发展周期和循环轨迹是有迹可循的、实实在在的。比如中国政府近年正在大力推进的大健康产业，就是一个在美国已发展了 20 年且已被证明是一个市场容量巨大、可以成为支柱产业的产业。

2010 年美国大健康产业产值为 2.6 万亿美元，占 GDP 比例为 17.6%，位居全球首位，其他发达国家也大都超过了 10%，且增长速度高于国内生产总值的增长速度。可以说，大健康产业是当今世界最大且增长最快的产业之一，是全球经济发展的新引擎。据世界卫生组织的数据显示：我国的医疗卫生支出总额 2010 年为 2933.91 亿美元，仅仅是美国的 10% 上下；我国的人均健康支出为 218.8 美元，不到美国的 5%，与世界人均健康支出的差距也非常大，仅为世界人均健康支出的 20% 上下，因此增长潜力非常大。

有鉴于此，2013 年 9 月 28 日国务院印发《国务院关于促进健康服务业发展的若干意见》。该意见明确提出到 2020 年要基本建立起覆盖全生命周期的健康服务业体系，使健康服务业（包括医疗护理、康复保健、健身养生等众多领域）总规模达到 8 万亿元以上的目标。据权威部门测算，保守估计，到 2020 年，我国大健康支出占 GDP 比例有望达到 6.5%—7%，与房地产产业相当。而再往后，其将超过房地产产业。

我同意林毅夫先生的观点，后进国家赶超先进国家要有产业政策。当然，产业政策也有对路的或不对路的。制定出好的产业政策的关键是找准“后发优势”并充分利用好它。“后发优势”是 1962 年美国经济史学家亚历山大·格申克龙提出的一个概念，意指后起国家因为“落后”而“得益”，在推动工业化方面具有特殊的有利条件。利用好这些有利条件，发展中国家的经济增长速度可以比发达国家高两到三倍。世界上真正利用后发优势获得快速增长的国家并不多，除了中国，还有新加坡、韩国。

破旧立新，在产业升级中发现新产品与新业态

了解产业的发展周期和循环轨迹，是为了把握投资的大方向，即要不要投某个产业及投这个产业的大原则。就私募股权基金而言，新兴产业无疑是最值得关注的投资领域。私募股权基金就发轫于为作为新技术革命策源地的硅谷服务。这一点从私募股权基金的发展史中可以很清晰地看到（请见前言）。

在此我想另外强调一下，在新兴产业发展的同时一些旧产业也在进行升级。其主要体现在两个方面：一是产品升级，也即消费升级。比如在从自行车时代过渡到汽车时代后，自行车并未完全消失，而是从以前的普通自行车升级为山地自行车、运动自行车、智能自行车；二是业态升级。产品升级往往伴随新业态对旧业态的替代，比如以前人们是在百货公司买普通自行车，现在是在专卖店买智能自行车。

投资人要密切关注产品与业态的新动向，因为其中存在大量的投资机会，只有自己也不断升级才能永立潮头。

就当下的国内市场而言，产业升级有两大推手：一是“互联网 +”，二是“智能 +”。从大的方面来说，“互联网 +”重塑业态，“智能 +”则重塑产品。

“互联网 +”在重塑业态方面，最典型的是近几年来的 O2O 热。O2O 即 Online To Offline，意思是线上线下互动，即互联网与线下的商机相结合，使互联网成为线下交易的平台。

O2O 企业既有从传统企业中升级来的，也有新建的。前者的典型代表是苏宁云商，后者的典型代表是新美大。O2O 是一个大概念，其实早先的团购也属于其范畴，而当下的正红的分享经济、上门经济也都是它的分支，是它的一种新范式。前者在中国的代表有滴滴出行，后者是“饿了么”——

□苏宁云商：早在 2009 年，苏宁就开始了 O2O 转型。作为传统连锁零售业的代表，苏宁的这次转型颇受关注。7 年之后的今天，苏

宁的网络销售额从0元增加到500亿元，占总营业收入的37%。张近东先生改革的魄力与决心值得钦佩，取得这样的成绩实属不易。但是苏宁2011-2015年的平均增速跌到10%以下，净利润由5.44%下降到0.75%，对于苏宁的转型，只能说是距离成功更近了一步，前面还有很长的路要走。

□新美大：由大众点评网与美团网合并而来。2015年10月8日，发轫于团购的两家国内O2O领军企业大众点评网与美团网宣布合并，成立新公司名为“新美大”。新美大目前是中国最大的生活服务类电子商务公司，为消费者提供超低折扣的服务，为商家提供最大收益的互联网推广，已经坐上了国内O2O老大的交椅，业务范围涵盖了外卖、电影、团购、酒店、旅游等领域。

□滴滴出行：定位是一站式多元化出行平台，创立于2012年。目前，滴滴出行在全国400多座城市、对将近3亿用户，在出租车召车、专车、快车、顺风车、代驾、试驾、巴士和企业级等方面，提供全面出行服务。根据数个第三方数据的显示：87%以上的专车市场份额、99%以上的网约出租车市场份额为其所拥有，2015年共完成14.3亿个订单，使其成为在全球范围内仅次于淘宝的第二大在线交易平台。尽管存在利用不公平的价格体系进行竞争、破坏行规、烧钱过快，受不久前出台的《网络预约出租汽车经营服务管理暂行办法》的限制，但毫无疑问，滴滴出行是到目前为止中国“互联网+”最成功的企业，短短4年，就改变了“大出行”行业，打造出了一种全新的业态，最高估值一度达到350亿美元。

□饿了么：定位是网上订餐平台，创立于2009年。目前，其业务已经覆盖全国200多个城市，加盟餐厅数超过20万家，日均订单超过100万单。相关市场调查报告显示，饿了么在互联网餐饮外卖市场上占有超过30.58%的市场占有率，公司估值超过10亿美元。当然，与滴滴出行一样，由于发展过快，饿了么也存在一些问题，主要是对入驻商家的资质把控不严。

可以说，“互联网 +”已产生了一批“独角兽”，不仅为满足人们的需求、促进经济的发展做出了贡献，也为投资机构（或投资人）带来了丰厚的回报，因此非常值得关注。

“互联网 +”仍在演进中，无论是范式还是范围。实际上，目前，“互联网 +”已经渗透到几乎所有的产业。正如阿里巴巴集团董事局主席马云所说，未来将不再有“电子商务”这个说法，只有 O2O 线上线下结合的商务。线上线下融合不仅是各传统产业企业的需求，也是电商企业的“强需”，最关键的还是中间的那个“2”对两者的链接。换言之，未来绝大多数产业的企业既不会是纯线上的也不会是纯下线的。

“智能 +”则重塑产品。从某种意义上说，“智能 +”是“互联网 +”的深化、延伸，不过两者还是有根本区别的。“互联网 +”这个概念表达的更多是企业经营、管理方法的创新，“智能 +”表达则是应用现在的科技、电子技术和软件及算法，使过去那些不智能的东西智能化。

从某种意义上说，两者多多少少有点对立。当然，不是顶牛式的那种对立，而是错位式的那种对立——云、大数据仍是当红小生，但现在我们要把发展的重心放到端上，让端具有自己的智能，而这需要中央处理器。有一些人将其称为“CPU 理论”。换言之，“智能 +”的精髓是把运算能力植入到原来没有运算能力的地方，即运算处理能力的本地化。它意味着产品设计思路彻底改变。因此我们说“智能 +”将重塑产品。

例如，大部分人把 Drone 翻译成“无人机”，就是把 Drone 看成是无人驾驶的飞机，要通过手机 APP 或者遥控器来操控。这注定是仍然停留在典型的互联网思维模式中。拥有“智能思维”的人会如何看 Drone？这些人期盼的是空中机器人，或叫作会飞行的机器人。机器人不需要手机 APP 或者遥控器来操控，只需给它下达指令即可，余下的事它会按照预先设定的规则自行完成，而不需要人们时时操控。

与“互联网 +”一样，“智能 +”也将向所有领域渗透，只是这个过程现在才刚刚开始。就目前的情况看，可穿戴设备、智能家居、智能交通工具可谓是“着先鞭者”。

□可穿戴设备：可穿戴设备出现得比较早，比如 Google Glass(谷歌眼镜)、Fitbit Flex(无线智能手环)、Jawbone Up(卓棒智能手环)、三星 Galaxy Gear 智能手表等。2015 年上市的 Apple Watch 被视为引发可穿戴设备市场爆点的爆款产品。随着科技的进步，智能服装很可能成为未来的穿衣潮流。或许在未来几年里，人们的衣柜将会挂上这样的智能衣物——能够读出人体心跳、体温、呼吸频率等健康数据的衬衫，能播放音乐、视频甚至能上网的外套……

□智能家居：2013 年，超过 200 亿元人民币流入智能家电领域，腾讯、阿里、小米、新浪、海尔、美的、TCL 等，都已涉足智能家居（包括智能家电）领域。比如海尔推出的洗衣机 u plus 系统，通过这个操作系统以及机器上的传感，海尔可以依据衣服的件数、材质、干净程度来决定用多少水、用什么样的洗衣液、要洗多久，做到了洗衣机根据衣物的重量、材质完全智能化。如此看来，如果所有的基础技术都达到一个爆发点，必将掀起智能化家居一个更大的浪潮。

□智能交通工具：包括无人机、无人驾驶汽车、智能滑板车、智能自行车等。百度、阿里、腾讯都在研发无人驾驶汽车，这个领域最振奋人心是无人机与智能滑板车，已涌现出了一些非常成功的创业企业，涌现出大疆、亿航等一批新贵企业，其中研发无人飞机的大疆已被估值近百亿美元。

另外，在此还需要特别提一下制造业，因为在所有产业中，制造业最为重要。我国现在是全球制造业第一大国，但却不是全球制造业第一强国。实际上，如果以制造业强弱为标准进行分级，我国现在只能排在第四级：第一级是美国、德国等，第二级是日本、英国、法国等，第三级是韩国、新加坡等。因此，国务院正式公布《中国制造 2025》，宣告中国版“工业 4.0”规划正式诞生。所谓“工业 4.0”，是德国首先提出的一个概念，其核心就是工业生产的数字化——中德双方签署的《中德合作行动纲要》对此有明确定义，实质是生产智能化、制造流程柔性化、产品个性化，从业态上说就是 C2B。

“工业 4.0”已经在路上，走在最前面的既有老牌制造企业，也有创业企业。前者的代表是海尔，后者的代表是红领集团。特别有意思的是前者还是后者的“学生”。

□海尔集团：2009 年海尔开始变革，从制造型企业向服务型企业转变，即由原来的 B2C 模式转变为精准化服务的 C2B 模式。也就是说，就是用户需要什么，海尔就提供什么。海尔不再是传统意义上的家电企业，而是家电服务企业。海尔提出“零距离下的虚实网融合”，在互联网上不仅开展电子商务，还要与用户进行零距离互动，采集挖掘个性化需求信息，转化为订单，实现“以服务卖产品”。2011 年，通过 Facebook 与用户互动，海尔法式对开门冰箱超越 LG、三星，连续两次获得澳洲用户最满意品牌冠军。海尔还建立了网上设计体验馆，顾客可以根据海尔提供的模块自行设计产品并下单定制。

□红领集团：其受到海尔集团首席执行官张瑞敏先生的推崇，据说张瑞敏先生曾多次带队到红领集团参观、考察、学习。红领集团是一家服装企业，采用个性化量身定制的运营模式，依靠 3000 人的庞大队伍，建立了一个数据化、信息化的实验室，打造出一台“大数据驱动下的 3D 打印机”，设计了 C2M（Customer to Manufacture）在线平台，对中国制造业的升级与转型有很大的启示意义。

中国是一个大国，理论上讲所有产业都有机会借助产业升级的东风实现更大的发展，实际也是如此。中国的发展之所以会“引发世界恐慌”，我认为一个主要原因是我们不像许多国家，搞好几个产业就可以了，而是所有的产业我们都得发展，因为我们的市场实在是太大了，且各地区发展还很不平衡，外国产品不可能满足我们的全部需求，我们必须至少在局部上要实现自给自足。

换言之，中国所有企业，不管它处于什么产业都是有机会的。可以想见，中国多半会成为全球大多数制造产业的中心，同时还会如马云先生所希望的那样，成为全球制造产品的分销中心。这是中国产业独特的一面，作为投资人对此应该有清晰的认识，因为其意味着巨大的投资机会。

最后可以用两句话总结上述观点，一句是财经作家吴晓波先生说的“没有夕阳行业，只有夕阳企业”；另一句是张瑞敏说的“没有成功的企业，只有时代的企业”！在中国做投资，这两句是很有用，尤其是在当下的中国。

扶上马送一程，让资本为双创事业保驾护航

著名经济学家约瑟夫·熊彼特在 1939 年出版的巨著《商业周期》中，对金融资本在经济波动和技术变革中的作用进行了剖析。他认为，成批的重大技术创新有赖于金融资本的鼎力支持。其学生卡萝塔·佩蕾丝则更直白地认为：“投资对技术革命会起到重要的推动作用。”

伴随着“互联网 +”“智能 +”时代的到来，中国金融资本也迅速发展，私募股权基金是其中最重要的力量。正如卡萝塔·佩蕾丝所说：“金融资本往往比产业资本更愿意拥抱技术革命。”

而且，技术革命往往还会带来新的金融形态。这一特征首先体现在金融形态与技术及产品的匹配性上，比如股权众筹就是互联网革命的产物，其尤其适用于智能硬件领域。另外，这一特征还体现在产融结合的深化上。

所谓产融结合是指产业资本和金融资本的结合。产业资本一般是指工商企业等非金融机构占有和控制的货币资本及实体资本；而金融资本一般是指金融机构占有和控制的货币及虚拟资本。当产业发展到一定程度，产业资本与金融资本就会以股权为纽带，以一方参股、控股另一方或彼此参股的方式进行融合，提升资本运营水平。

产融结合一开始只局限于传统产业，且局限于超大型企业——最早出现于19世纪的欧洲，随着产业和金融业中垄断组织的出现而产生。当今有80%以上的世界500强企业实行了产融结合，甚至产融一体化。但自21世纪以来，与互联网革命相伴，产融结合不再仅限于传统的超大型企业，一些风险投资机构和创业企业也开始做产融结合，比如小米科技。

小米科技主营智能硬件业务。与其他做硬件产品的企业不同，它采用一种全新的运作模式——不是指它的粉丝营销，而是指它的投资方式，或者说指它的产业资本与金融资本的协作方式。小米是一个创业企业，自己研发、生产、销售手机、电视、路由器，属于产业资本，同时它又对外大举投资，充当金融资本的角色。据说它计划入股100家智能硬件公司，以便把每一种智能产品都纳入自己的生态链，从而打造出一个可连接一切终端的大型智能硬件生态系统。

显然，小米的产融结合是与其生态战略相伴而生的。做生态首先得做布局，这种布局需要产融结合。实际上这种产融结合也并非小米首创，软银才是其开风气之先者（见案例2）。

小米是一个比较“极端”的例子。实际上，越来越多的产业资本开始从事风险投资业务，即根据自己对未来业务的布局来参投（不一定是独家）一些创业企业。这是最近几年一个很明显的现象，非常值得关注。

另外，海尔作为生态型企业的先行者变身为孵化器（平台）也值得关注，因为现在的孵化器往往提供金融服务，具有产融结合概念。

海尔孵化器名为海创汇，是以海尔的生态产业资源以及社会资源作为托，实现海尔集团从“制造产品”到“孵化创客”进行转型的一个孵化平台品牌，和普通孵化器不同的是，海创汇实现了创新与创业、线上与线下、孵化与投资的系统结合，从投资、供应链到空间、渠道以及创新技术等，为创客提供了全方位的一站式孵化服务。目前，海创汇已经成功位列首批国家级“创客空间”行列，并取得首批国家双创示范基地的获选资格。2016 年 8 月，海创汇与清华控股战略签约，将在双创服务及产融结合方面展开合作。

可以说，孵化生态淡化了产业资本与金融资本的区别，虽然两者的区别仍在。

与此同时，金融资本也开始越来越深地介入产业，甚至出现了一些风险投资自己投自己的项目的案例，最典型的是初创投资。初创投资自称是国内最早的专业人工智能投资公司。2011 年，初创投资就开始投资人工智能项目。当时，可投资的标的极少。于是，他们只好自己设立人工智能公司，然后再自己投自己。据说在他们第一批投资的 14 家企业中有 13 家是他们自己设立的。这些企业中有 8 家的估值在不到一年的时间里就达到了 1 亿元以上。在成立两年的时候他们的总体投资回报率为 400%。

初创投资属于早期投资机构。与其一样，一些原本投资晚期创业企业的私募股权基金也在将“投资前移”，即更早地进入一家创业企业，等其上市前再进行战略投资。他们中甚至有一些已开始整合被投资的创业企业产业链上的资源（行业龙头），一起投资被投资的创业企业。这些事例都可以说明产融结合在深化。

扶摇直上，资产管理已经站上市场的风口

与大多数产业一样，当前，金融产业本身也在经历技术革命，或者说受“互

联网 +”和“智能 +”浪潮的驱动。其同样带来了新的业态——P2P、众筹、第三方支付等都做得风生水起，同时各大银行也纷纷打造自己的网上银行，以求应对互联网金融浪潮。

正如中国金融认证中心 CFCA 总经理季小杰所说，“当前，银行业线上线下‘双轮驱动’的格局逐渐成形，我们认为，利用互联网 + 银行平台优势，创新经营模式，开辟新的业务增长点，同时，做深互联网金融，在互联网上打造出自己的‘第二家银行’，才能在严峻挑战和激烈竞争中焕发新的活力和竞争力。”与此同时，金融产品（服务）日益丰富起来，债券、基金、外汇、商品及其衍生产品不断涌现。

这是供给侧的情况。而从需求侧看，胡润研究院每年发布的中国高净值人群报告显示，截至 2015 年 5 月，我国（不算台湾地区）高净值群体的数量已达 121 万，“胡润”将高净值人群个人资产的门槛定义为 1000 万元以上。换言之，经过 30 多年的改革开放，我国已从当初的资金稀缺国变成了资本盈余国。其也与当前国内流动性过剩的情况相符。

可以说，不论是从供给侧还是从需求侧看，资产管理产业都将成为一个风口。正如一些业内人士预计的，国内资产管理产业将迎来“黄金十年”。其依据是，相关研究表明，美国资产管理行业产值的增长速度与其 GDP 增速“比较契合”。而就 GDP 增速而言，我国金融行业产值还不够高，中国资产管理行业还是有很大的发展空间的。

最近一两年的行业发展也印证了这一判断。据统计，自 2014 年中国私募基金改为登记备案制起，私募基金的数量就一直在迅猛增长。截至 2015 年底，我国已拥有 2 万多家私募基金，数量远高于美国。毋庸讳言，过快的发展会产生一些负效益，但整体上私募基金行业的发展还是利大于弊的，包括私募股权基金的发展。而且下一步，私募股权基金还将进一步发展，其中的热点之一是帮助个人（家庭）实现资产配置国际化。

资产管理的基本方法是资产配置多元化。“现代投资组合之父”、诺贝尔经济学奖获得者马科维茨说过一句话：“资产配置多元化是投资的唯一免费午餐。”通俗地说即要把鸡蛋放在不同的篮子里。在当前人民币汇率已基本市场化、汇率变动频繁的市场形势下，靠“单一投资渠道”迅速积累财富的时代已经成为历史，再没有那种坚固的“金篮子”了，“鸡蛋”该怎么放才安全且收益不菲？这已经成为进行资产管理时必须面对的问题。

在我看来，在经济全球化的大趋势下，会有越来越多的国家融入世界经济之中，而我们中国经济已经深度嵌入到了世界经济当中，不能再以闭塞的思维去思考经济问题、产业问题乃至个人财富问题，否则可能会置身于巨大的市场风险之中。高净值人群想要守住财富，就应该考虑通过合理的全球配置，来获取更加稳健的投资收益，这抑或是未来数十年资产管理制胜的关键。

有数据显示，全球高净值人群在本国之外资产配置的平均比例为 24%，而在中国这个比例是 5%。这 19 个百分点的差距，说明我们在全球资产配置上有一个很大的优势，因为以前投出去得少，所以未来还有很大的增长空间，能够通过全球化投资大幅度提高资产收益。

正是基于这种认识，GIO 华兴控股集团近年来提出了国际化战略，并于 2016 年 6 月与全球久负盛名的金融家族罗斯柴尔德家族（Rothschild Family）签署了战略合作备忘录，在全球四大离岸金融中心之一的开曼成立基金管理公司，开展离岸基金业务。我们的想法就是借助罗斯柴尔德家族在全球 50 余个国家的网点进军全球市场，尤其是欧美市场。我们将让中国普通民众享受到过去只有王室贵胄才有的待遇——罗斯柴尔德家族的金融服务。

哈佛大学及麻省理工学院金融教授 Randolph B. Cohen 说：“绝大多数投资者没有很好地利用机会，因此他们的资产组合风险更高，或者收益更低。”之所以说“没有很好地利用机会”，正因为大多数个人投资者没有时间、精力和能力去掌握投资要领和进行全盘操作。进一步说，个人投资者既无法处理巨大的信息量，也无法得到与一些盈利能力强的国际大型投资机构合作的机会，这些机构大多不接受个人合作。

因此，在全球资产配置方面，我建议投资者要审慎而行，最好还是交给专业的投资机构来操盘。

“华兴商道，财富共享”，是我们的口号也是目标。我坚信资产管理行业在未来十年，中国的复合增长率肯定排在很多行业之前，且会诞生出像美国黑石、KKR 那样的非常优秀的基金管理公司。

【案例 2】软银以风投为引擎，打造高科技产业帝国

格局决定高度，投资者对于这句话的体会更加深刻。因为，在投资行业中，最忌讳的就是盲目跟风，一个真正富于远见的投资者永远知道自己想要的是怎样的一个结果，并且做好了承担错误的准备，这就是格局。

而软银创始人孙正义就是这样一个有格局的投资者。在他的字典里，疯狂从来都不是一个贬义词。在过去的二十多年中，他用一笔笔震撼世人的交易将软银成功打造成了一个国际性高科技产业帝国。

软银成立于 1981 年，1994 年在日本上市。成立之初，软银的主业是套装软件代理销售。后来，靠着一系列的收购与投资迅速成为高科技产业帝国。可以说，诞生于 20 世纪末、成长于 21 世纪的软银见证了互联网从起步到繁荣的整个过程。这是一个“最好的时代”也是一个“最坏的时代”，互联网的飞速发展为企业打开了一个全新的世界，赋予了企业更多的可能。在这样的时代背景下，软银凭借着其敏锐的洞察力，审时度势，与时俱进，以一种创新的商业模式与运营模式实现了跨越式发展。

深谋远虑：借助 ARM 切入人工智能领域

对英国移动芯片巨头 ARM 的巨资收购可以说是他疯狂投资史上最大的一笔，但绝对不会是最后一笔。

2016 年 7 月中旬，58 岁的孙正义在英国伦敦以胜利者的姿态对外宣布：软银将以 243 亿英镑（约合 320 亿美元）的现金对 ARM 进行友好收购。2016 年 9 月 5 日晚，软银正式宣布对 ARM 的收购事宜全部完成。至此，这项震惊全球科技市场的也是欧洲科技行业规模最大的并购案落下了帷幕。

众所周知，ARM 是一家低调的公司，但却是移动芯片架构的霸主。其前身

Acorn RISC Machine 成立于 1978 年。2008 年，ARM 移动芯片的出货量就超过了 100 亿片。其设计被用在包括 iPhone 在内的几乎所有智能手机中，制作的移动芯片更是举世闻名。另外，最近几年 ARM 产品日益多样化，应用领域也随之扩大。ARM 公司的财报数据显示，2015 年第 4 季度，ARM 对 51 种芯片许可进行了授权，涉及云计算、智能汽车、安全系统、物联网等领域。可以说，ARM 移动芯片是移动时代的核心驱动力，且有望成为人工智能与物联网时代的核心驱动力。

软银收购 ARM 看中的也是它的这种统治地位。软银认为人工智能将引发新一轮技术革命，且早已进入了人工智能领域。相关的标志事件有 2014 年软银推出了 Pepper ——人形机器人。而所有的人工智能设备都要用到移动芯片，收购 ARM 会让软银占领人工智能的制高点，进而占领物联网产业的顶高点，控制人工智能和物联网设备的产业链，一如 PC 时代的英特尔。

显然，软银要成为人工智能、物联网时代的高科技龙头企业。事实上早在 2012 年，在还没有收购 Sprint 之前，软银就开始“觊觎”ARM的控制权，但相关的谈判过程却一波三折。2016 年 6 月 22 日，作为软银内定接班人的前谷歌高管尼克什・阿罗拉 (Nikesh Arora) 突然宣布离职。当时即有知情人称，此事和收购 ARM 有密切关系。具体地说，即在收购 ARM 一事上阿罗拉与孙正义两人意见相左，阿罗拉不同意收购 ARM。

阿罗拉的离职并没有让孙正义放弃收购 ARM 的想法。2016 年 6 月 24 日，英国脱欧的“黑天鹅事件”使 ARM 股价飙升，在一定程度上影响了孙正义的收购计划，但仍没有让其罢手。孙正义曾在收购交易完成之后故作轻松地表示：“在我制定决策的过程中，英国脱欧一事的影响程度不到 0.1%。”

2016 年 7 月初的一天，孙正义怀揣一份收购要约飞赴土耳其，找到正在那里度假的 ARM 董事长斯图尔特・钱伯斯 (Stuart Chambers)。孙正义和钱伯斯在当地的一家滨海餐厅“菠萝”共享午餐，并就软银收购 ARM 一事进行了详谈。当时一同在场的还有 ARM 硅谷 CEO 西蒙・赛格斯和软银国际的 CFO 奥洛克・萨

马 (Alok Sama)。孙正义当时并没有给出正式报价，但双方达成了“买卖意向”。随后，高盛和 Lazard 被 ARM 董事会聘请为软银收购 ARM 一事提供咨询服务。几天后，软银拿出第一个报价，被 ARM 董事会拒绝。其后，软银对报价进行了上调，仍被 ARM 董事会拒绝，软银只好再次上调报价，得到的仍是拒绝。

感到危机的孙正义和其谈判团队对此感到有些恼火。有人提议必须“划定底线”，不再上调价格。双方的谈判就此陷入僵局。好在不久后，双方的关系得到了缓和。最终双方达成协议，条件是每股 17 英镑的现金收购价格加上在收购前额外对原 ARM 进行 4 便士的分红。

胸有成竹：投资阿里与沃达丰彰显亚洲野心

天价并购 ARM 只是软银一系列收购的最新一个。实际上，软银就是靠收购与投资（或者与其他企业一起投资）建立起自己的高科技产业帝国的。正是基于这种战略考量，软银时不时地就会进行一次大手笔并购，声势不逊于当初的甲骨文公司。

在中国，让软银“扬名立万”的是投资阿里巴巴。早在 1995 年，孙正义就已经注意到了互联网的发展。之后，他通过自己设在美国的风险投资公司，前后投资了处于初创期的 Yahoo、阿里巴巴等互联网公司。马云并购雅虎中国时，孙正义主动向他让渡了 3.5 亿美元的股份，而马云只接受了 2000 万美元的投资，虽然这笔投资当时看起来并不起眼，但这笔投资却成为日后给软银带来最大回报的单笔投资。耐人寻味的是，孙正义在和马云第一次见面 15 分钟即决定投资阿里巴巴的“传奇故事”，这在业内可谓尽人皆知，而软银投资阿里巴巴的超高回报率更是令人惊叹。

除了阿里巴巴，软银在中国还投出过其他一些成功案例，比如 263、融信、盛大、银联商务等，其中对盛大的投资也取得了超高的回报率，堪称典范。

2006 年 3 月 17 日，软银公司收购日本沃达丰。沃达丰的前身是英国拉考尔电子公司专营移动电话的一个部门，1985 年被分拆成为沃达丰电信公司。在短短 14 年中其已发展成为市值仅次于英国电信公司的英国第二大电信企业，且在全球近 30 个国家或地区开展业务。日本沃达丰虽是日本位居 NTT DoCoMo 和 KDDI 之后的第三大运营商，但他的产品并不符合日本消费者的口味，沃达丰日本网络品质很差，品牌形象更是糟糕，而且内部管理弊病很多，员工士气也极为低落，日本沃达丰甚至在媒体上被喻为“即将沉没的小船”。

当孙正义带领下的软银宣告要花费巨资收购沃达丰日本公司时，他很快就被周围唱衰的声音包围。股市也并不看好软银的这次收购，投资者们迫不及待地卖出软银的股票，导致软银股价一度暴跌六成。当时可能不会有人想到，这次收购将为今后日本移动互联网的一场革命埋下种子。

将近 10 年过去了，软银通过收购的沃达丰日本已经正式杀入日本国内总额达到 7800 亿日元的移动通信市场。原来的沃达丰日本已更名为软银移动，并一举成为日本电信市场上财务状况最好的公司，其用户数也由原来的 1500 万暴增至目前的 3500 多万，翻了一倍还多。这对日本这样一个已经没有多大发展空间的通信市场而言，实属不易。由于软银移动在日本市场令人刮目相看的表现，日本人甚至不得不对自己长期以来颇为自豪的封闭式电信体系做出革命性的改变。

2014 年 10 月 28 日，软银又斥资 6.27 亿美元投资印度第二大电子商务企业 Snapdeal，成为其第一大股东，据说该公司有望成为印度的阿里巴巴。

与时俱进：“双轮驱动”进行生态布局

2012 年 10 月 15 日，软银公司宣称，将斥资 201 亿美元对美国电信运营商 Sprint 进行收购。值得一提的是，2012 年是软银最为辉煌的一年，在这一年，其凭借着一系列睿智的决策取得了利益的显著增长，成功登上财富世界 500 强排行榜！

Sprint，原名 Sprint Nextel，是一家全球性的通信公司，也是美国市场的第三大电信运营商，公司业务范围覆盖超过 100 个国家及地区，员工规模达到了近 7 万人，其拥有美国第一个全国性的全数字化光纤网络。

而软银对于 Sprint 的收购也并不是一帆风顺的，在其宣布收购计划近半年之后，也就是 2013 年 4 月，出现了一个非常强劲的竞争对手——Dish Network，即美国的一家数字卫星服务公司。双方竞争一度陷入了胶着状态，最终软银不得不采取提升收购金额的方法赢得了这场收购竞争的胜利。同年 6 月 26 日，软银以 216 亿美元收购 Sprint 公司 78% 股份的决议受到了后者股东大会的批准，7 月，软银宣布对 Sprint 的收购正式完成。

截止到目前，虽然软银的这次收购还没能取得十分明显的效果，甚至被称为软银收购史上的一大败笔：Sprint 并没能在被软银重金收购之后完成华丽转身，扭亏为盈，反而亏损不断增加，这使得软银自 2013 年以来便开始债台高筑。但不可否认的是，这次收购对于软银的意义仍然是深远的，收购完成后，软银以 9700 万的签约用户数成功赶超 NTT DoCoMo 公司，位居日本国内首位，同时，成功实现在美国通信市场的领导地位。

除此之外，软银还进行了一些规模较小的并购：2010 年并购 Willcom 公司，在收获了 TDD 频谱的同时还成功进入了 TD-LTE 阵营；2012 年收购 eAccess 公司，并成功建立了 FDD LTE 网络以及大量用户……

软银就是通过左手风险投资、右手收购相关龙头企业来打造、完善其生态圈的。孙正义曾表示：“我将未来的赌注押在了新时代，也就是物联网（IoT）。”孙正义的话代表了软银的战略。最近几年，软银一直将 Internet 组合业务当作突破口，在终端以及 Internet 业务上都采取了相对激进的策略，力求实现 Internet 和 Mobile Internet 的同步发展的目标。为此，软银不仅加快了在人工智能和 VR（虚拟现实）两大领域的投资，还推出了 Smart Catalog 文档的共享、同步和分发系统。这个举措使软银向着自己的互联网战略目标更进了一步，计算机硬软件等业务的技术水平更为强大，帮助软银在竞争中处在更加有利的位置。

所谓“应用型公司值十亿量级，平台型公司值百亿量级，生态型公司值千亿量级”。显然，软银要建立的是一个全球性的面向人工智能和物联网时代的生态型公司，一个高科技产业帝国，其进行的风险投资与收购相关龙头企业都是实施这一战略目标的手段。

【投资人思考】：如何用风投与并购开创产融结合新模式？

在我看来，软银应该是以风险投资与并购为导向打造生态型企业的鼻祖，而且它是全球少数几个基本上靠风险投资与收购成为生态型企业的“玩家”。它开创了一种新的产融结合模式。

软银之所以能开创产融结合新模式，主要是因为其创始人和领导人孙正义是一个具有全球视野的人。孙正义的祖籍是中国，后入籍韩国，再后来搬迁到了日本。16岁时孙正义移居到了美国加利福尼亚州，并进入加州大学伯克利分校学习，主修经济学。这种“混合血统”、跨国的经历和相关的学历，让他拥有了迥异常人的全球视野。这一点对软银战略的形成起到了关键作用。

全球视野铸就了孙正义胸怀大志，也让他成为用资本铸造宏大产业的天才式人物。据说21岁时，孙正义就对自己今后的事业有了完整的规划，他画出了未来要做的40家公司的雏形，并制定了一份时间长达50年的创建公司的计划，还编制出了这40家公司每家未来10年的预期损益表、资产负债表、现金流量表，并依时序的不同画出了它们不同型态的组织图。如何筹集资本？如何把发明创造传承下去……他都一一做了沙盘推演。

这一举动说明孙正义不仅拥有非凡的前瞻性，还拥有把事做成的魄力和办法，是战略家和策略大师。拥有前瞻性与策略对路是孙正义把软银从一家创业企业变为高科技产业帝国的两大原因。

与美国甚至中国对比起来，日本的产业环境更不利于创业企业。掌握日本经济命脉的是财团，或者说是大型企业，中小企业很难脱颖而出。日本IT产业由富士通、NEC、东芝等大型企业所掌控，而日本又在TMT技术路线方面犯了错误，远不及美国企业“对路”——这也是日本进入“失落二十年”的主要原因之一。想想在那种“强敌环伺”、因循守旧的商业环境中，如果没有独特的策略，一家创业企业应该怎么做？答案只能是另辟蹊径。

从某种意义上说，所有的创新或多或少都是被逼出来的，孙正义也是如此，他开创了以风险投资与并购为导向打造生态型企业的新型产融结合运作模式，让软银可以比肩富士通、NEC、东芝等大型企业。

这个案例写了许多软银收购或投资其他龙头企业的案例，实际上，在风险投资领域，软银的成就更大，“玩法”也更具有创新性。

除了与大多数风险投资机构一样对有潜力的创业企业进行投资外——这方面最成功的案例是对阿里巴巴的投资，投资回报率高达2500倍——软银还在全球各地与当地相关龙头企业合作建立孵化器管理公司或孵化器，然后对当地创业企业进行投资、孵化。这么做有双重好处：一是可以获取投资收益；二是可以获得生态效益。

比如在欧洲软银与威万迪（VI VENDI）共同建立了AT VI SO公司，其是一个面向网络公司的孵化器管理公司，主要任务是协助美国网络公司进入欧洲大陆市场。威万迪是欧洲本地的电信企业，实力雄厚，在全球一百多个国家或地区设有办公机构，年销售额高达390亿欧元。软银与其合作共同开发欧洲网络市场，可谓是得了地利。AT VI SO公司采用孵化的运营模式，即在欧洲各地建立孵化器。通过与AT VI SO公司合作可以让想拓展欧洲市场的美国网络公司把主要精力放在核心业务上，即专注于技术与产品开发，而把市场拓展工作交给AT VI SO公司。这是一种“时机成熟再开发市场”的新模式。AT VI SO公司有一批精干的管理人员，他们在高科技产业、信息产业、通讯业、媒体及管理信息方面拥有丰富的经验。不过，AT VI SO公司对要参加通过孵化模式开发市场的公司有一定要求：必须是软银投资的公司。

除了欧洲，软银还在澳大利亚、新西兰、印度等国家或地区设有孵化器管理公司或孵化器。软银在美国也有相关机构及职能，但其任务与其他国家或地区的孵化器管理公司或孵化器不同，后者是输入，而前者是输出，即把美国最先进的技术和最好的商业模型迅速转移到发展中国家。据统计，软银在全球投资的公司已超过600家，并是其中300多家的第一大股东，包括阿里巴巴。

最后，还有一点值得一提，即软银非常重视媒体：一方面它自己就投资创办了一些媒体——1989年拿到了PC Home Magazine的日语版；1995年购买了Interface Group's Technology Events部门（Comdex,Windows World），从此成为世界最大的计算机大展的东道主；1996年又买下了Ziff-Davis出版公司，该公司是全世界计算机和网络高科技信息服务提供商……另一方面，还与其他一些国家或地区的高科技媒体合作设立孵化器管理公司或孵化器，比如在英国，其就与News Corp.公司联合成立的一个名叫eVentures的孵化器管理公司。

可以说，利用媒体全方位地把握全球技术发展趋势与创业企业的情况是软银"棋高一着"的另一体现。生态怎么可能没有媒体呢？

总之，软银的运作方式代表了一种新的产融结合方式，非常值得学习、借鉴。如今，技术变革的步伐越来越快，产业周期的时长越来越短，同时风险投资机构越来越多，彼此之间的竞争越来越激烈。所有这些都让风险投资机构必须更早地触及、介入创业企业，以获得先机。据我所知，最近两三年，中国风险投资机构已逐步朝这个方向转化，比如天使与早期风险投资机构同创业类媒体的合作已非常紧密。

第3章

//企业观：为股东服务并兼顾不同主体利益

资本背后是信仰：投资其实是价值观传播

“我们奋斗了这么多年，不是为了让我们自己站在那里，而是为了让他们站在台上。”2014年9月19日晚间，阿里巴巴集团在纽交所正式上市，当时阿里巴巴集团创始人马云上台演讲时说了这样一句令人动容的话。

马云口中的“他们”，指的就是当时以敲钟人身份出席的8位嘉宾，而令世人颠覆三观的是，他们不是什么高级政要、经济寡头、文艺巨星、网络大咖之类，而只是世人眼中的草根人物！这些被称为“阿里生态代表”的8位敲钟人分别为网店店主、快递员、用户代表、电商服务商、网络模特、云客服和农场主。

然而，就是这样不起眼的小人物却直接在交易所参与了最隆重的敲钟仪式。那一刻，马云和阿里巴巴的合伙人们及其员工代表，站在台下为他们热烈鼓掌。马云表示：“我们不是靠某几项技术创新，或者几个神奇创始人造就的公司，而是一个由成千上万相信未来、相信互联网能让商业社会更公平、更开放、更透明、更应该自由分享的参与者们，共同投入了大量的时间、精力和热情建立起来的一个生态系统。”

这个“让草根代表敲上市之钟”的故事给人们的启示是，企业应重视其生态系统中价值链的每个环节，即只有让人家合适，自己才能合适，换言之就是多方共赢。在这一点上，我认为马云的商业理念确实有过人之处。过去，企业讲利润最大化，即股东至上，现代的企业理论则认为企业不仅要为股东服务，还要照顾用户、员工、合作伙伴、债权人（银行等）、政府（在中国尤其如此）、社区等的不同利益主体的利益。这不仅是我自己在经营企业时的宗旨，也是我选择投资对象的标准之一。在我看来拥有这种价值观的企业会更有责任感，发展前景更好，因而更具投资价值。

现代企业理论表达的其实是一种价值观，即企业存在的价值是什么？在激烈的市场竞争中，残酷的优胜劣汰法则会让一些企业惨烈地倒下，也会让一些企业异军突起。胜靠什么？一是企业员工的努力，二是价值观正确。

价值观往往会体现在商业理念上。所谓商业理念，可以理解为一家企业的行为动机。企业商业理念一定要和其发展规划相契合。简单来说，商业理念就是一个企业明晰化的经营理念以及各业务的指导思想。“梦想有多大，舞台就有多大”。企业商业理念的重要性不言而喻，几乎所有成功的企业背后一定都具有一套明确指导思想以及核心价值观作为支撑。

比如阿里巴巴就有独特的商业理念：“让天下没有难做的生意！”这个理念来自马云做小生意的经历。大学毕业后，马云在杭州电子工业学院当英语老师。1991 年，他与朋友一起成立了一个翻译社，房租每月 700 元。因入不敷出，无奈之际，马云只得背着大麻包去摆地摊，卖小商品，卖花，卖书，不仅养活了翻译社，还成立了杭州的第一个英语角。念念不忘，必有回响！正是因为不忘初心，马云才能一步一步决战商海，打造了他的商业帝国。很多卓越的公司，比如谷歌、微软、索尼等，都具有这种强大的“精神的力量”，或者叫价值观。并不是说不如此就不是好企业，但是拥有精神力量的企业往往更具投资价值。

金融企业也是企业，也要有正确的价值观和商业理念。存在主义的创始人克尔凯郭尔说过一句话：“你怎样信仰，你就怎样生活。”有些投资人套用这句话说：“你怎样信仰，你就怎样投资。”

确实，基于价值观的投资需要有坚定的职业信仰。大多数人都不知道什么叫职业信仰？他们认为职业是职业，信仰是信仰，这二者之间没有什么必然联系。

有为数不少的人将谋生和赚钱作为工作的理由，没有将工作与信仰结合起来，实在令人担忧。其实赚钱只是工作其次的目的和意义，工作首要的意义是它确定了一个人的信仰方式，它是一个人行走于世、实现自己生命价值的方式之一。

我认为，职业信仰就是一个人非常明确自己未来的职业方向，知道自己在做什么，该做什么，知道自己的终极目标是什么。这个终极目标与目前的事业是息息相关的，只有努力做好当前的每一项工作，不断积累和提高，才能最终抵达终极目标。

要想成为真正的投资赢家而不是博侥幸的投机者，同样也需要具有无比坚定的职业信仰，投资世界里，能坚守自己的原则，坚定相信价值会最终实现的人，才能获得丰厚的回报。

一位私募基金经理感慨："从某种意义上说，任何一种投资方法或者原则，不在于你掌握和运用它的熟练程度，而在于你对这种投资方法或者原则是否真的相信，是否能够一如既往地坚持。无论遭遇怎样的危机或是逆境，能始终坚守住自己的投资方法和原则才是最难能可贵的。"我非常认可他的说法。

在金融投资行业中，没有"容易"这个字眼，每一个项目都需要万中挑一地遴选，每一个决策都是审慎严谨地做出来的，每一个项目成功执行的背后是整个团队辛勤的付出，这就要求大家都有一个共同的职业信仰。

最近几年来，金融领域与投资领域飞速发展，"理财投资"这件事逐渐走进了普通老百姓的生活，越来越多的人主动加入到投资行列，但是许多普通百姓对于金融的认知，远远跟不上这个行业的发展速度，法律法规方面的不完善和监管的不完善，也大大增加了行业风险。在这种大环境下，金融投资领域可以说是一个大染缸，有的投资公司经过市场洗礼，不染污浊，坚持本心，焕发出成功的光彩；也有的公司缺乏职业信仰，历经波折，找不到前行的方向，迷失自我，使很多人对这个行业失去了信任。

即使大环境是这样，对于PE行业未来的发展，我还是有很大的信心的。

“镜不蒙尘可照人，人不染污可树威”，只有金融机构坚守自己的职业信仰，将客户和合作伙伴的利益放在首位，树立起诚信的旗帜，才能赢得股东的信任，促进金融产业良性发展。

现在的很多PE公司都在处心积虑地想要顾客选择自己公司的产品，这些企业用尽各种营销方式吸引顾客的眼球，达到预期的目的；还有一些企业为了吸引投资者的眼光，假报数据，为的只是得到消费者的青睐。但是这些企业往往得不到什么效果，甚至还要受到法律的制裁。其实，想要获得投资者的信任，只要企业诚实一点，不要作假，就是投资者最喜欢的企业了，也容易获得投资者的信任。投资的背后实际上是价值观的传播。

如今，GIO华兴控股集团已经走过了7年的成长与发展之路——成立至今，先后控股或参股了190多家企业和大型集团，现有资产1560多亿元人民币，在北京拥有员工2600多人，全国拥有2万员工，累计所投企业员工共超过30万人。业务涉及资产管理、股权投资、基金管理、农业产业投资、文化产业投资、政府产业基金、地产基金、投资银行和海外业务等领域。集团涉及众多产业投资领域：在矿产领域，集团旗下拥有矿产总储1500多万吨，占地150平方公里，涉及全球6个国家；在农业领域，涉及全国5个省份500万亩（1亩=666.7平方米）农作物及农产品深加工产业；在房地产领域，投资超过450多亿元；在互联网领域，旗下管理着20亿元的互联网基金；与曜为资本共同布局体育产业，基金规模达20亿元；携手富士康进军智能制造领域；与国内最大的人民币基金“中科招商”联合发起TMT、文化、医疗等领域的多个专项基金。2015年聘请国际投资大师吉姆·罗杰斯担任投资顾问，2016年与罗斯柴尔德家族在世界著名的离岸金融中心——开曼成立基金管理公司，开展离岸基金业务，成为中国金融资本全面登上国际舞台的标志之一。

作为一家拥有央企背景的金融投资控股集团，自然将投资回报放在首位。对一个投资公司而言，所谓回报，狭义上讲是给予股东持续稳定的收益，这是第一位的。但不应该只是如此。广义上讲回报的对象不仅包括股东，还应包括员工、合作伙伴、社会、政府。我认为，一家公众公司除了要把股东的利益放在首位，还要同时兼顾不同利益主体的利益。

一个人生活的意义在于他的信仰，一个企业发展的动力也是来源于企业的职业信仰。对于股东给予的宝贵信任，企业只有更加专注，更加专业地把业务做强做大，实现企业价值最大化，从而实现股东价值最大化，并在帮助股东创造财富的同时，为社会创造价值。

未来的一年里，我相信中国经济将迎来一个新的发展阶段。在这个阶段中，有困难，有风险，也有机遇。面对挑战，我们将全员加速，披荆斩棘，不惧风暴。在开拓的时刻，金融机构是尖兵，将跑在最前面，引领大家寻找正确的道路。

希望我们能在磨炼中一点一滴地进步，在繁衍财富的过程中，繁衍善良、希望和文明。

宏大理性的产业链条：依仗有温度的个体和有力度的团队

大雁的队伍多呈“V”字形，这样为的是可以帮助到两边的雁减少空气阻力，第一只累了，就换第二只，这样不光可以节省体力，还可以迅速飞到目的地。按照这种阵型飞行的大雁，比单独飞行的大雁能多飞 12% 的距离。这就是团队的力量。

进入 21 世纪以来，中国企业面临着前所未有的变革和挑战，组织需要改革、创新。企业为了更快地适应市场，需要从一个有力度的团队里面获得忠诚度和责任感，而一个有力度的团队则是由一个个有温度的个体组成的。

对于员工来说，团队是他们的第二个家，对于企业来说，团队是公司发展的基石。所谓“同心山成玉，协力土变金”，只有团队精诚合作，才能积极调动团队中每一个成员的积极性和聪明才智，激发出团队的潜力，创造更加丰硕的成果。

几十年来，我们所接受到的都是这样的教育：做人应该懂得无私，在集体利益之下，个人利益根本不值一提……一直以来，“大公无私”都被作为道德标杆而传承，而“人不为己，天诛地灭”则成了典型的反面教材，被批得体无完肤。时至今日，“集体主义精神”依然被许多企业视为团队文化的核心而在员工之间广为宣传。“为了集体的利益，个人就做点儿牺牲吧”几乎成了一些企业变相剥削员工的手段，比如，常常会有企业要求员工免费加班，在企业经济出现困难时缩减员工薪水……

2016年上半年，16家上市银行中报披露完毕，引发一片惊呼，降薪成为社会关注焦点。民生银行在此次“降薪潮”中位居榜首。2016年1—6月，民生银行员工薪酬与去年同期相比下降了22%。民生银行此举遭到了作为第五大股东的史玉柱先生的批评。史玉柱认为减薪是企业的“昏着儿”，会造成人才严重流失，不利于企业发展。

“大河有水小河满”的道理告诉我们只有集体的利益得到保障，才能保障个人利益，这导致了很长一段时间里，大家都形成了这样的一个观念：为集体利益而牺牲利益是理所当然的。然而，改革开放以后，人们对于这个理念又有一个全新的解读：自古以来，长江“大河”一直都是有水的，但是支流“小河”却不是一直都维持“满”的状态，而相反，如果支流“小河”都是有水的状态，那么长江“大河”则一定是“满”的。因此，这句话应该换个说法，即“小河有水大河满”。

应用到企业管理中也是一样，企业要想使集体利益得到有效保障，那么，就必须注意对每一名员工利益的保障。如果员工最基本的利益都无法得到保障，那么，企业的最终利益根本是无从谈起的。

2008年，“331东航集体返航事件”震惊了中外，其引发的严重后果和影响引起了业内外的广泛关注。事实上，东航云南分公司员工与企业管理层之间的恩怨已深，这次返航事件只是矛盾累积后的一次爆发。而“云南飞行员上缴个税要突然增加 20%–30%”不过是一个导火索而已，“不公平”是事后该公司飞行员抱怨中用到得最多的字眼。简单来说，此事的主要原因就是由飞行员对薪酬不满而引起的一次集体抗议活动。如今，此事已经过去近十年时间，但是所留下的诸多教训却仍然值得广大企业管理者们反思。

作为一名投资者，也是一家企业的领导人，我对这件事情的是非曲直暂且不做评论。但是，我想要强调的是，企业在制定规则过程中必须要明确一点：从人性角度来讲，不愿意为所谓的集体利益而放弃个人利益是完全正常的，因此企业管理者必须要兼顾并尊重每名员工的利益。如果一家企业不能重视员工的个人利益，那么，这家企业迟早是要出大问题的。

我们每个人，每个员工，都是凡人，都会有私心。等价交换的概念自古有之，我认为，以劳动去换取等价的收益合情合法，企业不是慈善家，不会收留对其无用之人，同样，员工也不是慈善家，同企业喜欢追求利益最大化一样，员工工作的主要目的就是为了换取更多的金钱收入。就像员工不能要求企业为其无偿发放工资一样，企业同样也不能要求员工为企业无偿付出。从某种程度上来说，企业和员工之间更像是一种互利共赢的合作关系。

动辄以集体利益为名要求员工牺牲个人利益，在我看来就是一种变相的道德绑架。当然，并不是说这种以集体为重的精神不值得提倡，而是这种精神的前提是员工必须是完全心甘情愿的。尊重永远是相互的，想要得到员工的尊重，企业也必须懂得尊重员工，自我成立华兴控股集团以来，从来不提倡员工为了公司的利益而舍弃个人利益，我觉得这是对员工最基本的尊重，而这正是公司能够取得长足发展的一个重要原因。

换言之，企业在对员工要有力度的同时，也要对员工要有温度。

推而广之，企业对合作伙伴也应该既有力度也有温度，因为合作伙伴就是你的外部员工，而员工则是你内部合作伙伴。随着分工的细化，随着劳动的专业化，企业之间与企业内部不同部门之间的合作越来越频繁，虚拟组织由此也越来越多，合作伙伴与员工的区别也日益淡化。

国家要发展强大需要民族团结，企业也一样，企业要稳步发展需要团队的合作精神，团队是企业的支撑，团队对于企业来说也是不可取代的，只有真正尊重员工和合作伙伴，重视员工和合作伙伴的利益，才能有效凝聚他们的力量，发掘出他们的最大潜能，从而保障企业稳定发展，推动企业做大做强。

企业形象内涵公益精神：社会责任是能力绝非负担

在美国电影《蜘蛛侠》中有这样一句经典台词："能力越大责任越大。"这句话具有极强的现实意义。相对于一般人，成功的企业家就是能力强大者，也就相应地要承担更多的社会责任。

"社会责任"这个词并不陌生，在电视、报纸、网络等媒体中常常出现，随着社会的进步，要求每一个人都要具有社会责任感，普通人如此，企业和企业家更是责无旁贷。

当今世界上关于企业社会责任（CSR）普遍的概念是指，企业在经营过程中不仅要向内对所有股东负责，而且还要在缔造净收益的同时向外对环境、员工、和社会做出应有的贡献。当前比较著名的企业社会责任理论有三重底线理论、企业社会责任金字塔理论等。

三重底线理论（图 3–1）是由英国学者约翰·埃尔金顿于 1997 年提出的，他认为企业社会责任包括经济责任、环境责任和社会责任是指三种。经济责任增加净收益、对全体股东和投资者的回报以及诚信纳税；环境责任就是企业对生态环境的维护和改善；社会责任则是指企业在社会中要向其他利益相关方担负的责任。

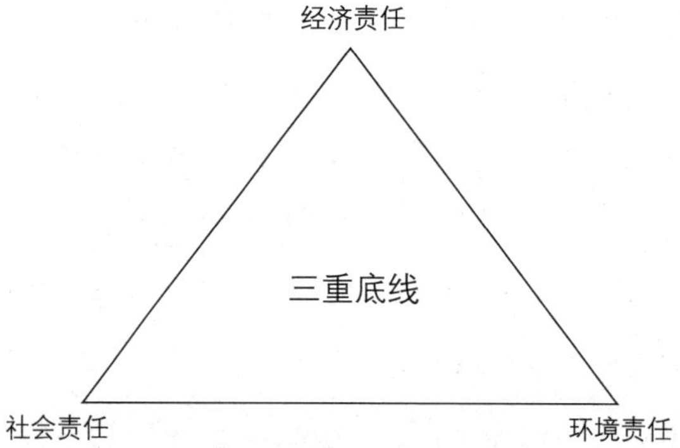

图 3–1　三重底线理论

企业社会责任金字塔理论（图 3–2）是由美国学者阿奇·卡罗尔于 1979 年提出来的，他把企业社会责任分为企业与社会关系的四个不同层面，即“企业社会包含了在特定时期内，社会对经济组织经济上的、法律上的、伦理上的和慈善上的期望”。

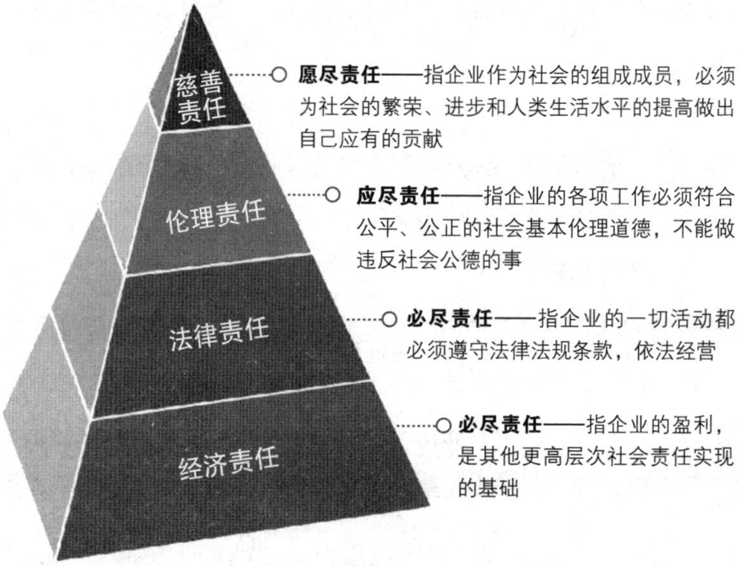

图 3–2　企业社会责任金字塔

那么，企业家的社会责任感又该如何体现呢？

我认为，企业家的社会责任中，最主要的一点就是“赚钱”。当然，这个“赚钱”是打了引号的，是通俗的说法，“赚钱”背后真正的意义是创造财富。

创造财富应该是一个企业家的本职工作，是最基本的社会责任，没有创造财富，只能说是不务正业。一个失败的企业和企业家，最终伤害的是整个社会的经济发展，而一个企业家所创造的财富，则能为社会提供很多有价值、有帮助的东西，例如员工福利、国家税收、技术研发、就业机会等。一家效益很好的大企业，甚至可以拉动一个地区乃至整个国家的经济发展。在不违反国家法律和基本道德的前提下，尽可能地去创造财富，是企业家对合作伙伴、股东、公司员工乃至社会负责的行为。

在创造价值的基础上，企业家还要利用自己的能力，去为社会传递正能量。运用自身的财富和影响力，去促使和推动社会进步，将一些正能量和正面的价值观，通过各种形式进行传播，扩散到社会的角角落落。

毫不夸张地说，在这个阶段，如果一个企业没有意识到，甚至推卸和逃避自己的社会责任，那么这个企业很难有可持续性发展。

公益事业是企业践行社会责任的重要途径。创造利润是企业家一切经营行为的根本出发点，在这个过程中，企业家不仅会不知不觉地向社会传递正能量，而且还要积极踊跃地投身于公益慈善事业中去。企业对社会的回报，不能只停留在经济效益层面，更应该放大到社会效益，通过自己的行动和努力去改变社会。

在慈善的道路上，有些企业家已经先行一步。胡润研究院连续 13 年发布“胡润慈善榜”，2016 年的“胡润慈善榜”中，腾讯创始人马化腾捐款 139 亿元，成为 2016 年的“中国首善”（表 3-1）。

在全球的公益慈善事业中，美国可以说是做得非常成熟的。美国的公益慈善事业形式多样，非常灵活，公民参与程度高，公信力好。在美国，公信力被慈善机构视为命脉，通过法律、第三方评估机构、媒体合力打造，形成一套非常完善的监管机制。

表 3-1 “2016 年胡润慈善榜”前十名慈善家

姓名	捐赠额 / 亿元	主要捐赠方向	公司	年龄	主要行业
马化腾	139	社会公益	腾讯	45	IT、娱乐
陈一丹	40	教育	腾讯	45	IT、娱乐
何巧女	29	社会公益	东方园林	50	园林
王健林家族	12.6	扶贫、教育	万达	62	地产、文化
许家印	8.4	扶贫、社会公益	恒大	58	地产、投资
黄如论	8.2	教育、基础设施建设	世纪金源	65	地产
卢志强	7.3	教育	泛海	64	地产、投资
吴少勋	3.2	基础设施建设	劲牌	60	保健酒
邱光和家族	3	教育	森马	65	服装
邵根伙	2.7	教育	大北农	51	饲料、种业

2010 年的金秋九月，两位世界顶级富翁沃伦 · 巴菲特与比尔 · 盖茨相约来到北京，向 50 位中国富豪发出“巴比”邀请函，举行了一场小规模的慈善晚宴。按照二人的说法，此次中国之行的目的是“一给一取”，“给”的是两人的慈善理念，“取”的是了解中国慈善现状。巴菲特说，中国现在的一代人是“关键的一代人”，成功的企业家应引领后人为慈善做出贡献。

相比欧美国家，慈善在中国的发展是比较缓慢的，目前仍有慈善组织数量稀少、募捐能力差、公信力不高等问题存在。

盖茨与巴菲特的中国行，对于中国慈善事业，形成非常好的促进氛围。作为当年的一个热点事件，引发了大家对于当前慈善环境的关注，对进一步完善慈善制度的呼声很高。

2016 年 3 月 16 日，全国人民代表大会通过《中华人民共和国慈善法》，从此可以依法行善，依法治善，这标志着中国公共伦理发展有了一个历史性的转型，将对中国社会的发展格局产生根本性的影响。

正因为有国家的政策保障，有坚持公益事业的信心和决心，近年来，很多优秀的企业都在公益的道路上越走越远，越走越坚实。

在此我想多说一句，做公益也要讲效率，比如现在国家就在提倡精准扶贫。何为精准扶贫？就是古人所谓的“授人以鱼不如授人以渔”，即给的是致富的方法，让被帮扶者一劳永逸地脱贫。在这方面，恒大集团的“恒大扶贫模式”特别值得学习。2015年，恒大集团对口帮扶贵州大方县，通过一系列精准扶贫措施，帮助大方县脱贫。恒大不但出资对特色农业、畜牧业、种苗基地和信贷方面进行产业扶贫，还组织了大规模职业技能培训。这些针对“困”根的“鱼渔相授”，激发了贫困地区的内生动力，是公益事业的一种创新，是突破中国单一公益慈善形式的一次成功尝试。

精准扶贫的理念意味着企业与企业家的社会责任更大了，因为相对而言企业与企业家是效率最好的组织和人群，他们更能胜任精准扶贫的攻坚任务。

2016年3月初，国家级贫困县——信阳市光山县人民政府和阿里集团签订了合作协议，双方就消贫脱贫领域达成合作意向。未来，阿里将在光山县全面展开精准扶贫活动，在该地接入农村淘宝、蚂蚁金服、菜鸟网络等资源，帮助该地区实现节支增收，推进其城乡建设，帮助该地区人民早日实现脱贫愿望。

2015年8月，继阿里农村淘宝项目成功引进光山县之后，在阿里精准扶贫的计划下，光山县多个产业实现了全面改造升级，诞生了“光山羽绒”“光山十宝”等众多电商品牌，在电商的带动下，产品销售额得到了大幅度提高，解决了很多农民的就业难题，使农民的收入得到了明显增加。据相关数据显示，仅2015年一年，在电商的带动下，就有7300余名光山人口解决了就业问题，该县年人均收入增加了5000多元。效果十分明显。

而阿里集团和光山县也因此达成了战略合作，计划未来将在建立农村电子商务新渠道、农村电子商务公共支撑体系等方面进行深度挖掘，以促进该地产业发展，帮助该地区人民实现进一步的脱贫。

作为一名企业家或投资人，需要清楚地认识到，社会责任绝非负担而是一种能力，是企业发展的一部分。乔布斯说，活着就是为了改变世界。胸襟广阔的企业家，应该引领企业顺应时代潮流，推动社会进步，甚至改变整个人类的生存环境，而这些改变，终将会反过来影响企业所处的环境，为企业提供更大的发展空间和更多的机遇。

近年来，GIO 华兴控股集团积极投身公益慈善事业，正是基于以上认识。

从中国视野到全球视野：用创新加快企业国际化步伐

针对社会责任，我还想和大家讨论一个更广泛的话题，那就是随着中国企业国际化进程的加快，中国企业家的社会责任会不断放大，应该从全球的范围来思考这个问题。

2016 年 7 月 8 日，中国国家主席习近平主持召开经济形势专家座谈会，提出了一个新任务，要求加快培养造就具有国际视野的企业家。习主席说，当前已经进入新常态的中国经济，正在向着形态更高级、分工更复杂、结构更合理的阶段演化，更需要有国际视野的企业家。

曾任中国外交部部长的李肇星也在一次演讲中说过："我们身处一个多元的时代，面临四面八方的挑战。能否紧跟国际步伐，抓住时机和企业的发展有重大关联。因此，对于各行各业的企业家来说，具有国际化的思维和视野是至关重要的。"

拥有国际化的视野，就要求企业家放眼于国际，除了关注自己所在的行业外，还应对全球经济、政治和文化有深入的了解和分析。随着中国新一轮改革开放的进一步实现和"一带一路"战略的实施，越来越多的中国企业将在国际市场上长袖善舞。在全球化的市场竞争中，通过资本并购等方式能够展示中国企业的"硬实力"，而中国企业家的国际视野和"全球责任"感，将展示中国企业的"软实力"，使自己的企业品牌更具内涵，为企业的海外并购等业务创造更多的便捷条件。

有人认为，中国具有人口资源的绝对优势，大多企业家不需要国际视野也能将事业发展得很好，可是，如果企业家没有国际视野就很难有全球担当，很难培养起自身的“全球责任”感。

企业是否应该承担更大的责任？解决世界的发展和文明进步问题，中国企业家能起到什么样的作用，该扮演什么样的角色？在全球化浪潮中，中国的崛起能发挥什么样的积极作用？

这些，应该是中国企业家集体思考的问题。在这一点上，我们落后于很多国家的企业家。以印度为例，尽管印度的GDP只有中国的五分之一，但是印度企业家可以维护全球市场，我们中国企业家还仅仅在维护中国市场。未来的中国企业家，对这个问题不能再回避，必须大步走出去，必须修补“全球责任”这块短板，必须拥有全球视野，提高全球资源的整合能力。

世界上有很多小国家，虽然人口不多，经济也不是非常发达，却出现了很多影响全球的伟大人物，比如苏格兰的休谟和亚当·斯密。就是因为人家视野广、有担当，愿意为了全球责任而创业、创新，所以成长起很多卓越的学者和企业家。当然，在我们中国，这样的企业家并非绝无仅有——

2008年，长江商学院的院长项兵，在美国杂志《商业周刊》的排名上提名华为成为全球影响力最大的十大企业之一。当时华为50%以上的销售收入来自海外市场，申请的专利数量居全球第二，员工领到了世界级的薪水，股东得到了世界级的回报，为全球创造了10万至11万中产阶级。

2016年2月3日，中国化工集团公司宣布收购瑞士农业化学巨头先正达100%的股权，先正达估值430亿美元，这一金额刷新了中国企业海外收购纪录。据了解，全球的农资市场分别被拜耳、杜邦、德国企业巴斯夫、美国公司孟山都、瑞士先正达、陶氏化学这六大企业控制着。中国化工收购瑞士先正达意味着中国的企业朝着国际方向又迈出去了一步。

中国化工集团将瑞士先正达收入麾下，借此跻身于农业化学领域巨头行列。最近几年来，中国的耕地面积越来越少，甚至连玉米的产量也仅为美国的一半，中国化工通过收购先正达获得了种子技术，这种技术与国家利益相吻合，将进一步解决中国粮食的安全问题。中国化工面对全球化的发展勇于承担起全球责任，积极引导中国农业化学领域走向国际。此外，中国化工的全球布局将得到进一步优化，作物和杀虫剂这两大领域的市场需求也将因此扩大。中国化工董事长任建新就曾在接受采访时表示，中式企业要通过收购发达国家品牌的方式做出改变，最终实现可持续发展。

全球责任是中国企业的必修课，中国人不可推诿。从文艺复兴时期以来，解决世界上的问题几乎都是西方人在做主导，提供系统解决方案，我们东方人在旁边围观，至多打个下手。今天，这个时代必须结束了。古往今来，中国人是有头脑、有能力的，我们有很多古代先哲的智慧，能够应对今天人类发展遇到的挑战。

作为地球村的成员之一，我们有责任把解决全人类发展生存重大问题的责任担到肩上，树立全球视野，然后用创新加快企业国际化步伐，做出我们中国应有的贡献！

有一次，我收听某位资深财经媒体人创办的电台节目，谈到近年来日本经济发展的一些问题，他认为日本经济低迷的原因是近二十年来趋于保守，缺乏创新精神，企业缺乏一点“野性”。日本本土经济学家池田信夫也持有相同观点，认为创新是经济增长的主要因素，也是日本企业长期以来缺少的特质。

在我看来，日本经济发展停滞有诸多因素的影响，并不仅仅是缺乏创新这一个原因。不过在目前的经济环境下，过于保守，模仿、跟随他人的发展策略已经没有多少市场机会了，一个好的投资人，要在激烈的市场竞争中有自己的独立见解，善于捕捉机遇，不惮承担风险，具有敢为人先的“冒进”精神。

我们常说投资难，难就难在投资有风险，其风险就在于充满变数的不确定性上。大胆的“冒进”行为，要求投资人有对投资市场强大的把控能力和长远的前瞻性。

2016年1月12日，中国万达集团宣布，以35亿美元收购美国传奇娱乐公司。美国传奇娱乐公司是全球响当当的电影制作巨头，曾制作过《哥斯拉》和《环太平洋》等好莱坞电影。按照收购协议，传奇娱乐创始人和CEO托马斯·塔尔个他的管理团队持有少数股份，负责公司的日常经营。此次万达收购，意味着中国公司首次控股了以制作大片闻名的电影公司，同时也标志着万达在走向世界的道路上又迈出了一大步。

万达收购传奇娱乐，是迄今为止中国企业在境外的最大一桩文化并购投资。消息传出后，业界一片哗然，有些人认为万达这种“买买买”的“土豪”行为，就像在刀尖上跳舞，风险系数极大。

我们回头看看万达收购全美第二院线AMC的故事。AMC在被万达收购前亏损1亿美元，负债35亿美元，而在2012年被万达抄底收购后，仅一年多市值翻倍，万达以不到8亿元的投资，赢得近17亿元的市值，不但收益颇丰，还是一个进入美国市场的好机会，借助这个端口，万达一再收购美国影视企业。不得不说，这次收购“一石三鸟”，令人感慨。

而2016年这次收购的传奇影业，拥有高水准的电影创作能力和大量优秀IP，一旦与万达的行业链形成良好互动，商业价值极其巨大。相对于美国电影市场的激烈竞争，中国还是一片蓝海。

在中国，像万达董事长王健林这样具有战略眼光的投资者不在少数，他们高瞻远瞩预测出中国甚至全球投资市场环境的变化，针对此变化做出相应的决策。或许在当时，他们的做法在别人看来是疯狂的，是冒进的，是不可取的，但是时间或将证明他们的正确。

在投资市场上，风险总是与机会并存，优秀的投资者往往能够慧眼识珠，具有发现赢利机会的眼光，敢于冒进。这种冒进，与清晰的洞察市场趋势与规律的思维相连，需要极强的市场驾驭能力和整合资源、化解风险的能力。敢于冒进绝对不是“赌”，这种魄力，一方面源于对投资对象的准确而客观的认知，另一方面取决于这种认知是否前瞻于市场的普遍评价，或者更为深刻。在投资之前，需要对行业背景、企业的考核指标、投资区域的发展前景等方面进行谨慎的考量，对自己的观察和考量有足够的自信，才能克服投资时浮躁或者恐惧的情绪，在甄选项目时做到更加冷静精准，对自己的客户更加负责。

在相同的经济环境、政策规则和竞争秩序下，市场经济活动表现为多个主体之间的合作与博弈，在投资决策、融资技巧等方面如何制定自己经营战略，企业和投资者都必须有自己的个性，有一点勇于创兴、敢于冒进的秉性。纵观市场经济发展和人类社会经济技术进步的历史，就是一部创新制胜的历史。虽然在某些特定的社会经济发展阶段，采用学习、跟随先进者的发展策略，能够快速追赶先行者，节约时间和成本，是一个相对有效的方法，但是模仿与创新相比，创新的收益总是远超模仿，更加令人满意。

在市场的洗礼中大浪淘沙，锻造出很多成功的企业家和投资者，他们勇于创新的经营风格，体现了企业与市场的相融性，他们让市场经济更加鲜活，是最稳固和最有活力的社会分子，是中国特色社会主义市场经济的中坚力量。我期待这样的企业家越来越多。

当然，在这个过程中就需要我们必须具有足够强大的心理承受能力，投资公司尤其是如此，市场风云莫测，每走一步都要及时总结、反思，调整，在试错纠错中取得长足进步。

【案例 3】洛克菲勒家族：私募股权投资与批量慈善开拓者

比尔·盖茨曾经说过："我心目中的赚钱英雄只有一个，那就是洛克菲勒。"

他所说的洛克菲勒是指约翰·D. 洛克菲勒，即老洛克菲勒，是庞大的洛克菲勒家族商业与慈善帝国的开创者。相关统计显示，1902 年，他的财产为 2 亿美元，当时美国的 GDP 为 240 亿美元；在他去世时，他的财产上涨到了 14 亿美元，而当时美国 GDP 为 920 亿美元。就财产占美国 GDP 的比例而言，老洛克菲勒无可争议的是美国有史以来身价最高的人。另外，有人计算过，他 1937 年去世时所拥有的财产如果放在今天至少会值 2000 亿美元，远超比尔·盖茨的身价。

小钱背后是汗水，大钱背后是智慧，而巨额财富背后则一定是价值观。富可敌国的洛克菲勒家族是全球私募股权投资与批量慈善的开拓者，将赚钱与奉献视为并行不悖的信仰。

稳操胜券：做垄断一切的生意

老洛克菲勒是那种天生就具有商业智慧的人，他创造了一系列的商战经典案例，其中所蕴藏的策略至今仍在被使用，比如在进军宾夕法尼亚石油市场所采用的欲擒故纵的策略。

当时宾夕法尼亚的原油价格因为开采过多而暴跌，老洛克菲勒却派出大量业务员以远高于市场价格的每桶 4.75 美元大量收购原油，且均以现金交易。原油业主们有利可图，纷纷贷款扩大开采规模。在购进 20 万桶原油后，老洛克菲勒突然宣布把收购原油的价格下调至每桶 2.5 美元。原油主们这时才发现被老洛克菲勒"设计"了，但为时已晚，因为以每桶 2.5 美元出售原油肯定赔钱，不足以覆盖贷款的本息。一时间大量开采原油的公司破产。老洛克菲勒趁机成立了一家名为埃克森的新公司，并购那些破产或即将破产的原油公司，一举垄断了宾夕法尼亚原油市场。

在组织创新上老洛克菲勒同样颇有建树。他是托拉斯垄断组织的首创者。1882年，老洛克菲勒牵头成立了美国石油托拉斯，并被选为受托委员会（相当于董事会）委员长。其后，他开始把标准石油公司的经营范围从炼油扩展至油田经营、油管控制、生产炼油副产品和生产一切与炼油有关的设备。

最终，这个由他主导的托拉斯垄断了美国80%的炼油生意和90%的油管生意，成为全球最大的石油企业集团。

老洛克菲勒退休后，他唯一的儿子小约翰·D.洛克菲勒接管了家族的生意，其被称为小洛克菲勒。

小洛克菲勒也是一个精明绝顶的商人。最能显示其商业手腕之高的事情是免费捐地给联合国。对此事的描述有两个版本：

一、二战刚刚终结，以英美为主体的战胜国就决心创建一个处理全球事务的世界性机构——联合国。获悉这一消息之后，洛克菲勒家族马上表态愿意支付870万美元购入纽约的一块土地，并将其无偿赠予联合国，让联合国盖总部办公楼。与此同时，他还买下了那块地皮周围的大片土地。随着联合国总部办公楼的落成，其周围地皮的地价开始飙升，洛克菲勒家族因此大赚。

二、20世纪40年代，洛克菲勒家族在纽约市郊买了一大片荒地。开发这片地需要巨额资金，但由于这片地位于郊区，无论如何定位，开发出的物业都不大可能卖出好价钱，所以当时许多人都认为洛克菲勒家族这项投资是失败的。而就在此时，联合国成立了，并宣布将总部设在了美国纽约。小洛克菲勒得知这个消息后，从纽约市郊的荒地中分割出一块价值3800万美元的地块以1美元的价格“卖给”了联合国，尚无安身之地的联合国求之不得。于是，联合国决定在小洛克菲勒赠送的土地上安营扎寨。不久，第二次世界大战结束后新的世界格局形成，许多开发商都看好联合国总部附近的物业价值——各国及其他一些相关机构都要在联合国总部附近设立联络点，相关购地需求急速扩大。这导致洛克菲勒家族土地的价值暴涨。洛克菲勒家族赚了个盆满钵满。

从长计议：慈善事业是一笔更大的财富

“多挣钱为的是多奉献。”年轻时听牧师布道时讲的一句箴言，让老洛克菲勒终生铭记在心。

1897 年，老洛克菲勒从标准石油公司退休，其后开始把主要精力放在慈善事业上。实际上，在退休前老洛克菲勒就时不时地捐款捐物，比如亚特兰大的 Spelman 大学（名字取自他的岳父，一个在南北战争前就开始的废奴主义者）就主要是靠他的捐赠扩建而成的，时间是 1884 年，原本它是一所黑人女子大学。该校有一栋古老的建筑名为洛克菲勒大厅。

退休后，做慈善成了老洛克菲勒的工作重心。1900 年，他给芝加哥大学捐献了 8000 万美元，让当时这个小小的浸信会学校成为世界级的顶尖大学。1901 年他成立了洛克菲勒医学研究所（Rockefeller Institute for Medical Research），该机构自 1965 年开始招收大学生并更名洛克菲勒大学，据统计至少有 23 位诺贝尔奖得主受惠于洛克菲勒大学。1902 年，为了推进美国每一个角落、每一阶层的教育，尤其是南方黑人的教育，他设立了通才教育董事会，该机构最大的手笔是资助了 1910 年弗莱克斯纳报告（Flexner Report）计划（该计划之前由卡内基资助），Flexner Report 计划的实现让美国医药领域起了革命性的变化。另外，他也资助过耶鲁大学、哈佛大学、布朗大学、布林莫尔学院、韦尔斯利学院、瓦萨学院。1909 年，他成立了洛克菲勒卫生委员会（Rockefeller Sanitary Commission）。该机构之后根除了钩虫病这个长期危害美国南方民众的疾病。1913 年，他成立了洛克菲勒基金会，继承并扩大卫生委员会（Sanitary Commission）的工作，并让其在 1915 年完成了历史使命。他捐给洛克菲勒基金会约 2.5 亿美元，这些钱主要被用在了公共卫生、医疗训练、艺术等领域，北京协和医学院就是该机构建立的，洛克菲勒基金会目前仍在运转。1918 年，他成立了第四个慈善主体劳拉斯佩尔曼洛克菲勒纪念基金会（Laura Spelman Rockefeller Memorial Foundation），资助方向是社会科学研究，后被并入洛克菲勒基金会。

据统计，老洛克菲勒一生捐款的总额达到了约5.5亿美元。

独具匠心：开创股权投资新天地

应该说，就商业才干而言，比之老洛克菲勒，小洛克菲勒还是稍逊一筹。但就开枝散叶的能力而言，小洛克菲勒强过老洛克菲勒。他有6个孩子，其中5个是儿子。

在第三代中，虽然大卫·洛克菲勒（小洛克菲勒的第6个孩子）是家族掌门人，且被公认为是全球金融领域的领袖之一，但就创新而言，劳伦斯·洛克菲勒似更胜一筹。他的贡献主要体现在两个方面：一是开创风险投资事业，他被公认为是风险投资的开创者之一；二是把慈善扩展到了环境和文物保护领域，使环境保护成了一种新的时尚。

1937年，老洛克菲勒去世，劳伦斯·洛克菲勒继承了老洛克菲勒在纽约证券交易所的职位。但他没有继续投资蓝筹股，而是把投资重心转向了新兴行业。他第一次做风险投资投的是一家家具厂。当时，他和新婚妻子向芬兰家具设计师阿尔瓦阿尔定制了几件家具，对方向他们展示了一些曲木家具的图片。劳伦斯觉得阿尔瓦阿尔的产品会走红，便投资了他，同时还在纽约53号大街上开了一家专门销售芬兰家具的门店。门店的生意非常好。

第一次牛刀小试成功后，劳伦斯“玩了一把大的”。在一个偶然的场合，他结识了在欧洲参加过第一次世界大战的空军上尉埃迪·瑞肯贝克。他跟埃迪学习驾驶飞机。在学习的过程中，他发现埃迪对商业飞行市场即将兴起的认识具有前瞻性，便决定资助他成立东方航空公司，开拓商业飞行市场。1938年东方航空正式成立，劳伦斯是第一大股东，但并不参与日常经营管理，日常经营管理的负责人是埃迪。第二次世界大战后很长一段时间，东方航空都是盈利最多的航空公司。

第二次世界大战期间，劳伦斯弃商从军，曾在海军补给部门服役。二战结束后，他重回商业领域，继续从事风险投资活动。在他的带动下，他的兄弟姐妹们也开始从事风险投资活动。不过，不论是劳伦斯本人还是他的兄弟姐妹们，在很长时期内都是私人性质的，而非私募性质的。换言之，他们都只是使用自己或家族基金会的钱，而不向其他人募集资金。

直到 1969 年，劳伦斯才发起成立了私募股权投资基金性质的凡洛克风险投资公司，将风险投资活动正规化。凡洛克由洛克菲勒家族成员和与洛克菲勒家族有长期合作关系的一些机构共同出资，包括美国现代艺术博物馆、洛克菲勒大学等。

据统计，到 1996 年，凡洛克已经资助了多达 221 个创业企业。这些企业大都取得了令人瞩目的业绩。早期，凡洛克专注于投资航空企业，后来进入电子、计算机和生物科技等领域，英特尔和苹果即是其投资对象。通过这些投资，劳伦斯的个人财富实现了数倍的增长。

除了投资方面，在做慈善方面劳伦斯也有开风之功。他与其他家族成员一起改变了慈善的目标，把对国家自然遗产和伟大历史景观的保护作为慈善的重中之重。艾森豪威尔以来的历届美国总统都会向劳伦斯征求关于生态、荒地保护方面的意见。劳伦斯创立了美国保护联盟，他在美国 12 个联邦、州和地方政府环保部门任职的同时，也在积极帮助其他环境保护组织的工作。他在环境与文物保护方面的作为受到广泛好评。1991 年，他被授予国会金质奖章，被时任美国总统乔治·布什誉为“隐藏的民族瑰宝”。

特别值得一提的是，劳伦斯还把环境与文物保护活动与风险投资活动结合了起来，并由此为生态旅游的兴起做出了贡献。他投资了一系列的生态度假中心，这些度假中心都以亲近自然为诉求，采用了纯天然的设计风格。第一家是 1958 年开业的洛克度假中心，其后还有 PuertoRico 的 Dorado 海滩酒店、英国 Virgin 群岛 LittleDixBay、夏威夷 MaunaKea 海滩酒店等。这些度假中心均规定：客人们可以游泳、打斯诺克、睡觉，但没有电话、空调，也没有小费。劳伦斯希望用它们来展现自己的信念：在商业利益和环境保护之间可以取得平衡。

1985 年，他出手了这些度假中心的股份，他遵守了自己在创立凡洛克时的信条：在最初的时候进入，和企业一起成长，直到它成熟，然后退出。

【投资人思考】：如何让你的财富变得更有逻辑和价值?

洛克菲勒家族是一个跨时代的传奇。

成为传奇不是因为他们特别有钱，而是因为他们拥有很强的商业代表性——我始终认为一个人有没有钱与他有没有商业代表性没有直接关系，沙特国王也很有钱，但他显然没有代表性。

这种代表性首先表现在拥有非凡的商业意识、商业智慧、商业能力上。老洛克菲勒是一个毁誉参半的人。传记作家 Ron Chernow 说过的一段话，可以体现人们对老洛克菲勒态度的撕裂状态："他最让我们思考的原因——以及他为何永远引起世人如此矛盾反应的原因——就是他好的一面实在好到不能再好，但坏的一面，也很坏。历史上很少有这样的人物。"

确实，许多人都把老洛克菲勒视为茹毛饮血者，他们给他准备了"强盗""蟒蛇""章鱼""妖魔"等字眼，美国总统西奥多·罗斯福甚至直接称他是"罪恶的大富翁"。但即便是这些痛恨老洛克菲勒的人，也不得不对其超人的商业意识、商业智慧、商业能力点赞。面对他，他们有一种无奈感，只好编一些段子，以调侃替代无奈：临终前，老洛克菲勒让秘书在报纸上发布了一条消息，说他即将去天堂，愿意替人给"那边的亲人"捎口信，每人收费 100 美元，结果有 1000 个人委托他带口信，他挣了 10 万美元。同时，他还发布了另外一条广告，称自己是一位绅士，愿意死后和一位有教养的女士同处一个墓穴，但她需要付费，结果有一位贵妇人愿意出资 5 万美元和他一起长眠。

这些当然都是玩笑。实际上，老洛克菲勒的"创新"要比它们高明得多。他是最早认识到并购价值并广泛使用并购方法的人——包括设立托拉斯，他靠一系列并购把标准石油公司打造成全球最大的石油企业集团。同时，他和他的子孙也是股权投资的开拓者：他在退休后即开始股权投资——但并非现代意义上的私募股权投资。后来，他的孙子劳伦斯成了风险投资的开创者之一。

从经营实业转向投资实际上也是一种创新。企业家与企业一样，都是有生命周期的，处于周期中的不同阶段就该做不同的事情，其有利于社会资源——人才与资产的充分利用。具体地说，富豪转向投资的原因有三：

第一，企业规模达到一定程度后，会积累起大量的资金。这些资金需要“有出路”。换言之，投资的需求会增大。

第二，企业经营到一定程度，企业经营步入常规化，创业者无须再开疆拓土，基本可以把企业交给职业经理人打理，创业者可以退出经营管理层而只进行股权管理。例如，洛克菲勒家族在19世纪后期便退出了经营管理层而只进行股权管理，即所谓的不管运营只管资产。股权管理的实质就是投资决策。

第三，创业精神衰减，金融知识增加。创业者进入后期，或者进入第二代、第三代，创业精神、刻苦精神一般都会衰减，享乐意识会增加。创业者中低学历者很多（老洛克菲勒的学历就不高），但其后代一般都会受到良好的教育，且大多偏爱学习金融知识。洛克菲勒家族的第三代、第四代大都毕业于美国名校。大卫·洛克菲勒能当上大通曼哈顿银行的董事长，从事银行经营，离不开其优秀的教育背景。

总之，从做实业到做投资是与时俱进的表现，以富豪们来说也是理智的选择。洛克菲勒家族在这方面也有“开风之功”。

还有一个显示洛克菲勒家族创新性的是从事慈善活动，老洛克菲勒是最早建立基金会的富豪之一，将慈善从“零售式”变成了“批发式”。在西方，富豪做慈善古已有之，其源于宗教传统。老洛克菲勒也一样，他是虔诚的基督徒，自少年时代就是每领到第一份薪水就将其10%捐给教会。另外，其生活方式可以说是很教条化的：不喝酒、不抽烟、不跳舞，也没有大手大脚花钱的习惯，与许多富豪动辄就买个法国庄园或苏格兰城堡完全不同，他甚至对购买艺术品、游艇、具有中世纪风格的西服等有品位的开销也没兴趣，他唯一的爱好是骑马。这也是有钱后他仍做投资的原因之一，他不认同其他的花钱方式。

特别值得一提的是，在建立基金会、进行“批发式慈善”的同时，老洛克菲勒还提出了一种创新的做慈善的理念：做慈善应该比做石油生意更讲究效率。他曾说：“去帮助一所低效率、位置不好、需要性不高的学校是种浪费……很有可能，过去浪费在那些无用的教育计划上的资金，已经多到足够构筑起一个完善的高等教育系统了——要是正确使用的话。”

“批发式慈善”就是基于这种理念。与“零售式慈善”比起来，“批发式慈善”的捐赠对象和目标更为明确，且都是由专业人士进行管理，运营效率要高得多。

无论是做投资还是做慈善，都是利用财富的一种方式。可以说，洛克菲勒家族（主要是一至三代）为富豪处理巨额财富提供了样板。他们处理财富的方式至今仍是富豪们处理财富的标准。

我们总说“富不过三代”。然而，洛克菲勒家族从发迹至今已经绵延到六代，仍没有没落的迹象。这与其有格局的财富观念和懂得与时俱进关系密切。

最后提一句，洛克菲勒家族也曾造福中国人民：北京协和医院及医学院是洛克菲勒基金会捐建的；周口店“北京人”的挖掘和考古工作得到过洛克菲勒基金会的资助。另外，改革开放后，大卫·洛克菲勒还曾对中美关系的解冻及双方经贸活动正常化做出了一定贡献。

我觉得这个家族不仅值得我们学习，还值得我们纪念！

第二部分

千亿投资的“匠艺逻辑”

本部分内容讲进行私募股权投资时的一些重要原则。应该说，进行私募股权投资时我们所要遵守的原则是很多的，我在这里讲的只是一部分——与人或团队有关或与人际关系有关的内容。刘强东说过，所有的失败最终都是因为人不行。做任何事情人都是决定成败的核心因素，投资首先投的是人，这一点在中国更为明确。

第 4 章

// 宏观视角下的政策机遇

借“政”腾飞：在政策对接中寻找新的“蓝海”

法国思想家拉罗什富科曾言：“要成为一个伟人，就应懂得利用所有的机会。”我套用一下这句话：要想成为一个很好的投资人，就应懂得利用所有的机会，尤其是前瞻性地捕捉战略机遇。

所谓战略机遇，肯定不是突然从天上掉下来砸到头上的“馅饼”，它一定是事物发展过程中叠加积累的、推动实践飞跃的各种因素的总和。改革开放以来的历史经验告诉我们，在我国战略机遇一般都蕴藏在政策中。政策是决策层在总结先进经验的基础上制定的制度和规定，对经济社会发展具有导向作用，政策决定了我们向哪去，走什么路，如何加快经济社会发展的进程？国家出台经济政策，往往是对市场规则的一种修改和调整，而市场规则的变更，又会打开新的空间、呈现新的机遇。

作为投资人，既要敏锐地发现这些政策带来的珍贵机遇，又要懂得政策不可能自行落实，只有主动对接政策，抢抓机遇，才不至于坐失良机，让政策效应大打折扣。所以，研究国家宏观政策趋势并据其调整投资策略是投资家的必修课。有的人把这称为借“政”腾飞，用“活”政策，用“足”政策，可以令一个企业迅速发展壮大。

不谋全局者不足以谋一域。我所说的机遇不是指普通的商机，商机到处都有，但它不是战略机遇。战略机遇是战略性的，或者说是方向性的，且大都是新生事物，所以大家所处的起点差不多，面对的发展空间也是差不多的，尚没有人拥有主导的市场地位，只要你深入研究政策导向，准确预判政策效应，你就能看到别人看不到的东西，然后采取敢为天下先的行动。

需要说明的是，所谓深入研究政策导向，准确预判政策效应指的是政策的综合效应，国家对一个领域或一个产业往往会出台许多政策，且随着产业的发展还会对已出台政策进行调整。这就需要我们进行全方位的考量、评估，并结合企业自身的情况采取相应的行动。政策最终是要落在行动上的，即所谓“知行合一”。

具体地说，我觉得这涉及两个层面的判断：

什么是主导或支柱产业？以房地产为例。众所周知，过去10多年最好的行业、同时对普通民众来说也是最好的投资方向，无疑是房地产。1998年7月，国务院发布《国务院关于深化城镇住房制度改革加快住房建设的通知》，要求1998年下半年开始全国各地区、各领域依次停止住房分配，逐步实行住房分配货币化。由此，房地产市场化的进程启动；2000年2月，时任建设部部长的俞正声在国务院新闻办公室举行新闻发布会，宣布住房实物分配在全国已经停止，中国房地产市场进入到“商品住宅时代”“零售时代”“联盟时代”。随着房地产投资增速的不断加快，商品房市场和与之相配套的新型住房制度也逐步建立了起来，从此以住宅为核心的房地产业正式确立了其在我国国民经济体系中的重要支柱地位。

应该说，这个层面的判断是很容易做的。正因为如此，所以虽然其是有商业价值的，但这个价值不会特别高，人人都懂的东西怎么可能有高价值？有高价值的是第二个层面的判断：

什么样的商业模式是最可行或者说最能让企业快速且稳定发展的？这个层面的判断往往源于吃透所有的相关政策后的一种综合分析，分析的不仅是政策，还有你自身的经营条件、运作能力。所以相对而言比第一个层面的判断难把握，同时商业价值也高。

还是以房地产为例。2004年3月31日，国土资源部、监察部联合颁发了《关于继续开展经营性土地使用权招标拍卖挂牌出让情况执法监察工作的通知》。该通知规定，2004年8月31日后，所有建设用地都必须通过“招拍挂”

的形式进行出让，否则就是违法。

显然，这一政策是所有的房地产企业都要面对的，但不同的房地产企业看到的东西是不一样的，有的看到的是魔咒，有的看到的是商机，比如融创中国创始人（原顺驰地产创始人）孙宏斌就从中看出了“大规模拿地、高速周转的开发模式”，从而开启了高速的全国扩张之路，并只用了一年就在某些方面甚至超越了当时的房产地行业的老大万科——当然，最后由于财务管理不到位，顺驰地产轰然倒塌，但这并不能说明孙宏斌“看出的商业模式”不对。实际上，现在国内发展最好的几家房地产企业采用的都是孙宏斌首创的“大规模拿地、高速周转的开发模式”，它们包括恒大、碧桂园、绿地等。

为什么《关于继续开展经营性土地使用权招标拍卖挂牌出让情况执法监察工作的通知》意味着“大规模拿地、高速周转的开发模式”是最可行或者说最能让房地产企业快速且稳定发展呢？很多人都对“招拍挂”制度不满，指责它抬高了地价，但其实比起协议转让，“招拍挂”是一项更为公平的制度。协议转让有许多问题：第一是地价太便宜，吸引了大量追求暴利的资金杀入房地产市场，产生了固定资产投资的泡沫；第二是地价太便宜，谁能搞定掌握批地权力的人，谁就能优先拿到地，权钱交易、暗箱操作层出不穷；第三是地价太便宜，协议转让形式流入少数房地产商名下，实际上是对公众利益的变相剥夺，既不符合市场规律，更有悖社会公平原则；第四是地价太便宜，直接减少了政府财政收入。“招拍挂”制度则让土地成了商品，把所有房地产企业放到了同一赛道上，拿地更多的不再是靠关系、背景等非市场化因素，而是靠资金、品牌、信用等市场化因素。换言之，“招拍挂”制度的实施意味着土地价格上涨的长期趋势牢牢地被确立起来了，且在今后相当长的一个时期内不会改变。这就相当于给他的大规模拿地、高速周转的商业模式上了一种保险，从而提升其可行性。

我只是举个例子。实际上，目前，政策是很多的，金融的、大数据的、智能制造的、环保的、“一带一路”的、大健康的、体育的、文化的……只要你仔细分析都能找出其价值点，而这些价值点是可以“指导”你开展包括投资在内的经营活动的。

当然，政策只是舞台，戏唱得好坏还在于你自己。所以风口是要找的，但不要以为站在风口上就能飞起来，能让你飞起来的只能是创新，尤其是商业模式的创新。

换言之，作为一个做实业的人，一定要懂得基于政策来创新商业模式，而作为一个投资者则要懂得只有符合政策同时又拥有创新性商业模式的企业，才是最值得投资的。政策是面对所有人的，所有人都能看到政策，但只有少数人能透过政策“看出”新的商业模式来。物以稀为贵，投资人投的肯定是稀缺性，而非大路货。

货币政策：在“松”与“紧”之间寻找投资机遇

货币政策是对应宏观经济波动的首要工具，特别是金融危机之后，在全球范围内其作用都是越来越强的。

我国货币政策的最大特点是独立性不像西方发达国家那么强，其结果必然是受到多方牵制，同时追求多个目标——比西方发达国家货币政策追求的目标多。如何在多个目标间寻求平衡点，做到松紧适度，从而实现经济的稳健发展？在我看来，货币政策的松紧适度并没有一个统一的标准，央行在制定相关政策方面具有很大的弹性空间，不得不说，这对央行的智慧是一个非常巨大的考验。

2016年2月，央行行长周小川公开表示，目前中国的货币政策走的是“稳健偏宽松”的道路，而在这个“偏”的尺度拿捏上，则正是下一步央行所要做的重要工作，而这也正是对其智慧和对未来大局判断能力的最大考验。

从国际上来看，大多数国家为了应对金融危机带来的经济持续低迷的不良影响，在宏观政策上都加大了货币宽松力度，不仅众多欧洲的发达国家相继推出了量化宽松政策，就连丹麦、瑞士、匈牙利等国家都为了刺激消费与投资，以实现支持经济增长、缓解通缩压力的目的而先后实施了负利率政策。相对而言，我国最近几年的货币政策显得有些保守，但那是因为金融危机后的几年我国已宽松过了，甚至是宽松过头了。

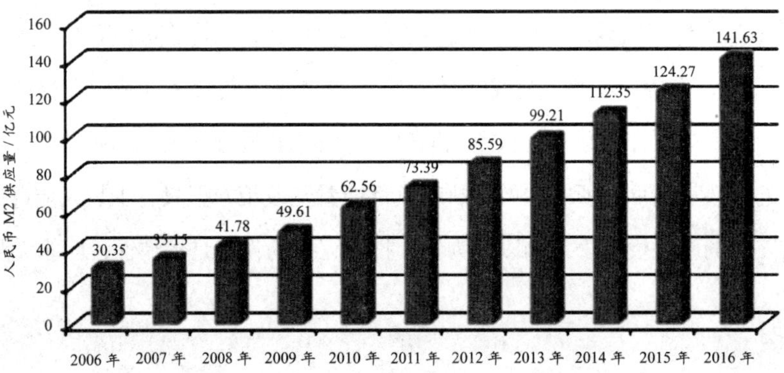

图 4–1　2006–2016 年人民币 M2 数据变化图

如图 4–1 所示，自 2009 年起，我国货币的增发幅度一路飙升，坡度逐渐变陡，并持续至今。据统计，从 2008 年到 2016 年 M2 数据增长了 3 倍多。

因此，最近几年，央行在货币政策上只能“挤牙膏”。这首先表现在对降低金融机构存款准备金率一事的谨慎上。自 2011 年 12 月以来，央行已 10 次下降金融机构存款准备金率，最近的一次是 2017 年 3 月，这一消息的公布瞬间吸引了多方关注，人们关于宽松货币政策的预期也愈演愈烈。

但我认为，近期“降准”主要是国家为了对冲近期国内资本的流出而采取的“中性”货币政策动作，而非重返宽松货币政策。实际上，下降后金融机构的存款准备金率仍很高：大型金融机构为 16% 以上，中小金融机构为 13% 以上。

货币政策转向宽松将有利于金融市场资金向实体经济的流动，可能会减少银行间市场流动性的淤积，这种流动性会再次激发理财、投资的需求，肯定利好资本市场。但事实上，纵观国内现在整体经济形势，我认为现在中国货币政策走势正处于一个相对矛盾的观察期，还不需要“全面宽松”。

从当前市场反映情况来看，中国经济有回暖趋势：根据海关总署公布数据显示，中国 2016 年 3 月进出口总额增长了 8.6%，总额为 1.91 万亿元人民币。其中，出口增长幅度达 18.7%，出口总额为 1.05 万亿元（图 4–2），为最近 9 个月来首次实现正增长。出口被认为是拉动我国经济增长的三驾马车之一，这次大幅度的增加一扫过去两年的颓势，可以说我国经济筑底企稳的迹象已经得到了一定程度的体现。

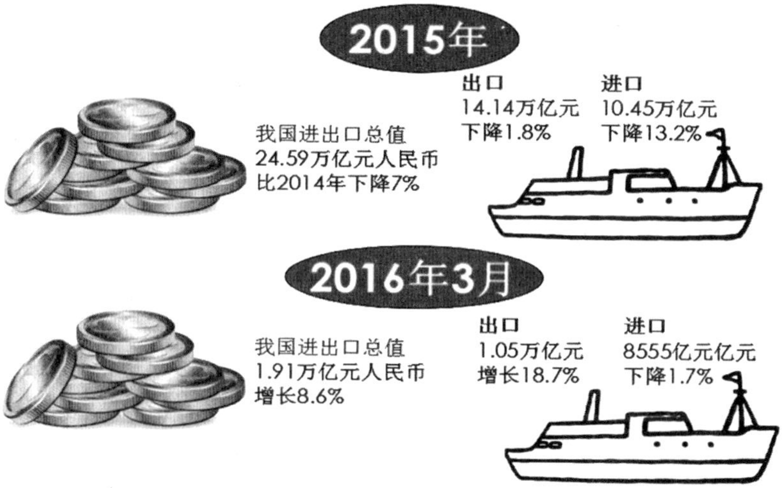

图 4–2　2015 年和 2016 年 3 月中国进出口情况

而这似乎预示着未来货币政策极有可能向着“稳”的方面发展。但是另一方面，经济形势仍不明朗，当前国内经济增速仍在下滑，并且面临着通缩加剧的状况。同时，伴随着人民币贬值压力的上升，资金外流现象没有得到根本有效的遏制。从这个角度看，货币政策仍然需要放松。

但是，需要注意的是，放宽货币政策并不能真正促进产业发展，其只会维持过剩产能且从长期看上不利于产业结构的调整。

调查显示，2015 年一季度只有 11% 左右的企业进行了投资，与之相比融资方面倒不存在很大问题。从现在的角度看，企业主要的融资渠道依然是来源于经营中所获得的利润留存，创立者的资金位居其次。在过去的 12 个月中，新增的贷款现象仅发生在少数企业身上，这表明企业层面的贷款发生比率在不断下滑。在产业整体运行疲软的环境下，企业若有贷款需要，会先用固定资产当作抵押或是靠积攒的利润运转，而不会急于融资。这种现象表明，拯救产业不能只靠增加市场流动性的宽松货币政策。

另外，从长期来看，放松货币政策虽然在短时间内确实能够起到刺激总需求、稳定增长的作用，但是从本质上来说，这种方法是治标不治本的。要知道，中国当前经济所面临的主要问题虽然表面上看起来是由于货币政策偏紧而引起的增长疲弱，实质上却是由于产能过剩等结构性因素而引起的，因此放松货币政策并不是最为根本的解决方法。

我个人认为，简单地用“松”和“紧”来对未来货币政策的走势进行预测未免有些过于简单，影响货币政策制定的因素是多方面的，特别是在当下较为复杂的市场大环境之中，相机而动无疑将是货币政策最好的选择。央行对于货币政策把握仍需谨慎，稳中带缓，力求在多目标间寻求平衡。

货币政策影响的是整个经济形势，对不同产业的影响程度虽有不同，但差别不大。在第1章我已经说过了，对于中国经济的前景我是持乐观态度的。因此，我认为，不论是作为实业家、经营者，还是作为一位投资者，我们更应该关注的是货币政策的一些具体作用对象，比如人民币汇率。央行2016年10月13日的有关数据显示，当天人民币对美元的中间价刷新了近6年的最低纪录，报收6.7296。2016年11月24日，离岸人民币最高点时已达到6.9640，离“破7”又近一步。

汇率的变化对中国的金融机构、地产及资本市场都有着一定的影响。手里的钱购买力降低了，对老百姓的生活也会有影响。比如，因为汇率的波动，特斯拉在国内的售价已经涨了三轮价——最新的一次是2017年2月28日，特斯拉再次上调了MODEL X全系车价格。这意味着中国消费者要多花好几万元才能买到一辆MODEL X全系车了。

不过，人民币贬值对出口企业有利，很多出口企业都希望借此有一张好的

“成绩单”，大多数出口企业都以美元结算，汇率的变化使得他们在结汇时多了一些利润空间。

在实行了市场经济 30 多年之后，中国的外贸得到了长足的发展，商品出口的结构也在持续深入的改革开放中不断得到调整和改善。从图 4–3 中可以看出来，1980 年以后，随着制造业的发展，我国工业制成品的出口金额比重迅速上升，而初级产品的出口金额比重逐步下降，如今中国已经是典型的工业出口大国。

动植物油脂、煤炭石油天然气、食品和非食用原料、润滑脂、烟类和饮料等包含在我们所讲的初级产品中。而机械运输装备、纺织品、冶金制成品、化工产品和其他没有分类的商品则属于我们所讲的工业制成品。

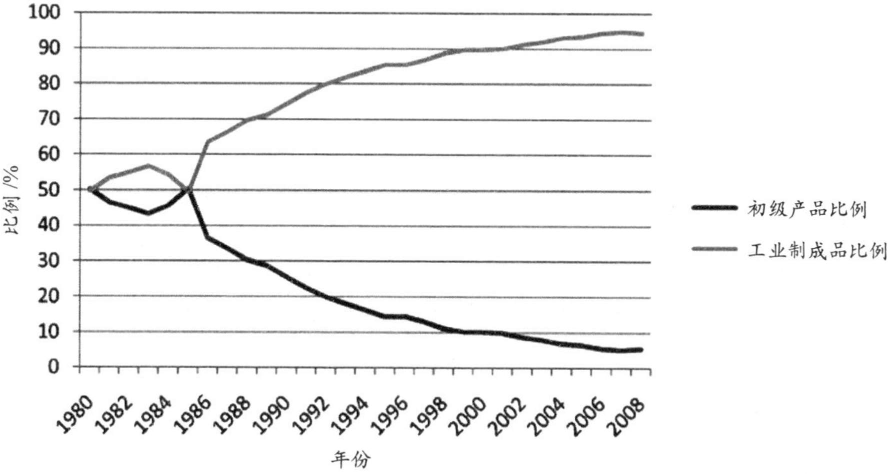

图 4—3 1980—2008 年初级产品和工业制成品出口比例变化图

对老百姓来说，人民币贬值还有一个比较大的影响，比如出境游。人民币贬值必然会使出境旅游成本升高，出境游的机票、酒店的价格都会上涨，所以旅行社会把报价提高一些。对于旅游者来说，海外购物的成本也会增加。

但与此同时，人民币贬值或许会为入境游产业带来机会。国家一直支持入境游的发展，实施了很多举措来提振入境游。借势人民币贬值，入境游会获得价格优势和境内购物价格优势，发展空间变大。有空间就意味着有投资机会。

另外，人民币的贬值可能会使中国企业和高净值个人投资者加快海外投资的步伐，而对于一些专注于中国市场的海外投资者来说，人民币的贬值则未必会使他们退缩。经济的活跃程度、市场供需状况和投资回报率，才是海外投资者决定投资活动的关键因素。

货币政策的“松”与“紧”，犹如硬币的正反两面，优秀的投资人总是善于从不同的政策中找到不同的投资机遇。

财政政策：让企业成为减税最大受益者

在2017年年初的政府工作报告上，李克强总理在介绍2017年政府重点工作任务时表示，今年将进一步减轻企业税收负担。

高税费带来的高成本一直是中国企业的痛点之一。万博经济研究院院长滕泰在接受《经济参考报》记者采访时说过：“据测算，从微观层面讲，中国企业的综合税费负担平均约40%。而以中国的政府总收入除以GDP所得到的国家宏观税负在2014年达到37%，大致相当于发达国家最高水平，高于发展中国家平均水平10个百分点左右。”

减轻企业和民众的负担，就是帮中国经济系统化前行减轻包袱，其对结构性改革的深入，尤其是对供给侧结构性改革的深入会产生重大影响。

2016年5月1日，我国开始全面推开营业税改征增值税试点，试点范围扩大到建筑业、房地产业、金融业、生活服务业，并将所有企业新增不动产所含增值税纳入抵扣范围。这也就进一步表明，减税红利将面向产业链上全部的行业，而不只是局限在金融、生活服务业、房地产、建筑等进入试点范围内的行业，但哪些受益更大则需要我们辨析。

李克强总理指出，“不是只有增加赤字、搞大工程才是积极的财政政策。我们给企业减税降费，同样是积极的财政政策！”

美国经济学家阿瑟·拉弗提出，当税率在一定的限度以下时，提高税率能够增加税收收入，但超过这一限度时，再提高税率反而会导致税收收入降低。因为较高的税率将抑制经济增长，使税基减小，最终导致税收收入减少；反之，减税可以刺激经济增长，扩大税基，最终导致税收收入增加。从这个角度来说，减税属于最积极的财政政策之一。在此基础上绘制的“拉弗曲线图”，可以直观地说明这个问题（图 4-4）。

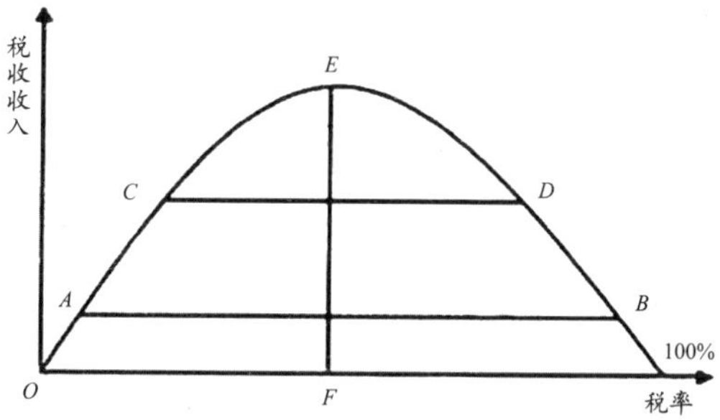

图 4—4 反应税率和税收关系的拉弗曲线图

财政部 2016 年下半年发布的数据显示，2016 年 9 月我国一般公共预算收入中的税收收入为 8243 亿元，同比下降 0.7%。这是该数据自 2015 年 2 月以来首次下降。减税方向的财政政策，看似在短期内会影响一段时期的财政收入增长，无法达到提升 GDP 的效果，但三季度经济数据却保持了“稳中有进”，其说明减税降费的财政政策对经济发展是有积极作用的。减税的最大意义不仅在于为企业减负，而在于通过减税构建起一个企业负担合理、有利于创新和民生的税制结构，进而提高中国经济竞争力。其影响将是非常深远的，从某种意义上甚至可以说它是我国未来经济发展最大的底气所在。

减税是提升投资信心，尤其是提升民间投资信心很有效的一种办法。我认为，减税降费对于民间资本的影响会非常明显。受时代发展影响，当前许多传统企业正面临着严峻的挑战，特别是在经济下行的压力之下，很多优质企业由于负担过重而难以脱颖而出，甚至面临企业资金链断裂的风险。从当前整个局势看，货币政策对于民间资本投资的提升影响非常有限，现阶段，民营资本取得信贷仍然存在着较大的难度，而减税降费不仅能使企业成本下降，还能提高他们的生产积极性，因而企业投资的回报率自然也会不断提升。这样就会吸引大量民间资本涌入，在为企业带来新动力的同时也为中国经济市场增加新的血液。

资本的嗅觉永远是敏锐的，懂得准确把握住政策给予的每一个机会。毫无疑问，减税对于投资的促进作用将会是巨大的。国家税务总局副局长汪康曾表示，2016 年减税政策受益最大的产业是生活服务业，服务业中的中小企业大部分都属于增值税小规模纳税人，过去营业税是 5%，改革后实行简易征收，征收率是 3%。这意味着他们的税负会下降 40%，也意味着他们的投资者会获得更多的回报。举个例子，作为生活服务业的一支——旅游业，在目前这种良好的大环境下，也成为一个投资热点。2016 年上半年，全国旅游投资较去年同期增长约 30.5%。很多旅游集团在加速整合，加快了投资并购的步伐。相关统计数据显示，2016 年全球旅游业的大型并购交易达到了 2300 亿元，其中中国资本就占据了半壁江山。

身为资金和实体经济的衔接中介，投资者需要对于经济形势的走向有着超乎常人的洞察力。我认为中国还有较大的减税空间，这就需要投资者和决策者将目光放长远些，在政策空间中进一步发现投资机会，在多重利好政策的保障下，抓住重要战略机遇期，加速自身的成长和发展。

产业政策：政策调整决定产业投资空间

近几年来，业内关于产业政策的看法可谓是众说纷纭，林毅夫、张维迎的产业政策之辩，也引起广泛关注，其他一些专家也纷纷发表自己的观点，对产业政策褒贬不一。

2016年9月14日，国家发改委发言人赵辰昕就中国的产业政策发表了自己的看法，他表示，产业政策对于中国的发展起着至关重要的作用，是中国产业发展取得杰出成绩的重要保障。自改革开放以来，中国出台的一系列产业政策均对促进产业结构调整、拉动经济发展、调节供求关系等方面发挥了很大的作用。

应该说，无论利弊，产业政策作为国之重器都不可轻视。关于利弊我不想做过多的评判，也不能给出准确的答案，但是有一点我可以肯定，产业政策的制定必然会给中国产业结构的发展带来一定的影响，而这也就为投资者们指明了新的投资方向，在产业政策的大力扶持下，一定会有一些行业突出重围，成为经济市场中的一匹黑马，这些行业正是投资者们需要关注的。

产业政策虽然体现的是政府促进产业发展的思路，但并非过去计划经济下的指令性计划，二者在形式、内容和执行方式上都不同。相比起来，启用产业政策推动关键产业的发展，我认为是符合市场经济的需要的。

中国最早使用产业政策这一概念是在1986—1990年的“七五”计划之间。后来的历次年度计划和五年规划中，产业政策都是重要内容。到了1998年，中国的大部分商品已经实现了市场配置资源，目前制定的年度和中长期规划，总体上是指导性和预期性的。国务院会同有关部委在我国经济社会发展的不同阶段中，逐步探索并构建了一套比较全面的政策体系，其中包括行业发展指导目录、行业振兴规划、行业结构调整政策等一批政策性纲领性文件。

产业政策的内容很多，但国家在执行产业政策时，并不是平均兼顾每一个产业，而是主要针对国民经济的重要领域和关键环节发力。我们以装备工业产业为例，来谈谈产业政策的作用。

20世纪八九十年代，在国际市场中，中国的轻工、纺织和一般机电产品虽然有一定优势，但是生产这些产品的生产线还大多依靠进口。国家意识到必须在引进国外先进技术装备的同时实现重大技术装备自主研发和自主制造。

2005年，中国制定了重大技术装备研制和重大产业技术开发的专项规划，开始实施振兴装备制造业的政策，支持几十个门类的发展，现在这些产业大都达到了世界先进水平，在国际装备制造业中成为一张“中国名片”。

促进一个产业的发展，不是发布一纸文件就可以了，在实践中会发现很多问题，遇到很多困难，例如中国企业研制重大装备，往往遇到资金短缺，跨国公司垄断技术，新装备客户不信任等问题。这就需要国家每支持一个产业，都要打出一套组合拳，有时也需要其他产业的有力支持，尤其是金融支持。金融是经济的血液。国家要想扶植什么产业，往往首先会给予其金融支持。

政策调整决定着产业投资空间。为了适应当前新的经济形式，“十三五”时期，中国对于未来经济发展战略进行了重新制定，产业布局也随之发生了相应的调整，产业政策体系和实施机制都有了新的变化，金融从业者（投资者）的关注点自然也应该有所改变。投资者的投资决策要随着国家的产业政策的调整而不断调整，与产业政策相互交织、彼此配合，吃到政策利好，发挥政策效用，共同促进中国经济的高速增长。

区域政策：寻找价值洼地，谋求聚集效应

“天时不如地利，地利不如人和”。对于专业投资者来说，深入了解政策影响力，紧紧把握住政策影响下的区域投资空间也是非常重要的。

在自然界中有一个自然现象叫“水往低处流”，人们把这种自然现象引申为经济发展过程中的一个新的经济概念，叫“洼地效应”，指一个区域较之其他区域，环境质量更高，对各类生产要素具有更强的吸引力，从而形成自身独特的竞争优势，吸引外来资源向本区域汇聚，促进本地区经济的快速发展。

对于投资者来说，如何才能在投资市场上找到真正的“价值洼地”，获得投

资的巨大收益呢？这就要求投资者对全国乃至全球的区域发展态势比较了解，深入地分析和解读区域发展政策，及时掌握并响应国家相关区域性政策号召，将目光放长远，积极寻找区域价值洼地。

中国地域广阔，受资源以及人文历史等多方面因素影响，各地经济发展情况存在较大差异，“十三五”期间，中国将继续对各个区域进行合理的规划和调整，以进一步缩小差距，实现共同富裕。但受国家一些决策以及国际整体大环境的影响，个别区域极有可能出现一些惊人的变化，对于投资者来说，这种变化很可能带来大量的投资机会。

从当前中国区域战略以及具体实施情况来看，中国区域经济增长格局态势将呈现如下趋势：西部地区将继续保持经济增速领先的优势，但和东中部的差距将极有可能变小；东部和中部地区经济增速将继续维持相对稳态；东北地区虽然和其他地区相比仍是洼地，但在国家一系列相关政策的扶持下，也将有所回升。

目前这种经济增长“东慢西快”和投资的“北上西进”的情况，使得国家加大促进区域协调发展力度，中国区域经济发展将会呈现新的趋势，四大板块间的经济发展差距呈现先扩大后缩小的总体态势。

从产业层面看，制造业更容易从发达地区转移到欠发达地区，相对而言服务业的扩散速度会慢于制造业。城市群在区域发展中的作用越来越明显，大城市圈内的经济增长速度高于其他城市。

最近几年，中国频繁出台了许多区域政策，这有一定的必然性。要完善社会主义市场经济体制，就不能像计划经济时代那样干预过多，政府的有限作用领域必须要明确。运用区域政策这个管理工具促进各区域的发展合作，是未来政府作用的重点之一。从目前国家不同区域发展的阶段性特点与中国面临的外部发展环境来看，指引不同类型区域的发展方向并促进各个行政区之间的合作，是发行并实施区域政策的主要目的。

早在2010年，国家就发布了《中共中央关于制定国民经济和社会发展第十二个五年规划的建议》，明确提出："加强和完善跨区域合作机制，消除市场壁垒，促进要素流动，引导产业有序转移。"只要在区域内产业空间分布得到改善的基础上再将不同区域的主要发展道路进一步明确，就能消弭区域市场的封锁，继而增强区域之间的合作。

特别值得一提的是，相关的研究表明，我国经济的一大特色是地方政府是投资的重要推手，而投资是经济增长的三驾马车之一。而在地方政府的带动下，许多地区不仅更容易引来投资，还更容易形成产业聚集，比如北京的文化产业、重庆的电子制造产业、贵阳的大数据产业、深圳的智能制造产业、武汉的光电子产业……产业聚集效应可以有效地降低交易成本（采购成本、供应链协作成本、学习成本等），是企业应该谋求的，也是投资者应该谋求的。

可以预见，为了促进区域发展与协调区域关系，未来将会有更多的区域政策出台。为了促进区域内经济要素有序自由流动、资源高效配置和市场深度融合，国家的宏观经济政策与产业政策还会有一定的区域倾斜，政府所出台的一系列区域政策对于中国下一阶段经济发展有着非常直接的影响，作为专业的投资者，要学会对国家政策和当前形势进行合理的分析，扬长避短，对政策机遇加以合理利用，从市场需求角度有趋向性地投资布局，把企业带向更好的未来。

【案例 4】高盛助力双汇 MBO：资本引航，避免政策触礁风险

尼采说，“当你凝视深渊的时候，深渊也在凝视你。”

资本市场向来风云莫测，诡谲多变，一旦失误，如坠深渊，多少人在其中浸淫多年，依然如履薄冰，生怕稍有不慎反被市场的大口吞噬。只有目光深邃、定力和魄力兼备的投资者才能在变幻莫测的形势中审时度势，洞悉本质。在那些令人眼花缭乱的资本运作之后，隐藏着布局者清晰缜密的思维和运筹帷幄的手笔，他们的智慧和格局，才是决定资本胜负的根本。

2006 年，大型食品集团双汇实业集团有限责任公司在 MBO 过程中遭遇政策瓶颈，只能转求外资“搭桥”，实现曲线 MBO。

美国高盛集团（Goldman Sachs）以投资者睿智和深远的目光，及时洞悉了双汇当时面临的激励困局，与双汇管理层达成激励默契，击败强大竞争对手，以其深邃的洞察力，匠心独具的设计和强大的资本运作能力，成功助力双汇完成管理层收购，达成双赢。

在长达几年、跌宕起伏的 MBO 之路中，资本运作的频繁令人目不暇接，局面云迷雾锁，真相扑朔迷离，社会各界众说纷纭，质疑声不绝于耳。在这样的局势中，高盛始终保持着投资者的冷静和镇定，宏观布局，精细执行，一条“整体上市”的路线，自始至终都异常清晰地印在高盛的设计版图上。

十年以后的今天，高盛助力双汇 MBO 的案例，仍然令诸多投行人士津津乐道，钦佩不已，甚至奉为教材。

举步维艰：政策空间狭窄，管理层难破“激励困局”

双汇集团的前身是 1958 年成立的漯河市冷仓，从一家曾经负债千万元的国有肉联厂，成为年销售 500 亿元、“中国最大肉类加工基地”的特大型食品集团，其对高管们的股权激励一直是社会各界密切关注的焦点，也是当时双汇企业

管理层的一个“痛点”。

对中国企业而言，MBO最大的好处在于能理清企业产权，实现所有者回归，建立企业的长期激励机制，有利于企业的成长和发展。双汇管理层中的大多数人，都为之奉献了半生心血，将其从一家濒临破产的小厂，打造成中国肉制品行业的第一。对于双汇MBO，外界的声音也大多趋向于支持：“只要MBO不成功，双汇就不可能成为一家与投资者共赢的公众公司。”地方政府也认为通过市场化方式完成对双汇管理层的激励，是比较稳妥和有效的。可见，无论是从管理层的愿景，还是从企业发展的角度，双汇MBO都已势在必行。在当时，已经有一些沿海企业，先行完成了MBO，可是由于地处中原，受政策约束等因素，相较于沿海企业，双汇集团实现MBO难度很大，举步维艰。

早在2002年，双汇管理层就尝试解决激励问题，依靠自己的力量完成MBO，并进行了一系列的尝试，“双海”因此顺势而生。“双海”指的是“海宇”和“海汇”两公司。双汇管理层试图通过“海宇”低价受让双汇的国有股权，通过“海汇”的关联交易获得资金。然而，这种不合常规的激励模式在“海汇”被勒令进行整顿的重压下，踏进了无解的“激励”泥沼，而且对监管部门股权激励的新政策已经让“双汇”的财务状况逐步恶化，其正常的投融资战略也大受影响。如果不叫停“双海模式”，如同在双汇管理层头顶悬上一把“达摩克利斯之剑”，而后随着一系列相关文件的出台，双汇管理层MBO的道路已经被明示：此路不通！一时间，双汇陷入了无法破解的“激励”困局。

暗度陈仓：借助外部势力大修栈道，三步实现曲线MBO

老子在《道德经》中写道：“天下莫柔弱于水，而攻坚强者莫之能胜，以其无以易之。”水是圆融的，哪里阻力小就流向哪里；但水又是执着的，变通之后，它终究要奔赴前行的方向，任何力量都不能逆转。纵观形势，迂回前行，实行曲线 MBO，成为双汇的唯一选择。

早在公司高层收购之前，双汇集团投向本公司的资金总计已达 1.8 亿多元（不包括商标权）。漯河市国资管理部门以公司净资产作为基数，以 65.18% 的比例折算为 12300 万股国家股，委托双汇公司处理公司的治理和营运事务。漯河市政府认为，国资退出，通过市场化方式完成管理层激励，是“最稳妥最有效”的方式，但是由谁接盘相当重要，按照政府的期望，最好能寻求海外资金接替国有资产的退股。

双汇管理层把目光转向了海外。但是，无论并购方是国外产业资本还是国资背景，都令双汇管理层感到担忧，很难确信自己的利益会得到妥善安排。这种情况下，以美国高盛集团为代表的国外金融资本，进入了双汇管理层的视线，而作为拥有国际第一投行盛名的并购机构，高盛集团也敏锐地洞悉了双汇面临的这一局面。

高盛集团是全世界规模最大的投资银行之一，在国际投行中极负盛名，向全球提供广泛的投资、咨询和金融服务，拥有大量的多行业客户，包括私营公司，金融企业，政府机构以及个人，同时拥有丰富的地区市场知识和国际运作能力。对高盛这样的海外投行而言，注重的是投资收益，追求财务回报、很少干涉公司管理，不吝股权激励，愿意通过激励机制来调动管理层的积极性，以促进公司发展，这样的外资，显然更适合双汇管理层的激励大业。

在与双汇管理层达成激励承诺的默契下，高盛借助着其卓越的资本运作能力和复杂的操作手法，帮助双汇高管实施曲线 MBO，一共分为三步运作：

1. 国资退出，引进战略投资者美国高盛

2006 年 3 月 3 日，漯河市国资委将持有的双汇集团全部股权在北京产权交易所挂牌转让。

2006 年 4 月 26 日，经鼎辉中国和美国高盛集团授权，香港罗特克斯有限公司以 20.1 亿元人民币在双汇股权拍卖会上中标，这次中标不仅使罗特克斯得到了双汇集团的全部股权，而且还间接获得了高达35.71%的双汇发展的股权。

2006年5月6日，双汇发展第二大股东海宇投资与罗特克斯签署协议，罗特克斯以总计5.62亿元的资金买入了海宇投资所拥有的1.28亿股（占总股本25%）双汇发展股票。到此为止，高盛通过子公司罗特克斯不仅获得了双汇集团的全部股权，而且还以60.71%的持股比例得到了上市公司双汇发展的控股权，而为了完成这些目标高盛仅用了25.72亿元。

2006年6月1日，罗特克斯以每股18元的价格提出全面收购要约。

2007年6月29日，双汇国有产权重组全面完成，引进战略投资者美国高盛。

2. 设立境外MBO运作平台

2007年7月，双汇在英属维京群岛成立Rise Grand Group Ltd.（兴泰公司）和Heroic Zone Investments Limited（雄域公司），由双汇集团高、中、低3层精英组成的运作团队经过信托手段成立的兴泰公司和由其全部控股的雄域公司，历经一连串国际化的资本腾挪，最后获得了双汇国际超过30%的股份。

高盛于2007年10月把5%的罗特克斯股权转让给了鼎晖。之后，鼎晖和高盛重组了罗特克斯、ShineB及ShineB的境外子公司。不再直接控股罗特克斯，而是通过ShineB间接控股。其中，鼎晖和高盛共持有ShineB 80%的股权，而其他的20%股权由其他股东持有。2009年11月5日，高盛又将ShineB 15%的股权出让给鼎晖的子公司。到此为止，仅有15%的ShineB股权在高盛手中，而且其对双汇发展的持股比重也降到了7.72%。

2010年11月，双汇国际股权调整——

（1）将ShineB解散，其股东按照在双汇国际的实际权益转为在双汇国际直接持股，对双汇管理团队实施一项为期3年的员工奖励计划。

（2）运昌公司将根据雄域公司的指示行使其持有的双汇国际6%股份的表决权。

（3）通过股票权安排使兴泰公司成为双汇集团的实际控制人：双汇国际的外国股东打算修改双汇国际的章程，将若干表决机制安排在双汇国际股东会和董事会层面进行。依据修改后的双汇国际章程和双汇国际股东会决议，在股东会以投票的方式对普通决议（指有超过半数股东投票通过的决议）进行表决的时候，雄域公司及运昌公司应就其所持每股股份投2票，其他股东就其所持每股股份投1票，即雄域公司及运昌公司拥有双汇国际股东会的股份所对应的表决权比例达到53.19%。

当双汇国际的董事会以投票的方式对普通决议（指超过半数董事投票通过的决议）进行表决时，2票表决权在雄域公司所任命的董事手中，而1票表决权则在其他董事手里，雄域公司拥有双汇国际董事会比例超过半数的表决权。通过上述安排，雄域公司取得对双汇国际的控制权。由此，兴泰公司通过其对雄域公司、双汇国际、罗特克斯的控制权，间接支配本公司合计超过30%的股权，成为公司的实际控制人。

3. 公布重组预案，MBO明朗化

2010年11月29日，在停牌8个月之后，双汇发展宣布复牌交易的同时，公布了一揽子资产重组方案，并发布了《关于本公司实际控制人变动事宜致全体股东的报告书》，宣告其MBO路径的阳光化，随着重组预案的公布，资产整体注入同时，经年的双汇管理层股权激励也一步到位，管理层成为双汇集团的实际控制人，在A股市场上创造了整体上市同时完成管理层收购的第一宗案例。

历尽曲折，2010年年底，漫长的八年MBO之路终于迎来真正的终点。过程很艰辛，但结局很圆满。

闲庭信步：八年“阳谋”，成就 PE 界鲜有巨无霸案例

双汇集团历时八年的 MBO 方案，由于错综复杂，环环相扣，被业内人士引为 MBO 案例中的经典，称作“双汇式”MBO 路径。

根据数据显示，在 2007 年第一阶段 MBO 基本完成前后和 2010 年末 MBO 基本完成后，双汇集团的每股收益、净资产收益率以及每股净资产三个指标均有不同程度的上升，这在一定程度上说明了 MBO 为企业盈利能力带来了正效益。

在资本市场的专业人士看来，双汇集团《实际控制人变动报告书》的公布意义重大。这表明，证监会已经默认了双汇管理层 MBO 的合法性，双汇的 MBO 终于真正地走到了阳光之下。一切，都可以称为阳光下的“阳谋”。

高盛作为国际投行中历史悠久、卓越超群的老牌“世界选手”，果然不负盛名，在此一役中功不可没。

成功运作了这个国内 PE 投资中鲜有的“巨无霸”案例，也使高盛获得了极大的收益，从中获利达当初投资额的 5 倍多。可以说，双汇 MBO 的圆满收官，使高盛在自己的投资史上又写下了浓墨重彩的一笔。运筹帷幄之中，决胜于千里之外，其纵横捭阖的手笔，胸有成竹的战略布局，正是游弋在资本市场中的弄潮儿最应具备的素质。

【投资人思考】：如何用“外资过桥”另辟MBO“华山险道”？

高盛助力双汇集团MBO是一个知名度非常高的案例：一是因为它发生在正从计划体制向市场体制转型的中国，高盛为双汇集团制定的MBO方案具有特殊性与开创性，创造了以“外资过桥”为路径的“双汇式曲线MBO模式”；二是因为它是在双汇集团自行MBO碰壁后发生的，更能凸现PE的不可代替作用与价值。

与许多资本运作的“玩法”一样，MBO是舶来品，原本是美国货。实际上，它在美国的历史也不是很长，也就二三十年的时间。从某种意义上说，它是一种先有理论后有实践的活动——理论是指“代理理论”，即企业资源的提供者（最主要的是所有者）与资源的使用者（最主要的是经理人）之间的契约关系的理论。该理论旨在解决解决经理人代理成本高问题，简单地说就是把经理人与股东绑在一起，一损俱损、一荣俱荣，从而激发经理人的积极性与创造性。

PE是MBO最重要的推手，因为MBO的实质是杠杆收购，它成功的关键是能融到期限匹配与成本合适的资金。而最能满足MBO融资需求的就是私募股权基金，且他们也非常愿意做MBO项目。

MBO是被当作国有企业进行产权制度改革的一种工具引入我国的，2003年被人称为“中国MBO年”。自那以后，MBO曾炙热一时，也出现了一些成功案例，不过也引来了一些专家质疑，其中最著名就是经济学家郎咸平。郎咸平写过一本叫《中国式MBO》的书，其主要观点是：中国根本没有正确认识MBO本质，它和美国MBO只是名字相同，形式相似，但根本没有共同本质，很可能成为中国国企改革的一个陷阱……中国的MBO必须要有强有力的监管；缺少了强有力的法制监管，MBO的每一个环节，都可能是剥削的好机会。显然，这与他反对“国退民进”的观点与理由是一致的。

这种观点与理由后来被官方所接受，导致MBO热潮逐渐消退。双汇集团MBO就是在这种背景下进行的。因此，该案例的主要看点是高盛的方案是如何规避政策限制的。当时，双汇集团属于国有企业，其管理层做MBO应该是向相关的国有资产管理部门购买股权，但在当时政策是不允许这么做的。于是，高盛设计了一个很精巧的曲线救国式的方案：先由其与合作伙伴鼎晖一起收购双汇集团100%的股份，再经过一系列运作，将其中的一部分卖给由以双汇集团董事长万隆为首的双汇集团管理层掌控的双汇国际，从而实现由双汇集团管理层对双汇集团持股。

实际上，当双汇集团宣布公开股权转让后，JP摩根、美国国际集团、新加坡淡马锡、高盛等资本大鳄都参与了竞标。从受让者条件来看，本来JP摩根是最有可能获胜的。相比早有准备的JP摩根，进入较晚的高盛赢面并不大。高盛和鼎辉之所以能够胜出，主要是这一方案起的作用。可以说，从最初的合作开始，高盛作为投资者的睿智而深远的眼光便见端倪——在“双海”激励被迫停止之际，高盛说服双汇管理层将海宇的股权转让，是一个非常高明的决策。而对当初的双汇并购案而言，海宇的选择非常关键，几乎起决定性作用。也就是说，双汇的归属事实上取决于双汇管理层自己的选择。因为高盛洞悉了双汇面临的激励困局，极有可能与双汇管理层达成激励默契，解决了这一问题，才得以低价获得双汇股权，以至于有了后来的双赢。而高盛的竞争对手香港新世界发展有限公司及摩根亚洲投资基金等当时并没有看透双汇的“盘局”，以至于在与高盛的竞争中落败。

毋庸讳言，对这个案例，相关研究者、媒体人士与股民是有一些争议的，但我认为，它是在特定的政策与资本市场环境中出现的，具有借鉴意义。我在此把这个案例介绍给大家，是希望大家通过它认识到PE不可替代的作用与价值，同时还希望大家知道：华山并非只有一条路！你不认识的路可能有其他的人知晓，因为这个“别人”是“专门干这个的”（投行之类的专业人士）。

应该说，对PE而言，做MBO也是一项很好的业务。因为相对而言，其收益是比较明确的。一家企业的管理层要做MBO，首先就应征求股东尤其是大股东同意——在中国大股东很多都是国资委。他们同意的前提肯定是MBO后这家企业照旧可以获得稳定的收益。所以做MBO的企业大都是经营情况良好的企业，或者说未来的现金流入是相对可以预期甚至确实的。做投资就是算收益率，现金流越稳定就越好算，或者说风险与收益的确定性越强。

人都是厌恶风险的，投资机构也不例外。投资机构之所以能较其他非专业机构或个人获得更好的收益，首先就是因为他们懂得且会控制风险。双汇就是一家经营情况良好的企业，且是中国肉类食品领域的龙头企业，现金流非常好。所以，它是一家非常好的做 MBO 业务的标的。

从另一个角度看，做投资主要是投人，而要做 MBO 的人——管理者也多半是“能人”，否则他不会说服股东支持他做 MBO，且也无胆量承担相关的负债风险——管理层需要依靠借贷手段筹措收购所需的绝大部分资金，也就意味着 MBO 之后的较长时间内，管理层需要承担较大的还本付息的压力。在双汇集团董事长万隆领导下，从一家连亏 26 年、早已资不抵债的国营小厂成长为年销售额超过 200 亿元、总资产超过 50 亿元（2010 年数据）的大型企业集团，肯定是“能人”——要不也不会被尊为“中国肉类工业的教父”“中国肉类品牌创始人”。这确实是一个好的“投资标的”。

目前，国有企业改革的力度在加大。我觉得在国企改革中，尤其是进行混合所有制改革时，MBO 仍有可能会被当作一种有效的工具，因为用好了确实可以提升企业的绩效，实现国有资产的保值增值。上一轮国企改革中的一些 MBO 案例之所以为人所诟病，主要是由国有资产出资人监管角色未到位造成的。而这次国有企业改革的主要思路是“从管人、管事、管资产转变为管资本”，即通过设立国有资产管理公司对国有资产强化所有权与经营权的分离，只行使所有者的权力，而将经营权交给董事会与职业经理人。我认为随着这种改革思路的落实，MBO 市场会越来越大热。另外，民营企业中一些股权很分散，没有实际控制人的企业对 MBO 也有需求。

如何尽量抓住政策的利好？又如何尽力避开政策的限制？这应该是企业家应该思考的大问题，更应该是投资人应该研究的大问题。

第 5 章
// 投资企业的五大原则

投资对象原则：寻找又“红”又“专”的优质公司

投资的第一步就是寻找一个好的、适合的投资对象。盈利是绝大多数投资人的最终目的，但其却不是选择投资对象的首要原则，“诚信”和“专业”才是，套用当下一句时髦的话，叫又“红”又“专”。

应用到投资者对投资对象的选择上，我们可以将其理解为：“红”，是指企业要有自己的原则，要讲究规则与诚信；“专”，则是指企业要“术业有专攻”，要将公司各方面做到专业！“诚信”和“专业”不仅仅是企业吸引人的品质，更是企业持续盈利的坚实保障。

1. 诚信：投资者选择投资企业的桥梁

安德鲁·卡内基曾言：“世界上很少有伟大的企业，如果有，那就一定是建立在最严格的诚信标准之上。”我们每个人都知道，诚信是中华民族的优良传统，在商业活动中，诚信更加重要。中国传统商人一直遵循“诚信走遍天下”的原则。在改革开放之后，市场经济加速发展，诚信的作用也越来越重要，甚至可以这样说，市场经济就是诚信经济，一切经营活动要靠法律规范，所有的生产经营要靠诚信维系。

说到投资经验，我经常会被人问到喜欢投资什么样的企业。在这个世界上，我认为根本就没有绝对完美的人，更遑论完美的企业。除了优秀人才所具备的一些基本素质外，对于我来说，第一选择要素就是这家企业一定要诚信。

企业是一个组织，企业的核心价值观很重要，投资人其实看的是企业核心价值观，但企业核心价值观往往是企业核心创始人人品的凝结与体现，创始人在企业经营中所表现出来的人品，除了自然的本性以外，还跟他的事业心、视野的高度与宽度有密切关系。而诚信则是对于创始人最为基本的要求，对于投资者来讲，投资初期一定要先看人，创始人的道德因素也是非常重要的。投资就是投人，这是我一直以来都非常信奉的观点。

相信很多人对于当年崔建平挪用资金丑闻记忆犹新，号称东京交易所“中国第一股”亚洲互动传媒在上市不到一年的时间时，其总裁崔建平便私自挪用16亿日元资金用于为自己的另一家公司还债，堂而皇之地将股民的钱装进私人腰包，使得投资者们的利益受到直接侵害，最终不但使自身面临法律的制裁，也使曾经辉煌一时的亚洲互动传媒成了首家被东交所勒令摘牌的源自中国的企业。

事实上，因为企业创始人诚信问题而导致投资机构深受其扰的远远不止亚洲互动传媒一家，PPG公司CEO“卷款门”、投资人受CEO排挤……每一场风波的背后都是创业者的诚信危机，同时也都引发了投资界对于创业者们“人品问题”的深深思考，使得创业者的诚信度成为投资者们在选择投资对象时必不可少的重要依据。

国内知名投资人徐小平曾多次在公开场合提及，在选择投资公司时，他首先看重的就是创业者是否真诚。他曾经说创业者要想赢得市场首先就要赢得用户，首先就要赢得人心，而建立诚信对于融资来讲，是具有里程碑意义的大事。对于这个观点我是十分赞同的，事实上，不光是徐小平，对于任何一位投资者来说，诚信都是其非常看重的一个因素。创业团队若没有了诚信，其他一切都是空谈。

2. 专业：创业公司吸引投资企业的条件

除了“诚信”，我还有一个选择投资对象的硬指标：“专业”。我通常更希望一家企业专注某件产品并将其打造到极致。在产品研发中，如果创业者愿意将时间花费在对于该产品某一特定功能的研究之上，而不是为了吸引更多的用户而研发出各种华而不实的复杂功能，那么他所得到的最终产品通会更容易获得用户的良好口碑，用户更愿意去接受和使用它。而这也是投资者进行投资非常重要的一个理由。

2015年6月，高达26亿元的融资使得猪八戒网开始被世人所关注，而此时距其成立已经整整过了九个年头。九年的时间里，猪八戒网从最初的6人团队成功发展到千余人，平台估值超过百亿元，总结猪八戒网快速成长的原因，我认为主要归功于其在业务方面专业性的打造之上。

事实上，从内容上来看，猪八戒网主要经营的创意文化交易在当前市场上还是相对少见，且受到知识产权保护等一系列问题的制约，因此发展前景并不被大多数人所看好。然而，在一片呼吁其“改行”的声音中，朱明跃却始终坚持自己的方向是正确的，其秉承着“在创业路上，一个创业者往往是看到了一个方向，但路径怎么走，需要不断地去摸索。”的理念，一直专注于对文化创意共享的深入研究和钻研，不盲目扩张，最终将创业文化业务做到了极致，成就了今天的猪八戒网。

与其将时间和资源浪费在那些无用功上，还不如花时间去将产品打磨到极致，使其能够与同类竞品有较大的差异，为用户创造极致体验，这是猪八戒网的成长给我们带来的最大的启示。对于投资者来说，这样的公司往往更容易得到他们的青睐。

需要说明的是，对于不同规律、不同类型的公司，专注指的并非同样的东西。对于初创企业，专注指的可能只是一类产品、一种业务，而对于成熟企业，专注指的可能就是一种能力、一个中心，多元化、生态化与专注并非必然是矛盾的——是否矛盾要看一家企业的商业逻辑。

诚信和专注，二者相辅相成。实际上，从某种意义上说，专注本身就是诚信的表现之一，一个变来变去的人怎么可能是诚信的？对于投资者来说，选择企业进行投资就是进行二次创业，因此在对于投资对象的选择上一定要严格把关，而诚信和专业无疑是最基本的要求，一家诚信和专业二者兼备的创业公司，才是真正值得依赖的、可以进行投资的企业。

时机选择原则：竞争有害健康，抢在衰退前入行

司马迁在《史记》仲尼弟子列传中，曾记载了孔子弟子子贡的经商成功之道：“子贡好废举，与时转货资。”这句话的意思就是“子贡擅长低价购进高价售出，抓住机会进行货物和钱财之间的转换。”道理很简单，买进卖出是自古以来商人活动的核心，而子贡成功的秘诀在于其善于抓住时机，即懂得“与时”。

投资也是经商，同样需要“与时”。

应该说，在选择时机上，不同类型的私募股权投资基金有着不同的考量。总的来说，做早期投资（天使投资与风险投资）应该主要看技术革命的节奏与创业氛围的冷暖。相关的历史事实表明，每到技术革命的发力点，天使投资与风险投资就会更为活跃一些；而做与成熟企业有关的投资则要关注宏观经济周期和产业周期。以杠杆收购为例，相关研究表明，其活跃度往往与经济形势成反比，即一般经济增长放缓对杠杆收购的发展有促进作用。

对此，我深有同感。对像 GIO 华兴控股这种做与成熟企业有关投资的企业，

经济形势大好的时候一般都不是最适合进行投资的时机，行业衰退前才是。对于产业衰退，很多人的第一想法就是行业逐渐没落，没有进行投资的必要。但是对于投资人来说，行业衰退前恰好是一个投资机遇。一个行业在兴盛时期，大量的投资者进入，这时反而不会得到太多的利益，这时候可能会产生产能过剩的状况，以至于供大于求，很多想要施展拳脚的企业最后只能灰溜溜地退出。

1. 竞争有害健康

为什么说竞争有害健康呢？企业价值是保证企业竞争优势的源泉，但是竞争优势能够维持多长时间取决于企业的竞争优势“壁垒”的宽度与强度。构筑优势壁垒的因素有两个，一个是低成本，另一个则是差异化。这两点要素就是企业最坚固的城墙，帮助企业与外界竞争对手隔离开。此时其他企业想要避开优势企业的隔离只能克服或者进行创新。但是这需要额外增加其生产成本或者降低收益率，从而减弱其他竞争对手的模仿和进入该行业的驱动力。

在竞争的过程中，各家企业都喜欢将资源投入到对业务影响力最大、最直接的职能上，希望能够借此获得全面的竞争优势。需要注意的是，往往越是在产品的成熟期越容易出现区域同质性，各家企业为了站稳脚跟而采取的一系列竞争手段往往只是浪费了彼此投入的资源，并未从根本上解决问题。有些企业选择在这个时期投入大量的资源，希望以此降低产品的成本，将竞争优势最大化，但是通过这样的手段取得的竞争优势是无法保持太长时间的，只有产品差异化才是企业最理想的壁垒构筑工具。

企业之间的竞争最根本的目的就是想要击败其他企业，让自己的企业能够继续存活下去或者赚取更多的利益，富有远见的投资者不会因为竞争就改变初衷。因为短期内出现的偶然因素就抛弃企业长期的立足点这无疑是不明智的，也十分危险。处于被动中的企业很可能因为过于关注某一方面而产生恶性肿瘤，日后想要切除这个恶性肿瘤也会付出巨大的代价。

竞争有害健康，在产业成熟期更是这样，大量的企业纷纷进入行业，为了获得竞争优势，利用低成本和差异化构筑竞争壁垒，但是这时候消费者已经习惯了老品牌，一时半会无法接受新品牌，大量的企业纷纷落败退出，非但没有盈利，反而亏损了很多本金。

2. 产业衰退前：最合适的投资时机

需要明确的是，只要企业存在，竞争就一定会存在。而我前面所强调的竞争有害健康，主要是想告诉大家，当一个行业已经达到鼎盛时期之时，就已经不再适合创业者进入了。同样，这样的行业也就不再是投资者的最佳选择对象了。而这就给投资者制造了一个非常大的难题：如何选择合适的投资时机进入。在投资的过程中，投资时机的把握对投资结果影响是最大的，而其对于投资者来说也是最为困难的一步。

在之前的30年中，中国市场是一个大牛市，而且是千年才得一遇的大牛市。改革开放赋予了创业者和投资者无数的机会，在这段时间里，做生意和做投资比的就是胆子，胆子越大赚得越多。在创造财富的道路上，大家都习惯了加大油门享受速度。然而，到了今天，种种迹象和数据表明，这种跟国家命运变革绑在一起的“牛市”已经消失了，至少那个令投资者回味的时代已经一去不复返了。

2016年的上半年，在国内经济增速继续下滑、人民币严重贬值的情况下，国内很多投资者都经历了大大小小的失败，纷纷选择退出投资的行业。我认为这些投资者的目光算不上长远，他们只看到了现在，而没有想到未来。事实上，很多人眼中的危机正是我眼中的机遇。此时他们投资的产业应该属于衰退前的产业，这个时间段的产业缺乏生长力，但是胜在价格便宜，投资成本小。产业都是具有周期性的，在未来，这样的产业会再次经历繁荣时期，到了那个时候，投资者会赚到不小的利润。

当一些产业开始呈现出衰退的迹象时，在这一阶段之前竞争中生存下来的少数大厂商很容易成功垄断整个行业的市场，每个坚持下来的厂商都能够成功占有一定比例的市场份额。厂商与产品之间的竞争手段逐渐由价格手段转向了非价格手段，比如提高产品的质量、改善产品的性能、提高售后服务。这时新企业很难进入该产业，投资者们也不敢进行盲目的投资。

但是市场最有价值的时候，就是没有人愿意进行投资的时候，而不是就连身边的扫地阿姨都能告诉你这个时间段是最适合进行投资的时候。当行业中每一个人都在尽量避免投资的时候，往往就是它最便宜的时候，投资者应该时刻做好捡便宜货的准备。

实际上，这与在二级市场上买入股票时的“择时”是一样的。国际著名的投资家罗杰斯经常是在全球各二级市场上买卖股票。他曾经说过，对于任何一位投资者来说，最重要的能力之一就是能够把握住时机，大部分人都是追涨杀跌的心态。大家买，你就跟着买；大家卖，你就跟着卖，这并非是明智的做法。投资人一定要深刻地认识到，如果你认识的所有圈中人都在投资同一个领域，那么你就不要再进入了；当所有人都在恐慌了，情绪特别悲观的时候，也是最该出手的时候。投资者想要成功，就应该去买那些在经济形式并不明朗的情况下，表现仍旧较好的公司。例如中国的一些新兴企业，就具有较大的投资价值与成长空间。

任何一个热门产业的背后，都会存在着竞争发起者痛苦的蛰伏过程，这些竞争发起者承担了巨大的投资风险和心理的压力。当适合投资的市场环境终于来临时，带来的资本增值无疑会令这些投资者异常兴奋。但是对于市场中的其他竞争者而言，想要分享资本的增值但是又担心巨大的投资风险。从财务和行业的角度来看，投资者选择具备良好弹性的冷门产业，耐心等待其成熟并收获，这是一个优秀的资本猎手反复实践过的生存智慧。

投后加速原则：金钱与资源并重，与投资企业共同成长

投资一家企业之后，投资者要做的不是在一旁看着被投资企业自己摸索成长，等待着投资收益的到来。一般来说，需要进行融资的企业通常属于要进一步发展的企业。这样的企业未来具有发展潜力，但是当前其也同样面临着很多的问题：在企业发展的过程中，既要支持创新理念，又要梳理工作流程以及企业战略，任何一个企业从成立到成长发展，都不可避免会经历这些。这时，就需要投资人的耐心帮助，帮助他们顺利渡过这些难关。

投资并非只投钱，还投其他资源，比如管理、供应链上的资源等。反过来，融资也一样，一些被投资对象在选择投资机构时本来就会考量除了资金，他还能带给我什么？那么，这些发展中企业会遇到哪些问题呢？投资企业又应该如何帮助他们呢？

> 不能够与时俱进是很多发展中企业面临的一个非常严峻的问题，例如，两家企业都是生产马车的，但是随着时代的进步，人们对出行工具的要求发生了变化。A车厂针对马车做出了改变，生产出了更加舒适的马车；而B车厂仔细研究人们的出行要求，研究生产出了汽车。马车和汽车的竞争，人们会怎么选择呢？现实早已经给了我们明确的答案，汽车早就已经成功取代了马车。

“物竞天择，适者生存。”达尔文先生的生物进化论同样适用于商业市场的进化过程之中。在科技发展迅猛的今天，不断的创新和淘汰都是不可避免的。因此投资者应该时刻对自己所投资的企业进行跟进，如果被投资企业出现故步自封的现象，就要及时加以矫正，针对他们所出现的一些问题提出自己的想法，给其一些参考意见，以避免其像上面案例中的A厂老板一样，由于不顺应时代的发

展，违背市场的规律而最终被时代淘汰。

已经发展起来的企业都知道，在市场中积累的经验和直觉是异常珍贵的，其能够帮助企业做出正确的决策，但是如果不能将这些经验和直觉与现代营销中的科学手段相结合，因地制宜，做出符合企业发展现状以及当前市场情况的科学决策，单纯依靠直觉去下决定，是绝对不可行的。因此，投资者应该辅助这样的被投资企业建立一个系统的战略决策系统，以帮助企业实现科学迅速的发展。

另外，很多发展中企业也会面临着战略迷失的问题。和上面所提到的情况不同，有些企业最初是设立了长远的战略规划的，但是由于种种原因，这些企业常常将战略与战术搞混，最后的结果就是企业永远也无法达到战略目的。

导致这种情况有两种原因：一是因为企业的战略目标模糊，例如，有些发展中企业将公司的目标定位于“做国际一流企业”，有雄心固然是好事，但是像这样过于宽泛的目标，反而不利于企业的发展，让企业不知道下一步到底应该如何去走。二是过分强调战术而忘记了战略，甚至有时会在战术上的某一个细节过于认真，导致偏离了战略，最后赢得了局部，失掉了整体。这时，就需要投资者对其进行引导，帮助其找到正确的发展目标，并且形成一个完整的战略规划，投后管理的重要性不言而喻。

当前，中国市场中的 VC/PE 投资机构通常采用投资团队负责或者投后团队负责制两种投资管理人员配置方法。早在 2013 年，清科研究中心就曾做过一个调查，在其公布的调查数据中显示当时在我国境内活跃的包括达晨、九鼎以及中信产业基金等在内的许多 VC/PE 机构都已经设立了专职投后管理团队，约占总数的 16.1%，此外，还有 54.8% 的机构已经做好设立专职投后管理团队的计划。由此可以看出，设立专职投后管理团队已经成为大势趋（图 5–1）。

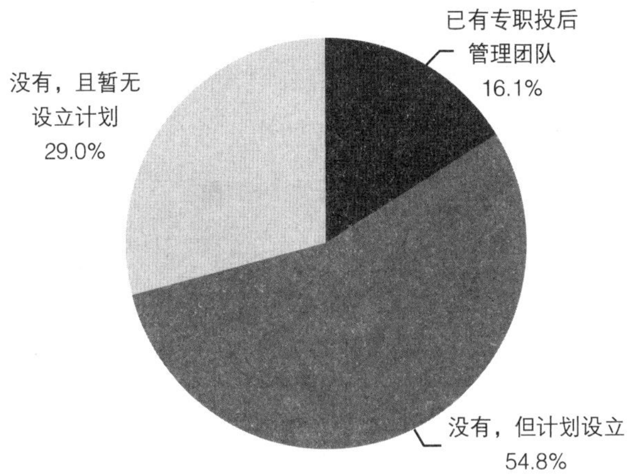

图 5-1 活跃于中国境内 VC/PE 机构投后管理团队设置情况（数据来源：清科数据库）

投资不光是投钱，这是当代的投资人早已达成的一个共识。事实上，投资管理并不是一个新鲜的概念，早在 1984 年，美国学者 T.Tyebjee 和 Bruno 就曾在《风险投资五阶段模型》中提到过该词，当前硅谷在该领域已经做得相对比较深入和成熟，而我国 VC 同行近几年也已经加紧了在投后管理领域的布局。在这一方面，华兴控股集团对于其所投资的每一个项目、每一个企业，都注入了大量的心血。在和其所投资的企业打交道过程中，我们一直充当着亦师亦友的角色，时刻关注着企业的变化，并且适时为其提供合理的建议，下面，我以华兴控股集团近年来取得的一些经验与大家分享一下。

我认为，投后管理应参照以下两大原则。

1. 授人以渔

在对所投资企业施予帮助时，我们尽量不要做具体的事务，而是向其传输正确的理念和方法，为其指出一条正确的道路。作为专业的投资人，我们所面临的投资企业少则几家，多则几百家，我们不可能做到事无巨细，不仅资源不允许，这对投资企业的成长也是非常不利的，“慈母多败儿”讲的就是这个道理。

2. 因事设人

投后管理最主要的目的就是留住人守住财，“人”是投后管理中非常重要的一部分，确定投后要帮助的是什么人、帮投资企业找到自己的人才以及设立自己的专家团队是投资机构投后管理中非常重要的工作。

通常我们所投资的项目中只有30%是可以取得突破性发展的，而剩下的30%会死掉，还有30%是“活死人”，这是VC界公认的“三三三原则”，所谓确定要帮助的是什么人，就是需要投资人认清我们的投资对象属于哪一类人，需要明确的是，我们需要投入精力帮助的主要是那些注定会取得成功和目前发展较慢的企业，绝非明显进入绝境的公司。万事人为先，人才对于企业的重要性是毋庸置疑的，因此在进行投资管理过程中，我们不但要帮助投资企业注入优秀人才还要完善自身投后管理团队，做到专业、专注！

罗马不是一日建成的，一步登天永远只是一个梦想。今天我们所仰慕的每一个成功的企业都是一点一滴日积月累而来。因此，投资者必须保持清醒的头脑，不能急于取得收益，要指导投资企业循序渐进，一步步做大做强，万不可盲目跃进。要像培育孩子一样，耐心帮助这些“初出茅庐”的成长中企业，让他们逐渐地成长。

投资底线原则：做创业者的配角，只帮忙不添乱

从事投资行业多年来，我对投资人的圈子一直有着一种种特殊的情怀，和那些充满“火药味”的传统行业不同的是，投资人大多是以合作共赢为主的。而且在投资这个圈子中的人，都有着其非常值得学习的闪光点，我一直以能够进入这个充满正能量的圈子为荣，不仅仅在一些成功的投资人身上我学到了很多，从一些年轻的创业者那，我也看到很多值得吸取的能量。很多时候，我觉得投资者的身份就像是一个帝王背后的谋士，没有必要在商业市场前方冲锋陷阵，而是默默

在创业者背后做一个支持者，这才是一个投资人正确的“打开方式”。

不添乱，只帮忙是投资者在进行投资管理过程中的一个核心原则。投资之前，投资者更多地看到的是被投资者未来的发展潜力，但是真正投资之后，我们就很有可能发现这些被投资企业的种种不足，比如创业者视野不够大、企业发展进度不够快等。在诸多难题面前，很多投资者对自己最初的选择产生了怀疑，对于被投资企业领导者充满了不信任，试图对其所做的一些决策进行阻挠。但是我认为，既然已经选定了投资目标，就要倾力帮忙，而不是在创业者前进的路上添乱。

说到“只帮忙不添乱”这一点，在我所接触的投资者中，雷军绝对可以称得上非常合格的一位。“他会为了我的一点小成就，比我还高兴，在你犯了错的时候，他会容着你，在你最困难的时候帮你。”在乐淘网 CEO 毕胜眼中，雷军是一个心态绝对成熟的投资人，他总是能够出现在创业者需要帮助的时候，而其他大多数时候他对于企业的运营都是不过多干预的。雷军在进行投资时不止一次地说过：“创业者不要小看投资人的力量，但是也不要过于放大，我们不是上帝，创业者才是主角，我们只是配角”。雷军不喜欢被称为创业导师，对他而言，投资只是朋友间的相互帮忙。

投资人并不是创业导师，也不是指挥者。在这个方面，我非常认可雷军的观点。投资人的自我定位应该是在创业者需要他的时候，给出力所能及的帮助，可以提出自己的一些看法，但是最终的决定还是需要创业者自己来下，即使创业者错了，也要让他们在错了之后得到经验的总结，绝不能强加干涉。

2015 年，台湾大学和富邦金控副董事长蔡明推出的“台大钻石种子基金”项目中，由于其提出了由台大和出资者占据 65% 股份的股权结构而受到了业界的广泛批评。李开复表示这是其见过的最夸张的天使投资条款，他直言，做出这样的分配根本就是脑子有问题，这样是在变相对公司进行收购而并不是其所谓的“支持独立创业”。李开复表示，存在控股心态的投资人，本身就不是好的投资人，对于投资人来说，占股30%已经是最大的限度了，“超过40%那就是流氓，超过51%那基本就是智商有问题，没有搞清楚自己的位置和诉求。”

就我个人而言，对于李开复的这种投资观点还是比较赞同的。“爱他就给他绝对的主动权”，用这句话形容投资者和创业者之间的关系最合适不过。对于创业者来说，最好的爱，就是投资者百分之百的信任，给其充分的发挥空间，而不是沦为投资者手中的木偶，毫无主见地任人摆希。

2013年，阿里集团由于其本身“同股不同权”的合伙人制度有悖于香港股市“同股同权”的规定，而最终放弃了在香港上市的计划，而这也引起了港交所对于同股不同权架构的重新审视和探讨。所谓同股不同权，顾名思义，就是指一家公司对外发布的股票至少分为两种，而不同种类股票所持有的投票权是不同的，有的股票投票权很少甚至根本没有投票的权利。当前，阿里集团的合伙制中就充分提取了这种结构的精髓。

据我所掌握的数据，在阿里的股权结构分配中，作为外部投资者，日本软银和雅虎分别持股36.7%和24%，而包括马云在内的28位阿里合伙人只占有阿里股份的10%左右(其中马云个人占有7%左右)，但是，他们却享有提名董事会大部分董事的权利，而集团的股东们也享有对合伙人们提出的董事候选人进行否决的权力。

我个人认为，这种股权结构最大的好处就是能够保证公司创始人对公司的掌控力，避免公司被投资人的意见全权左右和掌控，对于平衡投资者和创业企业之间的关系来说，未尝不是一个好方法。除了阿里，当前市场很多企业都采用了这种方式巩固创业者的地位，像刘强东的京东、李彦宏的百度等。

绝大部分投资人都会说，自己看好的是团队，但是又有几个投资人真的相信创业团队呢？从内心尊重创业者是对于一个投资者的基本要求。创业是一艰辛而孤独的过程，投资者要学会成为创业者的知心人。在巨大的压力之下，创业者的内心通常是非常脆弱的，因此投资者最好不要对创业者说重话，但是有时的敲打还是必要的。如果有不同的看法，可以坐下来一起讨论。很多投资人说话比较直接和强势，有时很容易以居高临下的姿态和创业者进行谈话，我认为这是非常不可取的。

总之，一名优秀的投资者，必然会对创业团队的前景抱有极大的信心，同时也会发自内心地尊重创业者，绝对不会有急于求成、斤斤计较的心态。如果把创业者比成红花，那么投资人充其量也只是绿叶而已，因此在企业业务和决策方面的事情自然还是要由创业者说了算，而投资人最重要的工作就是要有洞察力和眼光，要能看到别人看不到的东西，在创业者迷茫的时候为其指引迷津。

我一直认为，既然投资了，我们就一定要对创业者百分之百的信任，要让创业者拥有足够的存在感，不能在融资之后，让创业者产生一种“公司已经不是我的了”错觉。要知道，只帮忙不添乱，是一个投资人最基本的素质和品德！

退出方式原则：未雨绸缪，追求“主动退出”

投资企业通过不断的投资扩大规模之后，这时应该考虑什么时候退出已有投资的问题。很多企业就是因为没有能够在投资的进入与退出之间取得比较好的平衡，在市场竞争中出现了被动的情况。

投资退出不应该被认为投资项目出现亏损而被迫退出的行为。很多企业的投资都属于风险投资，风险投资作为一种金融资本，能否在退出时最大程度地实现投资价值的增值，获得巨额收益是投资人决定是否进行投资时首先要考虑的条件，所以一般投资人在进行投资前就要考虑到投资退出。

和一般投资相比，一轮风险投资无论是否取得成功，它都必须如期变现，以此来确保无论是时序还是空间上，风险投资都能够实现不断的循环。通常来讲，风险投资机构主要依靠具有高风险高收益偏好的投资者来获取投资企业的资金，其中有限合伙制风险投资基金作为风险投资基金的主流形式，通常具有10年的存续期，在此期间，投资者和风险投资家将共同参与所有现金和证券的分配。受风险资本退出时间的限制，无论所投资的企业增值情况如何，在退出期限之前，风险资本都必须退出。

另外，细心观察，我们不难发现，在现实投资之中，很多投资企业都会面临由于投资面过宽而导致资金周转不灵的局面，此时巨额资金投入和债务的不断积累将投资者推向了高风险的境地，效益一旦发生较大波动很容易让投资者陷入危机之中，此时投资退出就会帮助企业聚集资源，渡过危机。

作为一种收缩战略，投资退出也是企业资源优化配置的重要手段。例如企业可以通过资产退出盘活一些闲置的企业；完善和调整现在的经营结构；提高资产组合的质量和运用效率；达到培育核心业务的目的，集中资源专注发展企业的核心业务……

我认为投资退出也是投资战略中非常重要的一部分。现在很多企业在进行投资时只考虑到了日后如何经营，却很少想到在什么时候兑现投资，更不愿意去想怎么去面对和收拾亏损残局，到底应该选择一个什么样的时机，什么样的途径退出。企业实现投资的顺利退出，对于其所投资的项目而言，不仅是一个完美的结局，还是一个良好的开始。

投资人都知道，退出时机一般有三种，分别是自然退出、主动退出和被动退出。而对投资者来说，主动退出才是最值得思考的退出方式，而这需要投资者“未雨绸缪”。

2015年出境旅游服务平台积木旅行平台41位投资人以5倍回报成功退出，成为股权众筹领域首个成功退出案例。据了解，此时距离他们投资

仅仅8个月时间，而这些投资者们也因此成为互联网股权融资行业成功取得投资回报的第一人，为互联网股权投资开了一个好头。由于该行业处于起步阶段，且投资大多以早期为主，此前没有成功退出的案例。

而积木旅行平台的投资者们全部对平台的收益早有自己的规划，他们并不奢求十倍甚至百倍退出，8个月时间获得5倍收益在他们看来已经非常成功了。我认为，这是此次成功退出最为主要的原因。

应该说，所谓合适的退出时机是非常难以把握的。因为一般来讲，投资者投资的最终目的，不但需要获得超额的资本增值的投资收益，还要求在预期的时间内获得——一些投资基金具有封闭期，到时必须变现。这就需要投资者对于机会成本进行准确的计算，如果企业直到在退出时才开始考虑如何退出和以什么方式、什么价格退出。这种临时安排多半会让投资收益打折扣。事先分析好、做好战略性的安排才是实现投资收益最大化的最好方法。我认为这种安排既是必要的，也是可行的。

那么，怎么保证企业投资的资本增值能够顺利地实现呢？有什么标准可以参考吗？我认为效率标准是退出时间的保证。比如一种退出方式要花3个月的时间，另一种退出方式则要花费6个月的时间，那么从效率的角度来看前者的效率显然要比后者的效率高。效率标准关系到风险度，因为退出时间拖得越长，在这期间发生的不确定事情就越多，这些就必然会影响到退出时企业价值的确定。应该这样说，花费的时间越少，退出的成功率就越高；拖得时间越长，成功率就会相应地降低，虽然俗话说好事多磨，但是夜长梦多的事情更容易发生。

在我看来，投资和时间有着非常密切的关系，对于一个有发展的公司来说，时间是最好的朋友。换句话说，投资者所投的就是公司的未来。因此为了保证投资收益最大化，投资企业应该尽可能提高公司的未来价值。投资者可以帮助接受投资的企业分析出产品满足的对象是谁以及如何满足顾客，也就是产品的竞争力在哪里；并且通过帮助创业公司创造出独特的、富于差异化的产品来满足顾客个性化消费需求，以提高企业竞争优势和公司价值。

在对退出时机进行了确定之后，投资者就应该考虑采取哪一种方式退出更为合适。事实上，随着现在资本市场开放度越来越高，现在投资者退出路径已经越来越多了，协议转让、做市转让、上市公司并购退出、转板退出、企业回购退出……这无疑给了投资者们更为多元化的选择和机会，选择合适时机退出虽然并不是一件容易的事情，但它也远不如想象的那样艰难，这就到了考验投资者智慧的时候了。

作为专业的投资者，我们应该始终牢记一点：创业公司发展得好，退出时才能够保证收益最大化。认真研究投资的退出时机，而不是等到企业无力经营时被迫割肉，这既是一种投资的智慧，也是一种投资品格。

【案例5】：IDG投资金蝶：扶上马送一程，然后功成身退

在中国财务与管理软件领域一直有所谓“北有用友，南有金蝶”的说法。两家公司双分天下。相对用友网络（原来叫用友软件），金蝶软件是后来者。在短短几年时间中能够迅速崛起并与前者在市场上分庭抗礼实属不易。

与许多TMT公司一样，金蝶软件在通往成功的大路上也得到过资本的襄助，其中最给力的是全球最大的信息服务商IDG（国际数据集团）旗下专门做风险投资的机构广州太平洋技术创业投资基金（以下简称太平洋创投）。从1998年5月1日开始，太平洋创投先后2次投资金蝶软件，总金额共计2000万元人民币，成为占有其25%股份的股东。这是中国财务软件行业获得的第一笔国际风险投资，也是当时国内IT企业获得的最大一笔风险投资。

太平洋创投的投资成为金蝶快速发展的引擎。引入这笔巨额国际投资后，金蝶软件的资金实力大大加强，各项经营指标随之出现了井喷式的增长，仅一两年就达到了上市标准。2001年2月，金蝶软件在香港创业板成功IPO。上市后，太平洋创投持有的金蝶软件股份约为20%。此后3年，太平洋创投通过数次减持，回收现金2亿多港元，以当时的汇率计算，投资回报率超过1000%。

众所周知，像金蝶软件这种处于创业初期的企业是很难在股票市场上融资的。同时，由于缺乏可以抵押或做担保的资产，也很难从银行获得贷款支持。这时专事股权投资的风险投资便成了他们唯一的选择。太平洋创投就是这样的机构，它成为金蝶软件发展的加速器。与此同时，其自身也获得了巨额的利润。可以说，太平洋创投与金蝶软件实现了共赢。

一筹莫展：创业企业遭遇融资困境

金蝶软件全名金蝶国际软件集团，始创于1993年，注册资金为500万元人

民币。建立之初，创始人徐少春让出了大部分控股权，仅持有35%的股份，美籍华人赵西燕以33333美元入股，持股25%，香港招商局社会保险公司投资48万元人民币，持有40%的股份。

成立后，金蝶软件的营业收入和利润等主要经营指标一路上升，年均增速达到300%以上。随着规模的不断扩大，原有的资本金和发展前期的利润留存收益越来越不能满足金蝶软件发展对资金的需求，外部融资势在必行。

软件行业是高收益、高投入、高风险的“三高”行业，虽然回报率高，但经营风险也很大。处于创业期的金蝶软件的前途同样存在很大的不确定性，愿意投资或借贷的机构很少。

1993年到1998年5年间，金蝶软件曾数次主动向银行申请贷款，因为注册资金仅有500万元，没有足够的资产作抵押，也找不到愿意提供担保的机构或人，最终获得的贷款数量只有区区80万元。事实证明，向银行贷款是个行不通的办法。

与此同时，1998年1月，国家政策不再允许保险公司投资高风险行业，香港招商局社会保险公司不得不以200万元的价格将其持有的金蝶软件的全部股份转让给其他股东。金蝶软件从此成为一家纯民营企业。失去国资背书的金蝶软件更难从银行获得贷款了。

因此，金蝶软件决定进行股权融资。

雪中送炭：IDG与“金蝶”共舞双飞

就在金蝶软件为资金一筹莫展的时候，IDG集团旗下的太平洋创投正在广深两地寻找投资项目。

IDG集团是集出版、信息网络、展览、市场研究和咨询为一体的全球最大的信息服务商，总部位于美国波士顿，业务遍布世界多个国家和地区，是最早进入中国的美国风险投资公司之一。在投资金蝶软件之前，其已经在中国操作了多个成功案例。1994 年，IDG 创始人帕特里克・麦戈文在飞机上遇见了网景公司的创始人 Jim Clark。当时网景刚成立不久，Clark 在旅途中向麦戈文介绍了自己的公司。飞机落地后，没再看其他任何资料，麦戈文当即决定投资网景 200 万美元。13 个月后，网景上市，200 万美元增值为 2 亿美元。麦戈文的知人善任与果决一时传为美谈。

太平洋创投当时主要着眼于投资高新技术企业。太平洋创投总经理王树通过深圳市科技局了解到金蝶软件的情况，在考察了金蝶软件的经营情况之后，主动登门造访。

对于金蝶软件来说，太平洋创投的介入无疑是雪中送炭。经过 3 个月的磋商，双方达成了合作协议。这期间，1998 年 3 月，IDG 董事长麦戈文先生亲到中国，对金蝶软件进行考察，给予金蝶软件创始人、总裁徐少春很高的评价。他认为金蝶是一个很有潜力的高新技术企业，拥有一支稳定、优秀的人才队伍。另外，他还认为金蝶软件所属的财务软件行业在中国正处于发展黄金期，加之有国家政策的倾斜，发展前景十分看好。

美国风险投资之父乔治斯・多里奥特（General Georges Doriot）曾说过：“可以考虑对有二流想法的一流企业家投资，但不能考虑对有一流想法的二流企业家投资。”IDG 在进行投资时十分注重对企业家和管理团队的评估，金蝶软件通过了评估。

1998 年 5 月 1 日，双方签订合作协议——IDG 分 2 次向金蝶软件注资 2000 万元人民币，每次 1000 万元人民币。

第一笔资金 1000 万元人民币到位后，IDG 成为金蝶软件的股东之一，持有其 25% 的股份，王树出任金蝶软件的董事。

与被投企业牵手后，投资机构对其监管和参与的“度”该如何把握也是影响投资效果的一个重要因素。国内的很多投资机构要么管太多，要么不管，用徐少春的话说——要么“越位”，要么“缺位”，两者均不利于企业的发展。这一点

IDG 做得堪称完美：对金蝶软件进行监控，但不参与经营，只是不间断地做一些辅助工作，包括介绍和引进专家举办研讨会做报告，做决策咨询，提供产品开发方向的建议等。

这种合作方式看似宽松，却令金蝶软件感到压力陡增。按照双方的合作协议，金蝶软件必须在获得第一笔投资后的一年内实现收入 200% 增长的目标，否则将失去获得第二笔 1000 万元投资的资格。风险投资带来了风险意识，风险意识让金蝶软件不断调整自己，加快前进的步伐。

IDG 这种不直接参与投资对象日常经营活动的做法给了金蝶软件充足的发展空间。不过，不参与并不等于不帮忙。金蝶软件经常主动要求 IDG 参加其市场活动，帮助其扩大影响力。在 IDG 投资前，金蝶软件最重视的是产品开发，市场推广是弱项。而 IDG 提出的收入和利润增长指标却都需要通过扩大市场占有率来实现。这让金蝶软件不得不加强营销和宣传工作。为了开拓市场，金蝶软件把分支机构从 21 家增加到 52 家，代理商增加达 360 家，员工人数从 300 人增加到 800。结果：1998 年金蝶软件的销售额达到了 1.5 亿元，同比大幅增长 200%，产品的市场占有率由 1997 年的 8% 提升到了 23%。出色的市场作为使金蝶软件成了中国财务软件行业成长性最好的企业。

麦戈文在投资金蝶软件时曾说过："IDG 全球 12000 的员工，将帮助你们成为中国 ERP 市场的领导者。"的确，IDG 给金蝶软件带来的不仅仅是 2000 万元的投资，还为其带来了与国际大公司进行交流的机会、商业资源和国际销售渠道。金蝶软件由此在成为国际性财务软件公司的路上大大前进了一步。

可以说，获得 IDG 的投资是金蝶软件发展史上的一个里程碑。

挥手而去：兑现收益提升再生产能力

2001 年 2 月，金蝶软件在香港创业板成功 IPO。作为风险投资机构，IDG 的扶上马送一程算是“大功告成”。

事了拂衣去。2002 年 4 月 12 日，IDG 开始减持金蝶软件股份，兑现收益。IDG 选择了以向公众投资者配售的方式进行减持，首次配售 4000 万份；2003 年 6 月 5 日晚，金蝶软件在香港创业板发布公告，宣布 IDG 将再次配售 2500 万股金蝶软件股份，约占金蝶软件总发行股份的 5.7%，减持价格每股 1.44 港元，总金额为 3600 万元；2004 年 7 月，IDG 抛售了其余所有的金蝶软件，彻底告别金蝶软件。

资本的退出是 VC/PE 基金循环的核心环节，其不仅直接关系到投资机构收益的兑现，还关系到投资机构的“再生产能力”，只有将所投的资金由股权形态转化为资金形态，在“扶上马送一程”后及时告别，投资机构才能扩大再生产。IDG 投资金蝶软件的回报率约为 10 倍，即变现约 2 亿元人民币。用这 2 亿元人民币 IDG 可以再投资 10 个金蝶。据统计，到目前为止 IDG 在中国总共投资了约 300 个项目，成功退出的 70 多家，成绩斐然。

挥一挥衣袖，带走一片天空！

【投资人思考】：什么样的“买”“卖”才是最好的选择？

资深股民大都知道一句名言：“会买的是徒弟，会卖的是师傅。”意即卖比买难，会卖的人要比会买的人更高明。

我认为这个结果在股权投资市场上也是成立的。实际上，对于股权投资基金等机构投资者来说，相对二级市场上的散户，卖的难度要更大一些，因为它要受到更多维度的牵制，要进行更多维度的考量。以通过二级市场减持股票为例，散户只需看股价走势即可，机构投资者则除了股价走势还要考量冲击成本——冲击成本全称价格冲击成本，是指在需要凌厉地买卖股票时，套利过程中没能依照设想价位成交而多付出的成本。

从IDG退出金蝶软件这个案例我们大致可以看到股权投资基金在卖股票时——或者说退出被投资企业时需要考量什么？

一、还是不是“我的菜”？与产业一样，企业的发展也是具有周期性的。当一个企业从成长期进入成熟期后，早期投资者就该退出了。IDG属于风险投资，做的是早期投资。早期投资机构谋求的是“一年不开张、开张吃三年”。企业进入成熟期后，其增长速度开始放缓，这时它就不再是早期投资机构的菜了。应该说，是不是“我的菜”是很容易判断的：一则有众多的相关行业发展现状与趋势的报告——比如IDG旗下就有专门做TMT行业市场调查报告的机构IDC；二则有信息优势，一般来讲，股权投资人都会进入被投企业的董事会或监事会，对企业的经营情况一清二楚。

二、机会成本的大小？考量是不是“我的菜”的标准说到底是机会成本的大小。机会成本是指为了得到某种东西而所要放弃另一些东西的最大价值，直白地说，就是如果你觉得能在减持中得到的钱投出更好公司并从它身上得到更好的回报，那就应该减持。

就此而言，我觉得应该说IDG减持金蝶软件是很合适的。2004年，深圳中小企业板正式启动，为私募股权投资在国内资本市场上退出打开了一扇窗户。这意味着风险投资行业上了一个台阶，理论上讲应该会获得较之以往更大的投资回报。

后来的实际情况也证明了这一点。2004年后，借中小企业板开启的东风，私募股权投资的成功案例开始批量出现。与此同时，香港资本市场上的创业板日益被边缘化——金蝶软件一开始是在香港创业板IPO的，时间是2001年2月，股票代码为08133。2005年7月20日转板至主板，股票代码00268。这主要是因为在香港创业板上的公司其高科技含量与成长性都很一般。2001年纳斯达克崩盘后，香港创业板也随之陷入低谷，此后交易量一直很小。直白地说，香港创业板的估值大大低于内地中小板。同理，香港科技股的估值也大大低于内地A股的同类公司。这一点对比一下金蝶软件与其竞争对手用友软件即可知道。在多数时间内，用友软件（现在叫用友网络）的市盈率都比金蝶软件至少高两三倍。IDG退出金蝶软件应该也有这方面的考量。

三、如何减少冲击成本？一如文中所说，IDG是分三批退出的金蝶软件的。这么做应该有两个方面的考量：一是减少冲击成本，维系金蝶软件的股价，避免因减持造成其过大的波动；二是降低由于股价波动带来的风险——相当于炒股时分批卖出。

分批退出意味着不追求投资收益最大化。很多股民都有一定得“买到最低点、卖到最高点”的心理，否则他就觉得“亏了”。其实这是不实现的想法，从某种意义上说也是不成熟、不专业的表现。散户卖到顶或顶部区域都很难，更何况机构投资者，动辄几亿元、几十亿元的投资。须知冲击成本的存在决定了一些大型机构投资者不可能实现投资收益最大化。

四、对被投资企业是否会有不利影响？其主要是针对上市公司。在这方面IDG做得很好，三次减持对金蝶软件没有造成任何负面影响。

上述只能说是考量的维度，而非决策依据。谁也说不准未来到底会发生什么？所以卖得好不好，从某种意义上说就是一个只能让时间去检验的事情了。

以 IDG 卖出腾讯股份为例。IDG 是腾讯最早的投资人之一，1999 年，IDG 与李泽楷的盈科数码各向腾讯投资了 110 万美元，各获得了 20% 的股份；2001 年，在李泽楷以 1260 万美元将其所持有的腾讯所有股份卖给南非 MIH 集团后，IDG 也将其持有的腾讯大部分股份卖给了 MIH 集团。当时 IDG 的投资回报率高达 60 倍，算得上是非常成功了。但如果跟接盘者 MIH 米拉德国际控股集团公司比，那就只能说是“地板价”了。现在的腾讯市值已是超过 15000 亿元人民币的公司，20% 的股份就算被稀释掉一半——10%，也值至少 1500 亿元人民币。据说，当时 MIH 集团一共花了 3200 万美元便获得了腾讯 34% 的股份。目前，这部分股份的市值至少 5000 亿元人民币以上。

IDG 为什么要卖出腾讯股份呢？我见到过两种说法：一个是因为 IDG 是有封闭期的，当时封闭期快到了，必须变现；二是因为当时正处于互联网寒冬，IDG 投的所有企业大都“叫不上价”，只有腾讯还能高溢价变现，卖了它可以让财务报表好看些，对投资人有交代。

这两种说法差异挺大，但都说明私募股权投资基金并不是完全可以独立行事的主体，因为虽然有限合伙人（LP）参与管理，但来自他们对业绩要求的无形压力却是无处不在的，一般合伙人（GP，即基金管理者）往往会因此做出一些“短视”的举动。

IDG 的人现在总说“卖掉腾讯股份是我们最后悔的投资之一”，我觉得他们也是“想多了”——想吃后悔药了。当时腾讯仍没有找到盈利模式，加之大环境不好，卖掉并没有错。

从 IDG 的这两个案例来看，其实没有最好的“买”和“卖”。还是那句话——不追求投资收益最大化！用巴菲特的话说，就是“保命”（保住本金）才是最重要的。

第 6 章
// 寻找最靠谱的管理团队

领导者的格局：大视野小细节

有这样一个广为流传的小故事：有人采访三个正在工地上砌墙工人，问他们正在做什么，第一个人不耐烦地回答道：“你不会看吗？我在砌墙！”；第二个人微笑着说：“我正在建造一幢高楼。”第三个人则特别兴奋地嚷道：“我正在建设一座全新的城市。”十几年过去了，当初在工地上工作的三个人，第一个人仍然在最基层做着砌墙的工作，而第二个人已经成了城市内鼎鼎有名的工程师，第三个人则成了前两个人的老板。

这个故事所传递出来的哲理就是：一个人的发展情况和这个人的格局还有视野有着非常直接的关系。民间有一句谚语，大概的意思是一个人烙的饼再大也不会超过烙饼的那口锅。同样，对于一个企业来讲也是一样，企业的这张饼能够烙多大，完全取决于烙它的“锅”，而这锅就是该企业领导者的视野。

任何企业的发展都离不开其身处的大环境，在这个信息局势更迭迅速的互联网时代，一个企业要想找到正确的发展方向，就必须要对自身实力以及身旁环境做出正确的判断，越是想发展迅速，越是要关注整体。要想找到正确的发展方向，企业领导者必须能够如同雄鹰一样，对整个市场进行整体俯瞰和把握，视野一定要足够宽广，如此，方能准确找好自身定位，有所成就。

谋大事者，必要能布大局！做企业，犹如打仗，其存在的风险是巨大的，这就要求企业领导者的格局一定要大，所谓格局，包括一个人的心胸、目光、胆识等众多心理要素，作为一个企业的领导者，格局一定要大，要能够以大视角切入整体市场，目光要放长远，绝不能过于执着于眼前小利，视野宽了，企业未来的路才能宽！

海纳百川，有容乃大。领导者视野和格局的大小，直接决定了企业未来发展道路的长远，领导者视野不够大，企业的发展始终有限，一棵小树如果种到小花盆里，最多只能长到一米多高，但如果放到院子里，就能够长到几米乃至十几米高，这就是视野和格局的局限性。任何企业的成长都离不开市场这个大环境的主导，因此企业领导者必须学会掌握市场全局，从而找到正确的"风口"。领导者的格局和视野，对他所领导企业的命运和未来有着决定性的作用。

另外，常语有言：细节决定成败，对于企业领导者来说也不例外。大视野和小细节二者之间并不矛盾，一个真正成功的领导者，一定有着超凡的格局，但同时也一定是个注重细节的人。企业的每一次成功都是由无数的小细节积累而成的，很多失败的企业，致命的问题往往不是大方向有误，而是很多失败的细节的累积。因此，除了要有大视野外，成功的企业家还必须学会关注细节。

所谓赢在细节，很多时候是"功夫在诗外"。就好像大家看一个人踢腿真漂亮，其实根本不知道他每天早上都踢几万下。一个细节通常是非常不起眼的，但是很多细节串联起来就会引起质变，发散出巨大的力量。反之，领导者如果忽视细节，就极可能引起连锁反应，最终导致严重的后果。

这方面，沃尔玛集团给人很大的启示。可以说，注重细节就是这个庞大零售帝国的成功密码。20 世纪 60 年代，在美国兴起了很多零售商，经过 40 多年的拼搏，沃尔玛从众多竞争对手中崛起，到目前为止，沃尔玛的商店总数达到 4000 多家，年收入 2400 多亿美元，在全球 500 强中居于首位，堪称企业界的一个神话。

对细节的重视，贯穿在沃尔玛经营活动的每个环节之中。服务注重细节，降低成本依靠细节，管理落实到细节，从不忽略哪怕最小的一个细节，让沃尔玛成了今天世界上最强大的零售业“巨无霸”。

曾经有一个顾客在沃尔玛超市买了一个果汁机，不久之后出了点小毛病。他拿着果汁机和付款小票来到沃尔玛的另一家连锁店，售货员立刻给他换了一台，同时告诉顾客：“果汁机降价了，还需要退给您5美元。”

沃尔玛是如何做到这一点的？在其全球4000多个店铺都装有卫星接收器，每一个顾客在任何一个连锁店进行消费时，其年龄、住址、购物品牌、种类、数量、规格、消费金额等一系列数据都会被记录下来，并进入沃尔玛的企业信息动态分析系统。沃尔玛认真分析每一个商业数据，并根据分析结果调整自己的经营和服务。

创始人山姆·沃尔顿说：“如果看不到每一件商品进出的财务记录和分析数据，那就不是做零售。”

据说，有一天山姆·沃尔顿到一家店面巡视，看到一个年轻店员正在给顾客包装商品，随手把没用完的半张包装纸和长出来的一截绳子扔掉了。山姆·沃尔顿微笑着说：“小伙子，我们卖的货是不赚钱的，只是赚这一点节约下来的纸张和绳子钱。”一个巨头企业为何如此节约？山姆·沃尔顿说：“为顾客省钱。”而省下来的钱去哪里了——沃尔玛的商品零售价比它的强力竞争对手凯玛特平均低3.8%。

20世纪90年代，零售行业进入微利时代，即使是沃尔玛这样成本控制做得非常好的企业，毛利润率也一度从24%降到20%，营业利润率从7%降到5%，总资产回报率则从21%降至11%。行业利润率的降低导致竞争模式发生转变，粗犷的规模竞争逐渐变为精细的效率竞争。沃尔玛注重细节的风格开始显出竞争优势——沃尔玛1美元商品的配送费用是1美分，而凯玛特却需要5美分。

从运输、营销到管理，每个细节上的点滴节约使沃尔玛的商品成本比凯玛特平均低10%，这就使得沃尔玛在平均售价比凯玛特特低3.8%的情况下，还有6%的营业利润率。实际上，沃尔玛的价格只需要比凯玛特低1%就足以吸引顾客了。价格优势使沃尔玛完全击败了凯玛特的规模效应优势。

在经历了1993年的大亏损后，凯玛特效仿沃尔玛，也开始注重在管理信息系统等细节方面的投入，但还是由于成本方面的居高不下使市场份额逐年萎缩，供应商付款条件也日益严苛，最终导致凯玛特在2001年申请破产。

在微利时代的竞争中，以扩张速度为核心的规模化战略优势被抵消，而细节处几个百分点的成本比拼成为决定成败的关键。

作为专业投资者，我认为一个企业对细节的关注程度和管控能力如何，是投资人必须考核的元素之一。而一个企业对细节的关注程度和管控能力基本上取决于其领导者（一般是创始人或首席执行官、总经理）的做事风格和职业素养。因此，一个拥有细节型领导者的企业是投资者最应该关注的。

这一结果对创业企业更为“对路”。有一句广为人知的话：“天使看人，A轮看产品，B轮看数据，C轮看收入，上市看利润。”实际上，我觉得不是A轮、B轮、C轮、上市就不看人了，而是在看人之外还要看产品、数据、收入、利润，人永远都要看，而且是第一位的。

大家都知道，投资行有一句著名的话：“站在风口上，猪都会飞。”但是，有一位著名的投资公司的总裁说：“我觉得，比风口更重要的是‘猪’!”所以，很多投资者都有“投人！投人！投人!”的投资理念。对于投资者来说，找到一个“大视野小细节”型的领导者无疑是一件非常让人兴奋的事情。

勿忘初心：有初心生，丧初心死

不忘初心，方得始终，这句话本是禅语，其出自对《华严经》部分经文的解读，原文为“三世一切诸如来，靡不护念初发心。”“如菩萨初心，不与后心俱。”而解读后，道理通俗易懂，从而迅速流传开来。这里的初心，可以将其理解为：最初的梦想和方向。而这句话，对于企业家而言同样适用。

管理学中有个概念，叫作“一万小时定律”，意思就是面对任何全新领域，只要持之以恒研究学习一万小时以上，就能够成为该领域的行家。许多企业家在创业之初踌躇满志，可是在创业过程中会慢慢迷失自己，忘记了自己最初的追求，以至于最后凄凉退场。有初心生，丧初心死。这绝对不是危言耸听，一个人在任何时候都不能忘本，不能忘记自己最初的目的，我永远也不会看好一个不懂得追求和坚持的创业者。

不忘初心，方得始终，我们也可以把这句听起来文绉绉的话理解为“不到长城非好汉”，不过，“不见棺材不掉泪”也是中国人常用的一句形容坚持的古话。这二者虽然都是在说坚持，但是相对前者的褒扬意味，后者则明显包含着对“一条道走到黑”“不知悔改”这种做事态度的不赞同。因此，我认为，对于企业家来说，所谓的初心就是你为什么要做企业，是“Why”而不是“What”。这里的初心对于企业家做的具体的事情并不看重。反之，对于做企业的原因，企业家在创业开始之前就一定要想清楚。

做企业本身就是一个不断试错的过程，既然是试错，就不必纠结具体做的是什么事情，因为这是毫无意义的，只要没有忘记当初自己的理想和目的，有时换条路或者换个做法尝试一下也未尝不可。做企业绝不是一件简单的事情，对于很多企业家来说，做企业是一条不归路，一旦踏上，就很难再回头。而初心，是一个人坚持下去的动力，如果连自己为什么做企业都弄不明白，投资人还凭什么相信你能够坚定不移地继续走下去呢。

初心是获得动力的好方法。作为一个企业家，希望能够带领团队中志同道合的伙伴们为公司创造价值；作为一名产品设计师，希望能够为这个社会带来令人耳目一新的产品；作为一名普通人，希望能够一直享受和优秀的团队伙伴们一起在公司工作的愉快时光……这些都可以是做企业的初心，而也正是这所谓的初心，才能汇聚成强大而持续的推动力，同时也带来了强烈的感染力，才让这些企业团队能够更好地走下去，才让企业家即使面临艰难的时刻，还能够持续不断地吸引优秀的伙伴加入公司，并一直为初心拼尽全力。

对于投资者来说，最担心的就是看到许多人因为一时的脑热而选择做企业，他们没有初心，也没有坚持做企业的动力，做企业对他们来说并不重要，但是他们这不负责任的做法却会使投资者蒙受巨大的损失。

还有一些企业家是在做企业的过程中逐渐忘记了自己的初心的，甚至在产品定位上也开始变得模糊。做企业和上福布斯排行榜不同，身价和市值并不是其当前最为主要的目的，如果单纯追求金钱，将会对其创新造成极大的阻碍。

作为一名投资人，我始终认为企业要想在市场上存在下去，就必须不忘初心，将心思放在做产品上。不要说创业企业，就是今天已经取得一定成就的大企业，也很有可能掉进利益的围城里，忽略初心。

2016年，不期而至的“魏则西事件”，给百度的声誉造成了极大的影响。许多网友认为，百度竞价排名机制所存在的竞价权重过高以及商业推广标识不清等问题很容易对搜索结果的公正性和客观性造成一定影响，这就给“莆田系”这类不讲信用的医院提供了可乘之机。总之，百度的商业运作模式由于过于追求利益而违背了“用户至上”的初心，为虎作伥，魏则西之死其难辞其咎。

从这个层面上来讲，“魏则西事件”所反映的其实是整个商业社会的痛点：企业在追求发展的过程中失去初心。“魏则西事件”发生后，百度公司创始人李彦宏也针对该事件做出了一次真诚的反思，发表内部信对员工强调即使牺牲收入也要坚持用户至上。事实上，此次事件的发生，不仅值得百度深思，也需要所有企业掌门人引以为鉴。李彦宏表示，公司在对短期KPI的追逐中，“价值观被挤压变形了”，业绩增长开始凌驾于用户体验之上，其与最初所坚守的使命和价值观也渐行渐远。并在最后做出警示：失去了初心，“百度离破产就真的只有30天！”

追根溯源，一个企业的成长和发展离不开用户的支持，如果没有了最初对于价值观的那份坚守，那么用户也会在失望中逐步流失，没有了用户，企业生存的根基瞬间便会坍塌，从这个角度来说，李彦宏的警示也绝非危言耸听。如果百度真的能够从此次事件中吸引教训，用壮士断腕的决绝使得唯利是图的商业模式得到彻底改变，将自身从扭曲的价值观中解救出来，重新找回初心，恢复对用户体验的重视，那么，百度则还有可能继续保持其在行业内的领先地位，否则，功亏一篑也并不令人惊异。

在这个时代，初心常常会被我们遗忘，就像纪伯伦所说：“我们已经走得太远，以至于忘记了为什么出发。”忘记初心会让企业家在做企业的路上走得十分迷茫，不知道究竟是想做什么。

初心对于投资者也是同等重要的，一个人无论在什么时候，无论做什么事情，都不能忘本。这“本”指的就是初心，也就是最初我踏入这个行业的目的。从创业到现在，我依然坚守着我的初心，初心是我遇到困难坚持下去的勇气，也是我彷徨迷茫时的指路明灯，所以我也喜欢投资有初心的企业团队。

有初心者生，丧初心者死，聊以自勉。

主营业务稳定：保持业务方向的持久力

对于任何成熟型企业来说，不断变换主营业务方向有可能将战线拉得过长，处处都是突破口的结果往往是没有一处能取得有效突破。

投资大师巴菲特先生对于企业主营业务稳定有独到的见解：“我们喜欢投

资那些不太可能发生重大变化的公司和企业。我们这样选择的原因很简单，将子公司和普通股票两者做比较的话，其中任何一种的投资，我们都会去寻找那些我们相信从开始到现在的10年或者20年的时间里实际上肯定拥有巨大竞争力的企业。对于那些环境总是发生迅速变化的企业，尽管可能会提供巨大的成功机会，但是他仍然排除了我们寻找的确定性。”巴菲特所寻找的确定性就是公司主营业务的稳定性。

投资人既然确定投资某一家公司，并且如果已经做好了长期投资的打算，那么就要确定投资对象是在未来10年乃至20年的时间内业务能长期保持稳定的公司，并且拥有绝对的竞争力。很多企业的领导者认为企业的发展要与时俱进，要根据宏观环境的改变迅速转变产业，但是这样的做法屏蔽了很多投资人，大部分投资人喜欢投资长期投资对象——具有确定性特征的企业。事实上我发现，很多成熟型企业有时也会犯类似的错误，很多上市公司也会经常变换主营业务，并因此造成了巨大损失。

对于投资者来说，在投资任何一家企业之前，都会考察和判断该企业是否具有良好的未来前景。前面我就曾经强调过，投资者对于一家企业的投资其实投资的就是这家企业的未来，如果这家企业“没有未来”，那么我们为什么还要进行投资呢？而我们都非常清楚的一点是，企业的长期发展取决于多种因素，想要正确判断出企业的未来发展情况是非常困难的。在这种情况下，投资人能够做的就是努力减少干扰因素。而对于被投资企业来说，从企业发展的主观上避免出现某些重大变化，对于投资人做出正确的决策非常有帮助。

很多投资者喜欢投资的企业类型都是主营业务相对简单而稳定的，因为企业团队将所有的精力都用来研究这几项业务，这几项业务自然会具有独特的优势。对于很多投资者喜欢投资那些濒临破产倒闭的公司，虽然投资者带去的资金可能会让这些企业咸鱼翻身或者乌鸡变凤凰，但是概率甚小，完全不值得投资人冒这样的风险。就是做杠杆收购，投资人也喜欢主业明确、现金流稳定的企业。

在我看来，投资者寄望于乌鸡变凤凰是件较为可笑的事情。既然选择投资对象，那么为什么不直接选择“凤凰”或者“凤雏”，而去选择“乌鸡”呢？“丑小鸭”之所以能成为白天鹅，那是因为它原本就是天鹅蛋的产物，鸭蛋里只能生出鸭子，没有例外。投资一家有问题的企业，意味着投资者的资金一旦进入，就必须帮助这家企业解决一个又一个“历史遗留问题”，远远不如在投资前就直接“隔离”这类企业更加轻松、容易。不用怀疑，任何一家投资公司都喜欢投资那些主营业务稳定、没有明显问题、具有发展潜力的企业。

在当前市场成熟度降低、盈利能力下降、环境问题以及缺乏人才培养各方面问题频出的复杂大环境下，很多企业都开始吸取过去的经验，开始在某一领域内的专注研究。市场动荡，在这样的情况下，企业若仍不断地更换主营业务方向，那么离失败也就不远了。

跑得最快的，却不一定是笑到最后的。自创业伊始便一直备受资本青睐、有着“中国B2C符号”之称的凡客，一路高歌猛进，市场扩张迅速，从2007年10月成立之后，仅用了四年时间便成了行业佼佼者。然而，好景不长，伴随着IPO推迟、资金链断裂等种种不良消息的传过来，凡客仿佛一下子被打回了原型。

对此，凡客CEO陈年也开始对这几年来由于盲目扩张而引起的产品质量下降、消费者信任感降低、库存量过高等问题进行了深刻反思，其认为由于其和其团队的虚荣，在根基还未立稳之际就盲目扩张，结果就是失去了用户。他决定将带领团队重新将重心放到基本款的打造之上。著名电商分析师鲁振旺则指出，凡客的未来一定要加强其对基本款的打造，加强内部管理，在将基本款做精、做强的基础上再进行平台的开放。“否则，留给凡客再次反思的机会不多了。”

事实上，纵观国内外整个商业进程，我们不难发现，许多企业的失败都和其盲目扩张有着非常直接的关系。“往往，企业都是撑死的，不是饿死的。”我个人认为这句话并不是无的放矢。无疑，抢占市场资源是企业生存和扩大的一种重要手段，也是一种常规战略，但是我想要提醒大家的是，记住，这些都是建立在主营业务稳定的基础之上，还没有会走，便急于奔跑，摔得伤痕累累也就在所难免了。

企业扩张一定要结合实际，对自身资源做出合理安排，“打肿脸充胖子”的行为并不值得提倡。主营业务稳定不意味着只做专业化，完全拒绝多元化。实际上，成功的多元化企业也是很多的，但多元化应该是建立在专业化基础上的。换言之，我认为一家企业只有在某个领域做得很强、有了稳固的基础后才有资格涉足其他领域。

全球管理大师拉姆·查兰曾经说过，一个企业一定要对自己现有业务的安全性做出准确的判断，在自己的第一个业务还处于半坡爬状态，还没能从死亡危险中逃脱时便开始搞新的业务，是非常不明智的做法。简单来说，准确的市场定位才是一家企业盈利的基础，保持业务的稳定性和持久性才是企业真正的制胜法宝。

团队平衡：洞察者、技术和营销高手

做企业本身就是一个不断持续的过程，其有一个周期性的过程：创建新企业→促进企业发展壮大→获得收益→再一次创建。做企业是循环往复的，其并不是一次性的行为。而在企业的成长过程中，注意保持团队的平衡是非常重要的，团队平衡是企业团队迅速的发展的前提。支撑团队平衡的，则需要三类因素：洞察者、技术和营销高手（图 6-1）。

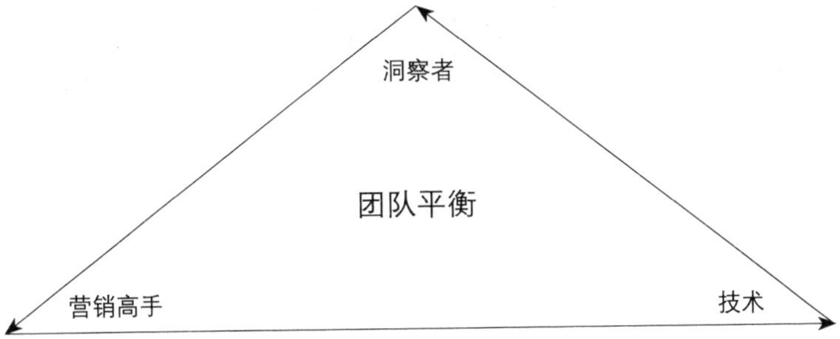

图 6-1　洞察者、技术、营销高手保持着企业的平衡

1. 洞察者：团队中的“舵手”

洞察者是企业团队中的“舵手”，在团队中的位置是至关重要的。洞察者在企业从成立到发展的整个过程中都面临着识别商机、发现市场的考验。洞察者必须有足够的市场敏感度，可以宏观地审视经济环境，洞察到未来的市场走向，以便可以做出正确的决定来保证企业的持续发展。

洞察者是个掌握着“商道”的人，可以识别到别人发现不了的商机，可以预测到未来行业的走向趋势。马克·吐温曾经说过：“我极少能发现机会，往往在我发现的时候，它已经不再是机遇了。”那么洞察者就是马克·吐温所说的另一面了，他们是那些可以发现机会的极少数人。商业中有这么一句话，当 20% 的人做的时候，他也做了；当 80% 的人做的时候，他却退出了。这就是洞察者在观察市场后做出的决策。

我们生活中的大多数人都有一种从众的心理，不愿意去当“做事情的第一人”，往往要等到事情明朗、大家都去做的时候才开始行动，但是到了这个时候，除了追随别人的脚步，做什么都太晚了，机会已经被那些“洞察者”抢到手了。这也就是说，人们对某一领域的发展趋势和潜力认识是相当有限的，因此才会出现“羊群现象”。喜欢跟风的企业通常是不会成功的，因为跟风极有可能会造成恶性竞争，两败俱伤甚至多败俱伤，不但将整个行业的效益拉低了，自己的团队也会因此而损失很大效益。这样的企业就是因为缺少做出决策的“洞察者”。

洞察者其实就是具有高瞻远瞩意识的人。一个企业团队中必须存在这样的人，因为做企业是一件艰苦卓绝的事情，是需要时间也需要不断努力去经营的，不是一朝一夕就可以做成的事情，所以必须有一个具有长远的战略眼光的人，为企业指明未来的发展方向。

马化腾是我非常崇拜的一位企业家，尤其他的高瞻远瞩的意识十分值得我学习，他就是一个非常典型的洞察者。二次元刚刚崭露头角，很多投资人尚未发掘其商机之时，马化腾就已经带领他的腾讯团队布局动漫业务。到了2016年，腾讯与中国最大的二次元社区、垂直平台B站进行了一系列的深度合作，赢得了不少二次元用户。

正是因为马化腾的高瞻远瞩造就了今天的腾讯，若马化腾没有足够敏锐的洞察力，损失了大量的二次元用户不说，恐怕腾讯也不会有今天的成就。在团队中，洞察者就是起着这样的一个作用：他们发现的任何一个商机，都有可能带给企业一个全新的变化，保持企业在行业中的地位。

有思路就会有出路。洞察者如果总结了前辈的经验，找到帮助企业运作的正确方式，明白团队做什么成功概率才是最大的，就可以带领团队正常发展。毫不夸张地说，每个成功的团队中都必然存在着一个洞察者。

2. 技术：乘“帆”远航

如果说企业团队是征途大海中的一艘帆船，那么技术就是这艘帆船的“帆”。技术在发展的企业中占有重要的地位，没有过硬的技术，企业很难在竞争中夺得一席之位，很难在市场中站稳脚跟。一个企业想要发展好就必须有过硬的技术作支持。

很多企业认为技术不重要，他们认为品牌、资金、服务等才是重要的。对于这种看法，我个人是十分不赞成的。

在移动互联网时代，技术绝对占据着生产的主导地位。纵观互联网的发展史，无论在什么阶段，从来都是技术推动了互联网革命的产生。了解技术是需要门槛的，任何一种技术的突破都是需要长期的积累，绝对不是几个领导人拍拍脑门就能够实现的，很多认为技术不重要的人，往往就是最不了解技术的人。

除出色的营销手段外，拥有一支强大的技术团队也是小米取得成功的核心原因。雷军曾表示，在成立小米的过程中，其曾将80%的时间都用在了找人上，值得一提的是，其所找到的7个合伙人几乎全部都具有技术背景。而在公司成立前期，雷军几乎每天一半以上的时间都用在人才的招募上，而为了说服一名资深的硬件工程师加入小米，小米的几个合伙人曾经用了整整12个小时轮流和他交流，直到最后工程师感到“体力不支”而同意加入。

无数经验表明，技术创新是企业的生命源泉。不进行技术创新，企业就不能继续生存下去；不持续创新，企业就无法发展。很简单的道理，不创新就灭亡，这对于企业来说是一条难以改变的规律。在互联网发展飞速的今天，没有技术作为支撑的企业是无法长久的，创业团队只有依托技术创新，更新产品，才能够开拓市场，从容地应对市场竞争。

对于任何一家企业来说，没有技术就如同鸟儿没有翅膀，纵使你的爪子再锋利，身体再强悍，也飞不起来。

3. 营销高手：推动团队发展的“风”

帆船想要航行，需要借助风的力量。在团队里面，营销高手就是推动发展的“风”。光有好的产品但是不会营销最后只能面临着被埋没的状况，酒虽香，也怕巷子深。

在互联网时代，营销不再是简简单单的销售了，营销已经深入到产品的设计、生产加工、配送、包装、售后的每一个环节，已经成为一种理念。在一个团队中，营销高手是不可缺少的，营销高手不但懂得如何销售产品，更重要的是可以借助自己的个人魅力将企业推广到更多的人面前，这对于企业的发展是十分有利的。

营销对于企业来说是万分重要的，可以说，营销贯穿着企业的整个生命周期，就如同企业会持续不断地提供产品和服务一样，营销就是企业运行环节中不可分割的一部分。像之前，很多创业团队虽然没有很系统、很明确的营销意识，但是几乎都会去做一些产品或者服务的宣传工作，其实这些都是营销的雏形。到了今天，很多团队应该已经有了这样的意识。既然营销是一个伴随企业整个生命周期的活动，那么企业家就应该用一种战略的眼光去安排，而此刻，企业团队无疑是需要一个营销高手的。

同一位置两家早餐店，同一个供货商提供的鸡蛋，只因为营销人员问法不同，“加不加鸡蛋？”“加一个鸡蛋，还是加两个鸡蛋？”就造成了两家店在鸡蛋营业额上的巨大差距，这就是营销的魅力。营销其实就是一门实战学问，所以那些所谓的营销案例和营销大师的成功学并不能拿来模仿，聪明的人还能学到一些精髓，不聪明的人很有可能会弄巧成拙。刚开始创业的公司最需要的就是要能够因地制宜，根据自身的条件和资源来策划营销活动，所以这时候很需要一个有很多实战经验的营销大师来帮助团队进行推广。

商场如战场，用户想要赢得商场，就要赢得市场占有率，用户就是企业所必须占领的“山头”，营销高手就是那个打头阵的人。拥有一个好的营销高手，也就拥有了市场。

洞察者、技术、营销高手对于企业团队来说都是缺一不可的，企业想要发展必须拥有一支可靠的团队，而这支可靠的团队则一定是建立在洞察者、技术以及营销高手同时具备的基础之上的。

股权结构清晰：谨防中国式散伙

在中国的企业模式中，有一种常见的聚散模式——哥们式合伙，仇人式散伙。很多企业之所以失败，最大的原因并非对手过于强大，其原因往往来源于内部：就是一起拼搏的合伙人可以共苦，却难以同甘，这在创业企业中更为常见。

我曾经见过很多合伙失败的当事人，也曾经对上百个合伙失败的案例做了深入细致的研究。我发现了这些合伙人的一个共同点：创业时期，大家都有一个共同的目标，那就是如何让企业能够发展壮大起来。那个时候，大家可以不怕艰苦，不计得失，只要企业能够发展，做什么都行。可是，一旦创业成功，企业走上正轨，稳步发展了，合伙人之间的问题也就来了。“排座次、分金银、论荣辱”，不是剑拔弩张内耗不止，便是梁山英雄流云四散。

万事开头难。企业家在创业初期，如何组建合伙人团队，团队利益如何分配，公司如何经营管理，是企业最核心的几个问题。这些都与同一件事有关：公司股权架构。对于任何一家企业来说，股权结构设计的好坏都将直接影响公司的发展，合理的股权设计方案，可以明晰合伙人之间的责、权、利，科学体现各股东对企业的贡献、权力和利益，有助于维护企业和项目的稳定，方便企业融资和进入资本市场。在企业融资后，也可以确保创业团队对企业的控制权。总之，清晰的股权结构是企业稳固的基石，企业管理者必须从专业、理性的角度去进行设计，再配以相应的管理机制，才能确保企业长久、稳定的发展。

1975 年比尔·盖茨和保罗·艾伦合伙创办了微软，比尔·盖茨占股 60%，保罗·艾伦持有 40%。1977 年 2 月 3 日，两人签署了一份非正式协议，协议明确指出两人持有股份份额分别是 64%和 36%。

1981 年 7 月 1 日，微软注册成为一家正式公司，此前微软一直采用的是合伙人制。公司注册成立之初，艾伦、鲍尔默和盖茨这三人各自占有

31%、8%和53%的股份，拉伯恩仅拥有4%的股份，而利特文和西蒙伊二人的股份加起来还不及2%。不难看出这些股票持有人与盖茨的关系都十分亲密，但是有些供职多年的员工，对股票的分配方式不满。

为平息不满，1982年公司开始发放年度奖金，并给员工配股。最开始的原始股份价值仅有95美分，公司的老员工得到的原始股股份较多，最新录用的软件工程师也能得到2500股。为员工配股之后微软公司的加班费被取消，这引起了员工们更多的抱怨。甚至还有一些员工的家人把当时分得的股票当成笑话。但这些原始股票到了1992年初出现了超过千倍的暴涨，那些原始股最终升至1500美元。如果那些工程师一直持有着所有2500股原始股，那他们现在将获得近400万美元的资产。

与此同时，微软奖励员工的方式也基本成形：工资、股票认购权以及奖金。公司通常不付给员工高薪和加班费。但到了20世纪90年代，由于股票价格不断上涨，各类补偿金数目非常可观。每两年还配发新的认购权，雇员还可用不超过10%的工资以8.5折优惠价格购买公司股票。

微软的股权结构设计算是比较经典的成功案例了，既保证了创立之初合伙人的既得利益，又兼顾到了后期的融资、人才的引进以及员工激励等方面的问题。可见微软的成功并不是偶然，每一步小细节都非常重要。

所以，我想提醒企业管理者的是，不管你和合伙人的关系有多么密切，都必须格外重视股权设计。

一方面公司创始人要考虑如何通过向实力雄厚的投资人和合伙人分配股权让公司得到更多的资源；另一方面公司创始人也要思考怎样通过科学的股权结构来确保创始人对企业的绝对控制。这是在公司的股权分配设计中需要重点考虑的两个根本问题。参与公司股权分配的人，除了公司合伙人（创始人和联合创始人）以外，还包括员工与外部顾问和投资方。所以，创业初期进行股权结构设计的时候，要考虑到后期融资、人才引进以及员工激励等方面的问题，在股权分配前期，预留出部分股份。我认为这部分预留的股份，可以分为三个部分。

1）股权激励份额

股权激励是培养员工主人翁意识的法宝，能有效提高员工的工作效率；在海外资本市场，股权激励甚至是获得投资人认可的必要条件。

2）预留新合伙人份额

前期预留充足的股权份额，有利于企业持续吸引优秀人才，为企业不断注入新鲜血液，保持企业的实力和活力。

3）预留融资稀释份额

融资是企业发展道路上的必要环节，每轮融资股份都会被稀释，因此需要将这部分预留出来。

这三部分股份预留出来后，创始合伙人再按比例分配剩余股份，预留的份额放入股权池由创始人代持。

在分配剩余股份的时候，合伙人之间的股权分配原则如下：

1）创始人绝对控股

创始人是公司的发起人、最核心的精神领袖和利益相关者，同时也是企业发展方向和经营策略的决策者，所以必须享有绝对控股权。

2）杜绝平均主义，分配规则尽早落地

企业的股权分配绝对不能搞平均主义，而且在进行股权分配时还要充分考虑每个合伙人所做出的贡献与所获得的股权份额是否匹配。

3）股权绑定，分期兑现

公司的股权价值是所有合伙人通过长期服务于公司而获得的，因此也会按照合伙人在公司工作的年限逐步兑现。股权绑定的好处是：一方面可以避免因为某个合伙人中途退出带走大量股权而致使公司陷入困境；另一方面能够有效平衡合伙人之间股权分配不均的情况。

4）遵守“契约精神”

股权分配最核心的原则是“契约精神”。对于所有创始团队成员来说，股权结构一旦确定，就意味着利益分配机制已经成形，除去后期的调整，接下来大家就应该认真履行定好的契约。

企业的股权结构设计不可能一蹴而就，更不可能一劳永逸，经营者要根据企业的发展速度、发展规模、资本投入、外部人才、资源引进等各方面因素综合考虑，随时用发展的眼光来解决发展过程中的问题。

还有一点需要提醒企业管理者，股权结构设计既要考虑创业团队的内部团结，又要考虑适应资本市场的融资与上市需要，最终形成有利于各方的股权合作模式，使企业获得应有的价值与利益，进而推动企业的持续发展。

【案例6】联想弘毅助力中联重科：合谋跨国并购，打造全球产业链

一个组织的发展，战略规划极为重要——谋划之前，风雨雷电均是天意率性而为；谋定之后，则峰峦奔流不过是人为的意念起伏。打造全球化产业链的人，心中一定能收纳山河。

对于今日名闻天下的高端装备制造企业中联重科而言，在其发展过程中，便是因为其全球化战略的设计、策划与实施，并很好地借助了资本的力量，使其一跃成为行业领军企业和全球化的公司。

中联重科创建于1992年，主要从事建筑工程、能源工程、交通工程等国家基础设施建设工程重大高新技术装备的研发、制造。2000年，中联重科制定了全球化战略，战略目标是成为海外销售收入占总收入的比例超过50%的大型跨国公司。为实现这一目标，中联重科推出了两大策略：一是在全球各地建立生产制造基地；二是利用全球资本和资源，进行全球化产业并购。

天赐良机：在全球化战略目标下，寻找有协同效应的收购对象

说到做到！自2001年以来，中联重科先后共耗资4亿元人民币，进行了4起大型并购：2001年11月整体收购英国保路捷公司；2002年12月兼并老牌国有企业湖南机床厂；2003年8月收购浦沅集团——这一次极为关键的并购，使得中联重科的销售收入从2003年的11.73亿元一下子跳跃到2004年的33.80亿元，同比增长188.11%；2004年4月收购中国环卫机械行业第一品牌“中标”实业……

一系列并购让中联重科的业务版图急速扩张：从最初单纯的混凝土机械扩大到起重机械、混凝土机械、环卫机械、路面机械、土方机械等多个领域，成为国内产品谱系最完整的工程机械制造企业。与此同时，中联重科的销售收入也从2000年刚上市时的2.45亿元人民币飞速上升到2007年的89.73亿元人民币。

在尝到了资本运营的甜头后，中联重科对并购机会，尤其是关键性的国际并购机会异常重视，而赛法公司股东出售股权正是这样的机会。

赛法公司成立于 1928 年，是混凝土机械制造行业排名全球第三的企业，也是唯一能够全面提供各类混凝土设备的企业。赛法公司的产品性价比很高：相对于行业全球冠、亚军普茨迈斯特和施维英，具有 10%—20% 的价格优势；相对于亚洲混凝土机械制造商，具有明显的技术与品牌优势。之所以要卖，主要是因为其负债率高达 83%，盈利能力不强。

全球排位第三的企业不是有钱就能买到的，何况收购赛法公司还跟中联重科的发展战略极其吻合，能助其实现完善的产业链，尤其是弥补其在混凝土机械制造方面的短板。在这一领域，中联重科不及国内的主要竞争对手，但收购赛法公司后，中联重科不仅可以超越国内竞争对手，甚至有望成为混凝土机械制造领域的全球“老大”。更难得的是，中联重科可以借此并购实现全球化战略发展。

天赐良机！在收到赛法公司股东要出售股权的消息后，中联重科马上组建了并购工作小组，对赛法公司的人力资本、制造成本、销售渠道等进行初步研究、评估。并购小组发现，赛法公司在技术工艺、产品质量、销售渠道、品牌知名度、研发能力等方面均具有一定优势，只是人力成本较高——意大利没有大量廉价的劳动力，招聘新的工人是非常难的事情，尤其是新建的工厂。赛法公司的员工大都居住在工厂周围半径 15 公里的区域内，对工厂的黏性非常强，人力成本自然非常高。而人力成本相对低廉，这恰恰是中联重科的优势。

并购小组最后得出的结论是，无论是在制造成本方面、销售网络方面、品牌方面还是采购成本方面、产品技术方面以及产品制造方面，中联重科与赛法公司的协同效应均十分明显。

在产生竞购赛法公司股权念头的第一刻，中联重科董事长詹纯新就想到了弘毅投资总裁赵令欢——一位熟知跨国并购流程的投资家。二人达成了合作共识后，以赵令欢为首的弘毅投资开始为中联重科“奔波”。他们去了一趟米兰，考察当地经营环境，回来后建议中联重科再“绑定”两家投资机构：一家是米兰当地的曼达林基金，另一家是美国的高盛集团。

总之，弘毅投资希望组成一个既熟悉中国国情又具有国际视野的投资机构组合。弘毅投资本是中联重科的股东，是中国本土基金，其对中联重科的发展战略、并购价值和并购后中联重科与赛法公司所能产生的协同效应有深刻的理解。而引入熟悉西方商界游戏规则的曼达林基金和高盛集团则可以为收购、整合设立“文化缓冲地带”，减少因并购双方商业环境、文化理念、法律法规、会计税务制度、工会制度差异所带来的诸多融合性风险。

步步为营：用资本运营和沟通技巧，化解并购巨大风险

步步为营不是败退之时的谨慎，而是意图进取之际的韬略。

应该说，弘毅投资的安排非常周到。三家投资机构为中联重科成功并购赛法公司起到了重要作用。其主要体现在四个方面：

首先是合理交易结构和主体的制定。这是三家投资机构为中联重科带来的最重要的增值服务，其可以让中联重科合法合规并以较低的交易成本收购赛法公司，同时还能让其在并购后以较低的成本顺畅地运营。直白地说，就是合法地让资金流动并合理避税。

在三家投资机构的建议下，中联重科进行了6步资本运营。

第一步：2008年5月28日，在香港设立了一家全资控股子公司——中联重科（香港）控股有限公司；2008年6月10日，中联香港成为中联重科的全资控股子公司；2008年8月8日，向中联香港注入资本74100000.03港元；2008年8月29日，向中联香港增资至526500000.03港元。

第二步：2008年6月23日，在香港设立特殊目的公司A——中联重科

海外投资管理（香港）有限公司；2008 年 8 月 18 日 A 公司成为中联香港全资控股子公司；2008 年 9 月 2 日，中联香港向 A 公司增资至 448500000.01 港元。

第三步：2008 年 7 月 31 日，在香港设立特殊目的公司 B——ZoomlionCifa (Hong Kong) Holdings Limited[ZoomLionCifa（香港）控股有限公司]；2008 年 9 月 10 日，A 公司与弘毅投资、曼达林基金、高盛集团 3 家投资机构共同向公司 B 出资至 2.71 亿欧元，其中公司 A 出资 1.6 亿多欧元，持有 60% 股权，Sunny Castle International Limited（阳光城堡国际有限公司）作为弘毅的投资实体合计出资 4890 万欧元，持有股权 18.04%；高盛的投资实体 GS Hony Holdings I Ltd. 出资 3500 万欧元，持有 12.92% 的股权。而曼达林的投资实体 Ace Concept Holdings Limited 则出资 2450 万欧元，持有 9.04% 的股权；

另外，中联重科还与弘毅投资、曼达林基金、高盛集团 3 家投资机构约定，在收购完成 3 年之后，自己可随时用价值高于后者初始投资的现金或自己的股票购买后者在 B 公司的股份。

第四步：卢森堡公司 A{Cifa（Luxembourg）Holdings S.a.r.l [Cifa（卢森堡）控股有限公司]} 于 2008 年 8 月 11 日，以 12.6 万欧元的资本在卢森堡成立，同年 9 月 12 日 ZoomlionCifa(HongKong) Holdings Limited 向卢森堡公司 A 进行增资，出资总额为 2.71 亿欧元，并持有卢森堡公司 A 全部股权。

第五步：卢森堡公司 B{Cifa（Luxembourg）Holdings S.a.r.l} 于 2008 年 8 月 11 日，以 12.3 万欧元（约合人民币 119.68 万元）的资本在卢森堡成立，同年 9 月 12 日 ZoomlionCifa（Luxembourg）Holdings S.a.r.l 向卢森堡公司 B 进行增资，出资总额为 2.71 亿欧元，并持有卢森堡公司 B 全部股权。

第六步：意大利特殊目的公司 CifaWorldwideS.p.A. 于 2008 年 8 月 27 日，以 12 万欧元的资本在意大利米兰成立，同年 9 月 22 日 Cifa(Luxembourg)Holdings S.a.r.l 向该意大利特殊目的公司增资，出资总额为 2.71 亿欧元，并持有意大利特殊目的公司全部股权。

其次是与中联重科共同出资。中联重科最终收购赛法公司的价格是 3.755 亿欧元，这个价格包含赛法公司的长期负债。换言之，需要中联重科马上支付合计超过 28 亿元人民币的股权转让款和交易费用。而中联重科 2007 年的净利润仅为 13.34 亿元人民币，引入外部资金对中联重科是必须做的事情。最终 3 家投资机构合计出资 1.084 亿欧元。

再次是帮助中联重科融资。要支付的 2.71 亿欧元中需中联重科出资的为 2.53 亿美元，其中只有 5000 万美元为中联重科自筹，其余全部为借款。

最后是帮助中联重科进行并购后的整合。在这方面出力最多的是弘毅投资。并购刚刚完成，美国次贷危机就爆发了，金融危机的降临致使赛法公司在 2008 年亏损 6000 万欧元，巨额亏损让投资了 4000 万欧元的弘毅备感压力。为此，赵令欢把绝大多数时间都花在了中联重科与赛法公司的事上。

当时，詹纯新发现，由于迷恋歌剧，因此常常在关键时刻找不到赛法公司的 CEO 法拉利。显然，必须换 CEO。詹纯新做出了决定，去落实的人则是赵令欢。为了不动摇军心，赵令欢和法拉利开诚布公，陈明利害，最终成功说服其到中联重科总部出任分管全球收购的副总裁。

皆大欢喜：资本帮助企业实现跨越式发展，并斩获巨大收益

产业资本的最大魅力，在于串点成线、点石成金。

2008 年 9 月 28 日，中联重科与赛法公司正式签署整体收购交割协议，完成了对赛法公司所有股份的收购。全球规模最大的混凝土机械制造企业由此诞生。

其后，中联重科与赛法公司进行了一系列整合：管理、技术、人才、市场……整合的效果良好，让赛法公司迅速走出了金融危机的泥淖：在许多有名的欧洲制造业企业停产的境况下，赛法公司自 2009 年 4 月以后扭转了销售收入下

滑的态势，二季度销售收入比一季度大幅增长近50%；2009年底赛法公司在欧洲同行中率先实现盈利。到2012年，赛法公司已彻底恢复了元气，仅上半年的利润就达到了2007年全年利润的2倍。

除了财务数据，还有一件事可以说明中联重科并购赛法公司是非常成功的，即2011年1月25日詹纯新获得了“莱昂纳多国际奖”。该奖项是意大利最权威的经济人物大奖，设立18年来首次颁发给一位中国企业家。意大利总统府纳波利塔诺亲自为詹纯新颁奖，以表彰他为意大利经济发展做出的贡献。

与其同时，中联重科也因并购赛法公司实现了跨越式发展。2012年，中联重科在国际工程机械制造行业的排名一跃上升至第6位，并无可争议地坐上了全球混凝土机械制造企业的头把交椅。

可以说，中联重科并购赛法公司是一次实现了多赢的资本运作，获益的除了中联重科和赛法公司，还有弘毅资本、曼达林基金和高盛集团，他们以不到1.1亿欧元的投入获取了赛法公司多年高速成长的“红利”，实现“低价买进、溢价卖出”的投资目标，尤其是弘毅投资，除了直接参与此宗收购以外，同时它还是中联重科第二大股东，同时斩获了赛法公司高速增长及中联重科因这次收购实现的跨越式发展的双重“红利”。

最为难得的是，此次并购案为业界上了一堂经典而生动的案例课程：中国企业如何全球化？行业领先企业如何打造强大产业链？

中联重科并购赛法公司的案例已成经典，它曾与联想收购IBM、TCL收购汤姆逊、中远太平洋获得希腊比雷埃夫斯港3S年特许经营权、华菱集团收购澳大利亚FMG公司17.34%股权一同入选首届中国海外投资五大经典案例，并被收入哈佛大学经典案例库，不仅获得了国内专家、学者的高度认可，还被国内其他企业，甚至竞争对手效仿。2012年1月，三一重工联合中信产业投资基金斥资3.6亿欧元收购德国工程机械企业普茨迈斯特100%股权，采用的也是与专业投资机构联手的方式。

多赢为胜！

【投资人思考】：如何利用专业资本蕴含的文化融合力？

随着21世纪的来临，中国企业海外并购越来越多。但在2008年以前，中国企业的跨国并购几乎都是“独资全额收购”。相对有代表意义的案例包括：中投集团出资30亿美元参股私募巨头黑石、上汽集团耗资5900亿韩元买入48.92%的双龙汽车股权、中国平安购入富通集团9501万股股份、TCL 2004年收购法国电视机巨头汤姆逊等。

相关数据显示，当时中国企业海外并购失败率高达67%。失败率高的因素主要有三：一是误判行业与市场发展趋势、误判被并购企业的经营情况；二是在管理理念、企业文化等方面与被并购企业有差异且不知如何融合；三是对被并购公司所在国的法律、劳务、税收等信息了解不充分。

中联重科在并购赛法公司时一开始就引入弘毅投资，继之由弘毅投资引入曼达林基金和高盛集团，或者说引入专业投资机构，从而规避了上述导致跨国并购失败的诸多因素，这是该案例成为经典的最大原因。

换言之，中联重科对跨国并购模式进行了创新，形成了较强的示范效应。自那以后，中国企业与专业投资机构联手进行跨国并购成了“新常态”。由此，国内的专业投资机构，尤其是私募股权投资基金也走上了国际舞台，并在这一过程中与国际专业投资机构“共舞”，在助力中国企业国际化的同时，也逐步完成自身的国际化。作为一个私募股权投资基金的负责人，我觉得这是该案例的另一价值。国际化是我们GIO华兴控股集团的战略之一，我们与罗斯柴尔德家族的结盟成立离岸基金，就有这方面的考量。

另外，这个案例给我印象最深的是弘毅投资与中联重科“亲如一家”的关系。中联重科之所以一开始就拉弘毅投资“入伙”有主客观两方面的原因：客观原因是跨国并购经验不足，且财力不足，需要找帮手；主观原因是弘毅投资本就是“一家人”。2006年5月，中联重科进行“国企改制”，引入民营资本，弘毅投资受让深圳金信安持有的中联重科15.83%股权，成为中联重科第二大股东。

实际上，除并购赛法公司外，弘毅投资还参与中联重科其他一些资本运营：2010年1月中联定向增发世界借贷租赁体系、超重型起重机产业化等10个项目，弘毅再一次出资9.84亿元下筹。以早期股价为每股18.70元来计算，弘毅投资一举获得5263万股，其产业一期基金也成为第一大认购股东。2012年4月，中联香港发行2017年到期的4亿美元利息6.875%的美元债券；同年12月，中联香港发行2022年到期的6亿美元6.125厘优先票据，背后也都有弘毅投资助推。

特别值得一提的是，2014年8月，弘毅投资再次助力中联重科并购——并购奇瑞重工80%股权，其中中联重科出资20.88亿元获得奇瑞重工18亿股，占比60%，弘毅投资出资6.96亿元获得奇瑞重工6亿股，占比20%。借助这次收购，中联重科进入了农机市场，迈出了转型的步伐。

众所周知，自2012年开始，工程机械行业的景气度开始下降，农机行业则在农业现代化的市场拉动下和国家相关政策的扶持下迎来了黄金发展期。据我了解，与并购赛法公司一样，在并购奇瑞重工一事上，弘毅投资也不仅仅是个出资人，其更重要的角色是对象物色者、方案提供商、投资咨询人，最先与奇瑞重工接触的是弘毅投资，而非中联重科。

与弘毅投资一样，GIO华兴控股集团理念也是与被投资企业长期合作、共同成长。

该案例还值得称道的是弘毅投资没有“吃独食”。中国企业，包括专业投资机构的一大问题就是喜欢“吃独食”，想当然，觉得自己什么都能“摆平”。对于专业投资机构而言，控制风险是首要的，合作不仅能分散资金方面的风险，也能化解由行业或国度的不同差异带来的政策、法律、文化等方面风险，所谓隔行如隔山，“隔国如隔海”，失之毫厘、谬以千里。以并购价格为例，专业与不专业给出数目可能有天壤之别，不专业没准就会被“宰”，专业才是低成本的根本保障。中联重科并购赛法公司的价格就比较合理——综合市净率、可比公司分析法、可比交易先例分析法、贴现现金流分析法而言，因为弘毅投资、曼达林基金、高盛集团都是专业投资机构。现在是一个合作的年代，我们都应该只做自己最擅长的事情。对实业企业如此，对投资机构同样如此。

总之，区别“独资全额收购”模式，中联重科联手弘毅资本、曼达林基金、高盛集团共同实施跨国并购的模式，在充分发挥专业投资机构的咨询服务、融资、风险管理、资源配置等功能的基础上，不仅有效地化解了中国企业在进行跨国并购时遇到的一系列难题，还实现了财务上的“四两拨千斤”，为中国企业联合专业投资机构，尤其是私募股权投资基金进行跨国并购树立的榜样，并为提高中国企业跨国并购的“存活率”，为推动中国企业的国际化探索出一条可行的道路。

第三部分

寻找下一个产业资本风口

本部分内容以举例的方式讲我所关注的一些热门投资行业的投资空间、投资点与投资注意事项。限于篇幅我只讲五个行业：金融业、智能制造业、大健康业、现代农业、旅游行业。它们都有着广阔的市场空间和众多的细分领域，需要持续性的技术与商业模式的创新。我认为考察投资项目除了团队之外，技术与商业模式的情况也是需要重点关注的。

第 7 章

// 金融业：跟随普惠的脚步

普惠金融：一片潜力无限的新蓝海

经过 30 多年的发展，在 2013 年前后，中国经济发展开始“换挡”：稳增长、调结构、促改革。对稳增长来说，调结构与促改革不再只是“锦上添花”，而是“雪中送炭”，或者说，调结构与促改革成了稳增长的引擎。

发展金融业是调结构与促改革的重头戏之一：一方面金融属于高端服务业，发展金融业是产业高端化、提升服务业在国民经济中的比重的基本手段；另一方面金融是经济的血液，是实现资源配置市场化的“抓手”，要实现产业升级就不能不搞活金融。换言之，搞活金融有助于实现国民经济增长方式的转变：从要素投入驱动到技术创新驱动。

现在大家有一个共识：以“促改革”带动“调结构”。发展金融业就是以“促改革”带动“调结构”的一个具体实例。基于此，也就不难理解为什么金融改革成了各项改革的先行者。早在 2012 年，党的第十八次全国代表大会对金融改革提出了原则性要求：要深化金融体制改革，健全促进宏观经济稳定、支持实体经济发展的现代金融体系。

与其他领域一样，这次金融改革是从开放做起的，即放松市场准入条件，尤其是对内，即民营企业开放。一般来说，对内开放要优先于对外开放，对内开放是对外开放的基础。

这方面最显著的标志是允许民营资本进入过去不能进入的一些金融领域，尤其是设立银行。2013 年 6 月 19 日召开的国务院常务会议提出，探索设立民间资本发起的自担风险的民营银行和金融租赁公司、消费金融公司。

其后，包括阿里巴巴、腾讯、苏宁云商在内的 10 家民营企业成了第一批民营企业开银行的试点企业。2015 年 3 月 5 日，在第十二届全国人民代表大会第三次会议上，国务院总理李克强在政府工作报告中强调“推动具备条件的民间资本依法发起设立中小型银行等金融机构，成熟一家，批准一家，不设限额”。2015 年 6 月，国务院办公厅转发银监会《关于促进民营银行发展的指导意见》。该意见的出台标志着民营企业自行发起设立银行已“常态化”，即只有资本数量与技术水平的限制，没有企业类型的限制了。

对民营资本开放只是金融改革的具体内容之一（其他的内容还有放松价格管制和增加金融工具，前者包括取消贷款利率下限、取消票据贴现利率管制、扩大人民币汇率浮动区间等，后者包括推出国债期货、扩大融资融券规模、准允企业发行优先股、准允企业发行公司债等），典型性虽强，但成果却并非是最显著的。成果最显著的是所谓新金融的发展，包括支付、众筹（主要是股权众筹与债权众筹，即 P2P）、互联网理财、消费金融、供应链金融、金融科技……实际上，在新设立的民营银行中有一些主做的正是新金融。

这主要是因为我国的金融改革是在一个大背景下进行的，即互联网金融浪潮来临。互联网 + 金融不仅带来了新的金融产品、新的商业模式、新的业务形态、新的盈利方法，让有条件的企业尤其是民营企业奋勇争先，更强化、普及了一种理念，即普惠金融。普惠金融并非天生就与互联网有关，其最初的基本形态是小额信贷和微型金融。最知名的普惠金融的实践者是巴基斯坦的信德银行（Sindh Bank）。信德银行是国有企业，地区性银行，主要为中小企业提供小额贷款和其他银行服务，特别是向小农户提供农业贷款。经过多年的发展，目前普惠金融已经涵盖储蓄、支付、保险、理财和信贷等产品和服务，其中有的让交易更为便利，有的改善了居民生活，有的对创业进行支持。无论哪种方式，最终都提高了资源配置效率和增进了社会福利。但利用互联网技术能够更好地实现金融的普惠化，这主要是因为互联网金融在做普惠金融时具有技术优势和组织优势。前者是指依托大数据与智能化等方面的技术，可以将风险控制做得质量更好、成本更低，后者则是指可以通过互联网来进行借方和贷方的匹配。

成立于2016年12月的新网银行即是依靠技术与数据驱动的一家典型的互联网银行，它主要由民营资本小米、新希望、红旗连锁等共同投资创建，推出了“创客贷”“好人贷”等互联网金融产品。

我国进行金融改革的目的就是为了让金融更为普及，以更好地支持实体经济，尤其是消费升级与中小企业的发展。众所周知，由于历史原因，我国的金融产业长期处于体制内，虽然机构较多，但服务基层的很少，它们大都只面向大中型企业。其造成的结果一是个人消费潜力未被充分挖掘，二是大量小微企业的融资需求得不到满足。应该说，金融危机后，我国的民间金融已开始渐露头角，主要是小额贷款与理财市场升温，但由于不具有规模效应，同时又增加了产业链环节，实际利率非但没有下降，反而上升了，不利于消费升级与小微企业的发展。

统计显示，目前我国有7000多万家小微企业，平均每家小微企业的资金缺口约为70.5万元。小微企业是经济活动中最具活力的群体，让他们更方便地获得资金支持，对盘活整个经济、改善民生均具有重要作用，这就是在经济发展放缓的“新常态”来临后中央政府一再加码金融改革的根本，传统的金融体系与服务无法实现金融的普惠化。正是基于这种认识，2016年1月，国务院印发了《推进普惠金融发展规划（2016—2020年）》。该规划是我国首个发展普惠金融的国家级战略规划，其中提到了“创新金融产品和服务手段”“加快推进金融基础设施建设”“提升金融机构科技运用水平”。

综上所述，不难看出，互联网金融与普惠金融关系密切。中央政府推动金融普惠化意味着互联网金融获得了巨大的发展空间。事实也印证了这一点。目前，在互联网金融领域，我国互联网企业已是全球引领者。2016年3月，互联网金融连续第三年写入政府工作报告。报告显示：我国互联网金融市场将在2016年达到17.8万亿元的规模，而在未来五年内，该行业的年均复合增长率将达到24.67%，预计到2020年，将实现43万亿元的市场规模。

另外，与互联网金融的发展相伴，在我国金融科技市场也一直在升温。实际上，互联网金融、金融科技、普惠金融的内涵与外延虽然不尽一致，但交集“占大头”：互联网金融是从业务形态说的，金融科技是技术角度说的，普惠金融则是从功能与目的角度说的。三者是相辅相成的关系。金融科技利用区块链、云计算、大数据、移动互联网等技术对金融进行改造、革新甚至颠覆，让其成为互联网金融，进而更好地实现金融的普惠化，让普惠金融时代来临。因此，在普惠金融的实践中金融科技是不可或缺的是不可少的。

让互联网和高科技为金融“加持”

市场热投资不一定热，但创新热肯定会带来投资热。互联网金融作为一种新事物，必然会得到投资者的关注。

下面让我们按互联网金融和金融科技来挂一漏万地简述一些有代表的投资案例。

1. 互联网金融

英国剑桥大学发表的一份报告显示，2015年中国互联网金融市场融资额占亚太地区总成交量的99%，高达1017亿美元，高居亚太地区榜首。从市值上看，全球前五大互联网金融机构中有4家是中国企业：蚂蚁金服以600亿美元左右的估值居于榜首，远超排在第二的美国支付公司PayPal。另外，陆金所、京东金融、趣分期分别位列第三至第五位。可以说，在互联网金融领域我国已冠绝全球。

说到国内互联网金融领域的投资，就不得不说到蚂蚁金服，因为从某种意义上说它是我国乃至全球互联网金融的开创者，也是互联网金融创新的集大成者。

其以支付为基础，逐步发展出了银行、互联网理财（各种“宝宝”）、供应链金融（2B，小贷）、消费金融（2C）……

蚂蚁金服于2014年10月正式宣布成立，旗下拥有支付宝、支付宝钱包、余额宝、芝麻征信和网商银行等。

2015年7月3日，蚂蚁金服对外宣布已完成A轮融资，引入“国字号”资本，包括全国社保基金、国开金融、中国人寿等在内的8家战略投资者。

2016年4月26日，蚂蚁金服宣布完成B轮融资，融资额超过45亿美元。融资完成后，蚂蚁金服估值已达约600亿美元，与交通银行A股市值相当。此次参与蚂蚁金服B轮融资的战略投资者，包括中投海外和建信信托（中国建设银行下属子公司）分别领衔的投资团。蚂蚁金服融资的45亿美元，成为全球互联网行业迄今为止最大的单笔私募融资。

如不出意外，蚂蚁金服将在2017年上市。一些业内人士预测，上市后其市值至少会达到1000亿美元。这意味着A轮与B轮投资者均会获得不菲的收益，保守估计A轮至少翻番，B轮也得有30%以上。相对于一两年的投资期，这个收益算很高了。

蚂蚁金服属于基于电商平台的综合性互联网金融企业。实际上，市场上获得投资更多的互联网金融企业是业务相对单一的创业企业，最典型的是P2P平台。尽管P2P领域问题成堆，但不容否认，其中也有一些质地比较好的创业企业获得了资本的青睐。

宜人贷是2012年成立的网贷平台。2015年12月18日，宜人贷作为中国互联网金融第一股登陆纽交所，共计发行1500万股，融资额达7500万美元。宜人贷挂牌当天开盘价10.07美元，市值超过1.5亿美元。从2016年2月下旬开始，宜人贷股价一路上扬，目前宜人贷的市值为18.7

亿美元，成为卓越的“十倍股”，这意味着投资者已获得超过10倍的回报。

拍拍贷成立于2007年，于2012年10月完成了A轮融资，投资方是红杉中国，投资金额未披露，估计为2500万美元。2014年4月9日，拍拍贷成功完成了由光速安振中国创业投资基金、红杉资本以及纽交所上市公司诺亚财富投资的5000万美元B轮融资。2015年3月，拍拍贷完成C轮融资，融资金额没有具体透露，但远超B轮，约为近亿美元，由联想控股旗下君联资本和海纳亚洲联合领投，VMS Investment Fund、红杉资本以及光速安振中国创业投资基金等机构跟投。据道琼斯报道，拍拍贷计划赴美上市，最早于2017年下半年在美国进行首次公开募股，估值或可达20亿美元左右。

不仅仅是国内的P2P企业得到了内外投资机构的投资，一些国际P2P企业也得到了中国资本的青睐。

2. 金融科技

麦肯锡的数据显示，2015年，全球投入金融科技领域的资金是2011年的近8倍，高达191亿美元。而在2011年到2015年这短短四年时间里，流入该领域的资金就超过400亿美元。在强大资本的支持下，全球的金融科技公司已超过2000家。

前瞻产业研究院的报告《中国科技金融服务深度调研与投资战略规划分析报告》显示：2015年，我国金融科技VC融资总额超过145亿美元，是当年最吸金的领域，遥遥领先于其他行业。2016年11月17日，毕马威和CB Insights共同发表了一份名为《全球金融科技行业脉搏》的报告。该报告显示，2016年第三季度，风险资本对中国金融科技的投资额达到了10亿美元，环比上升67%，这与此领域投资连续两个季度下跌的全球趋势大相径庭。可见，中国金融科技依然是风投的心头好。

业内的很多投资机构已经开始抢先布局，将金融科技视为战略重点。金融科技被资本市场热捧主要有两个原因：一是它的应用范围广。作为技术底层，Fintech的科技如区块链，不仅实现了和金融的结合，还将直接影响物联网、网络安全以及身份信息管理等行业的发展。二是规模庞大，中国拥有全球最大的金融科技市场。

金融科技涉及许多技术，其中最主要的是以下三项：区块链、大数据、人工智能。

1）区块链

据有关网站统计，全球区块链领域吸引的风险投资已从2012年的200万美元增加至2015年的4.69亿美元，3年翻200多倍。根据Venture Scanner公司发布的数据，全球区块链创业企业融资总额截至2016年9月，已经达到17.9亿美元。区块链被认为是未来会颠覆金融行业的技术。

表7–1是2016年1月至9月国内区块链创业公司融资情况统计。

表7–1　2016年1—9月中国区块链创业公司融资情况

公司	业务	时间	轮次	融资金额/元人民币	本轮投资方
快贝网络	虚拟货币	4月	天使轮	500万	唯嘉资本
招股科技	区块链服务提供商	5月	天使轮	1500万	前海汇潮、投资网
水滴互助	网络互助保障平台	5月	天使轮	5000万	IDG、高榕资本、新美大、点亮基金、真格基金
保全网	电子数据保全存管机构	5月	天使轮	数千万	未透露
嘉南耘智	比特币矿机服务商	6月	被并购	30.6亿	鲁亿通
人人互助	网络互助保障平台	6月	天使轮	数百万	91金融
同心互助	网络互助保障平台	7月	A轮	数千万	未透露
金股链	区块链众筹应用平台	7月	天使轮	500万	创势资本、金艮资本
云象区块链	企业服务应用	8月	天使轮	300万	临潮资产
布比区块链	区块链技术产品服务商	8月	pre–A轮	3000万	启赋资本、招商局、创新工场、界石投资、万向分布资本
趣链科技	区块链技术研发	9月	未知	1750万	浙大网新、信雅达、浙江君宝通信

2）大数据

IDC 发布的关于中国大数据技术和服务市场的首份报告《中国大数据技术与服务市场 2012—2016 年预测与分析》显示，从 2011 年到 2016 年，大数据市场规模已经实现了从 7760 万美元到 6.17 亿美元的增长，预计未来 5 年里，其复合增长率将达 51.4%，市场规模极有可能实现 7 倍的增长。

中国领先的金融数据和分析工具服务商 Wind 资讯，在证券信息数据行业是知名而又神秘的公司，业务包括行业数据、股票、基金、证券等数据处理与分析。目前 Wind 资讯的估值已高达 600 亿元人民币，Wind 资讯创始人陆风更是身家不菲，跻身胡润富豪榜。

"IT 桔子"推出了一个"2016 年度中国企业服务领域创业公私估值榜 TOP100"，在这里我们截取出大数据企业的融资情况，看一下行业态势（表 7–2）。

表 7–2　2016 年度中国企业服务领域大数据企业融资情况

公司名称	最新获取轮次	公司估值 / 亿元人民币
TalkingData	C 轮	36
九次方	C 轮	35
聚合数据平台	C 轮	35
百分点	D 轮	23
海致 BDP	C 轮	16
明略数据	B 轮	14
华院数据	B 轮	12
第四范式	A 轮	6.5
GrowingIO	A 轮	6.5
海云数据	A 轮	6
杭州数云	C 轮	6
昆仑数据	B 轮	5
SequoiaDB	B 轮	5

3）人工智能

在金融领域，人工智能被广泛应用于各种服务场景中，比如风险控制、保险定价、客户服务以及信贷决策等。

人工智能同样是2016年最热门的投资领域之一。2015年，全球共有超过800家人工智能企业成立。2015年全球人工智能市场规模约为484亿元人民币。有人预测到2020年，全球人工智能市场规模将达到1190亿元人民币。

中国在人工智能浪潮中表现抢眼。2015年，中国人工智能领域投资达到146笔，总额超过26亿美元。百度、腾讯、阿里巴巴等互联网巨头都将人工智能提高到了战略层面。

下面的人工智能企业融资数据同样来自“IT桔子”（表7–3）。

表7–3 2016年度中国企业服务领域人工智能企业融资情况

公司名称	最新获取轮次	公司估值 / 亿元人民币
商汤科技	B轮	28
思必驰	C轮	17
依图科技	B轮	16
格灵深瞳	A轮	12
图灵机器人	B轮	12

立业更需力行：普惠金融的三项具体实践

同互联网一样，未来普惠金融同样会成为我们生活的必需品。由于互联网的介入，金融产业的诸多方面都会发生翻天覆地的变化。从上面的记述不难得知，普惠金融有许多细分市场，且都非常值得投资机构关注。下面我就从众筹平台、金融科技、互联网支付三个方面谈一谈相关细分市场的投资建议。

1. 众筹平台

“众筹”由 Crowdfunding 翻译而来，即大众筹资，现代众筹特指通过互联网发布项目并募集资金，以实物、服务、利息或股权等为回报的模式。众筹成为互联网下的融资新模式，无数草根创业者、众多的企业项目通过众筹得以启动。同时越来越多的普通民众通过众筹体验到投资的乐趣和收益。因此，众筹可以说体现出了一种共享经济状态，相对于传统的融资方式，其更为开放。

众筹从回报方式的角度，又可以分为奖励众筹、股权众筹、公益众筹和债权众筹这四大类。

1）奖励众筹

奖励式众筹又称回报式众筹或者预购式众筹，是指投资人在前期对项目进行投资，获得的相应的产品、服务或者收益。当前国内有代表性的奖励众筹平台有京东众筹、淘宝众筹。

2）股权众筹

股权众筹属于集资型众筹，就是企业定向出售自己的股权来获得资金，而投资者通过对企业进行投资来获得该企业一定比例的股权。目前国内知名的股权众筹平台有天使汇、大家投、原始会等。

3）公益众筹

公益众筹属于捐赠类众筹，指借助一些众筹类平台，项目发起单位进行善款的筹集，而投资者同样通过这些平台对一些自己感兴趣的项目或公司进行无偿捐赠。目前国内比较知名的公益众筹平台有新浪微公益、腾讯乐捐等。

4）债权众筹

债权众筹是指投资者通过对一家企业进行投资来获得一定比例的债权，其相应的回报是按照约定的比例得到的利息。目前比较著名的债权众筹模式有拍拍贷、人人贷、宜人贷、陆金所、积木盒子等 P2P 借贷平台。

有业内人士说：“众筹是继余额宝和第三方支付之后，第三波互联网金融变革的浪潮”。我深以为然。众筹在中国传统行业改造、创新等方面已起到一定作用。可以说，众筹不但是对传统融资模式的一种突破，也是一种自由、灵活的投资理财方式。

下面我谈谈对股权众筹和债权众筹平台的投资建议：

最近几年，众筹在国内的发展仍可以用遍地开花来形容。与此同时，出现了许多问题——P2P 领域是重灾区，跑路、倒闭等现象频发。有一些业内人士预测，P2P 平台至少有一半是有问题的，或者说是会死掉的。我认为这个预测仍过于保守。

由于在 4 类众筹中债权众筹是主流，其平台数量远多于其他 3 类，所以可以说众筹领域的问题是很大的。据说现在业内人士已因此不太讲互联网金融概念了，而讲金融科技概念了。

但这并不意味着众筹领域没有投资价值与机会。我认为未来众筹领域会出现两个比较明显的趋势，符合这两个趋势的企业值得投资机构重点关注。

趋势一：市场细分的深化。

市场细分是一个行业竞争激烈的结果，也是一个行业走向成熟的标志。

从整体来看，众筹的市场规模正在逐步扩大，而专业的市场区间也开始逐步被划分，传统包揽市场的业务模式已经没有办法继续下去，单个众筹平台将没有能力实现对各大专业市场的全面覆盖。只有细分市场才是众筹企业生存下去的唯一可行出路，不选择的企业将被边缘化甚至失去立足之地。

实际上，每一个众筹平台的定位原来就是有所区别的：从业务的角度、从地域的细分、从所投项目行业的角度、从投资对象的角度。

不论哪个维度的细分，其目的都是控制风险：对地域进行细分可以保证对所投人和项目的情况有更多了解——方便线下考察；对所投项目行业进行细分可以方便一些具有行业专业知识的投资人或投资顾问对项目的可行性与安全度进行准确的评估；对投资对象进行细分可以使万一发生损失投资者也是承担得起的。

趋势二：混搭模式的普及。

近几年，在众筹领域出现了混搭的苗头。首先是奖励式平台与股权式平台的混搭。Indiegogo是一例。其原本是奖励式平台，后来开始引入股权奖励——在许多公司，期权就是一种奖励。

其次，一些天使投资机构也开始搭建众筹平台，从而让股权式众筹与风险投资混搭，带有半私募半公众性质。这就带来了所谓领投+跟投的概念。通常，这些投资人可以被分为普通投资人、合规投资人两类，其中，合规投资人还可以分为专业投资人和经验型投资人。通常情况下，领投就是一些对该领域非常了解的专业投资者在进行详尽的尽职调查后，最终下了投资的决心，然后在其带动下，其他人也相继进行资金的投入，通过私募基金、特殊目的实体（SPV）有限合伙公司等方式实现资金的募集。这种模式的信息披露主要通过网络进行，而资金的周转绝大部分还是以线下为主。

最后，就是与其他专业人士的混搭。众筹最初的目的是让中小型企业和好的创新企业能够进行融资和生存，但现在来看，还需要解决相关的市场、税务、人才、法律、管理等的问题，所以众筹平台需要与市场、税务、人才、法律、管理等方面的机构进行混搭。现在已有人将其称为众建（Crowdbuilding）。

2. 金融科技

金融科技中我们应该重点关注的是快速成长的区块链、大数据、人工智能三个领域。如前所述，这三者均是具有普适性的技术，并非只适用于金融服务，所以也鲜见专门的金融区块链、金融大数据、金融人工智能企业。但相对而言，区块链的“金融属性”要比大数据、人工智能更强一些，因为它的第一个产品是电子货币——比特币，所以在此我只谈一谈比特币。

比特币是通过特定公式运算得到的一串代码，本身没有价值，但是人们却乐于把它当成一种货币，即数字货币。比特币的价格完全取决于人们对它的信心，并不受任何金融机构的影响，并不稳定。因此受到风险投资者的追捧。除了购买，也可以运用计算机通过计算方程组的特解来“开采”比特币，也有人称为“挖矿”，这个方程组被设计成了只有2100万个特解，所以比特币的上限数量是恒定的，即2100万。

比特币的最大特点是去中心化。人们使用比特币时，无须借助银行就能完成支付。2016年，金融巨头们把比特币背后的这种技术用在了支付交易、股票交易等领域。实际上，其也可以被用于选举投票等非金融领域，这种技术就叫作区块链。

用最简单的方式解释，区块链是一种去中心化的记账系统。打个比方，如果将简单的区块链结构比作一个书架，那么，区块就如同书架上的一本书，而交易就是书中整齐有序排列的众多自然段。就目前来看，比特币是区块链中应用最好，也是使用范围最为广泛的承载工具，两者之间相辅相成。

也可以说区块链是一种实时记录全部交易的去中心化公开数据。在区块链中，每一笔交易都是完全公开可见的，在区块链上进行支付时全网计算机共同验证这笔支付交易是否有效，所有的过程可以在几秒内完成，已发生的交易会记录下来，无法被篡改。尽管区块链技术目前还处于早期发展阶段，但可以肯定其将给现代金融格局带来深刻的变革。

在2016年的上半年，金融科技投资额创下纪录，亚洲也首次成为该领域投资额最高的市场。但是，一些投资机构认为，2017年金融科技投资市场将会略微降温，原因是一些初创公司遇到了技术瓶颈。

对这个领域进行投资，投资人考量的重点应该是被投资对象的技术能力，毕竟对于金融科技来说，科技是其核心因素，是一切的着力点和落脚点，是找到新的业务增长点和持续发展的引擎。

高盛投资银行部金融科技全球负责人Jeff Gido曾提出：“金融科技的下一步发展将会是大型银行和创业公司间的合作，这实际上是金融科技第三波发展浪潮。”在Gido看来，第一波浪潮中，监管制度有了变化，新科技和消费者偏好的转变主导了大笔投资。目前，我们正处于金融科技的第二波发展浪潮中，现有企业利用品牌和基础设施与创业公司竞争。而第三波发展浪潮将聚焦在公司与公司间的合作上。他说：“现在的融资环境不好，单打独斗的策略会让许多创业公司举步维艰。而对传统的金融服务来说，自己研发技术的花费也很大。这就是我们开始在这个行业见到更多双向对话的原因。”

我对这句话的解读是，面对金融科技第三波发展浪潮，专业投资机构应该更关注的是被投对象是否能够将相关技术更好地服务于传统金融企业，或者是传统金融机构通过技术研发进行革新自身。因此，我们的投资思路也应该适当改变，比如与相关的产业资本或具有较强产业资本背景的股权投资机构一起进行投资。这也是产融结合的一种方式。我认为在这方面存在着许多投资机会。

3. 互联网支付

在互联网金融中互联网支付是其中至关重要的一环，是所有金融服务的基础通道。做互联网支付需要牌照。截至2016年底，中国人民银行总共颁发了270张互联网支付牌照，支付宝、财付通、微信支付、拉卡拉、汇付天下、易宝支付、环迅支付、网银在线……其中阿里巴巴旗下蚂蚁金服的支付宝占据了互联网支付市场的“半壁江山”，腾讯旗下的财付通的市场份额约为20%。可以说，目前，蚂蚁金服与腾讯基本垄断了互联网支付市场。

不过，战争并没有结束。一个非常值得关注的现象是，最近一两年一些一线房地产企业先后投入巨资收购了拥有互联网支付牌照与技术的企业：

2014年底，万达以3.15亿美元收购快钱68.7%的股权。王健林认为搞电子商务一定要有自己的支付系统，万达收购快钱是给万达电子商务生态系打基础；

2016年8月，中国恒大收购了老牌第三方支付公司集付通；

同样是2016年8月，万科官方证实投资3亿元获取鹏金所第一大股东的席位，具体持股比例没有透露。鹏金所的全称是深圳市鹏金所互联网金融服务有限公司，致力于引导民间资金支持实体经济发展；

2016年12月，绿地集团收购了第三方支付机构山东省电子商务综合运营管理有限公司。

另外，京东、小米、乐视等互联网第二梯队企业也在支付市场上有一些动作：

2014年7月推出的京东支付，隶属京东金融旗下，在推出一年多的时间后就实现了2%的市场占有率，发展十分迅猛。

2016年9月，小米宣布推出小米旗下的移动支付服务“小米支付（Mi Pay）”。小米强调小米支付不仅支持银行卡，还支持公交卡，是全球首家同时拥有这两种功能的产品。2015年，乐视网发布公告称，公司正在积极运作通过资本运作的方式快速推出公司自主的第三方支付业务。2016年11月2日，乐视金融在其召开的以“生态时代，共享金融”为主题的百人会上宣布，未来，乐视将围绕网络支付、网络交易以及网络资管三大主线，建立一个包括“网络支付、交易平台、财讯平台、财富管理、网络信贷”在内的五大主营业务基本架构。但截至目前，乐视尚未获得第三方支付牌照。

这些企业有一个共同特点，即都拥有生态战略。从中不难看出，拥有生态战略的企业最需要互联网支付牌照与技术。生态战略是最新的商业概念，很热，代表着未来的发展方向，所以尽管投资机会有限，互联网支付仍值得重点关注。当然，这不意味着依托某些细分市场和特色业务的互联网支付企业就一定没有生存空间。

未来第三方互联网支付产品的创新方向主要有四个：电子商务市场体量巨大，支付企业开始走国际化道路；依托在线理财拓展新业务；转型 B2B 金融服务提供商；提升产业附加值。

这四点是专业投资机构对 2016 年中国第三方支付市场研究分析的基本结论。我想其或许会带给投资人一些灵感。

【案例 7】红杉中国布局互联网金融：全生态体系投资

“善治财者，养其所自来，而收其所有余，故用之不竭，而上下交足也。”宋代政治家司马光的这句话一语道破了金融对于国计民生的重要意义。随着时代的发展，现代金融业一方面越来越多地把我们每一个人的工作生活紧密联系在一起，另一方面它自己也在不断进化，而互联网化无疑是未来金融业发展的必然趋势。这一切都被在投资界摸爬滚打几十年的红杉资本看在眼里，于是，红杉资本大手笔投资互联网金融也就不足为奇了。

1972 年，红杉资本正式创建，40 多年以来，红杉资本屡为人先，并成为苹果、雅虎、谷歌等多家美国创新型公司的首家机构投资人。

2011 年，红杉资本开始关注中国互联网金融行业，结果是一连串的投资活动。2012 年，红杉资本中国投资拍拍贷。2013 年到 2014 年，红杉资本中国先后投资融 360、金斧子理财超市等 10 来家互联网金融企业。此时，红杉资本中国的投资团队日趋成熟，又恰逢创业公司数量呈现爆发式增长，红杉资本中国获得丰厚回报。2016 年初，红杉资本中国领投京东金融 A 轮 10 亿美元融资。

如今，红杉资本中国已在互联网金融领域投资数亿美元，大致完成了生态体系布局，借贷、金融服务、财富管理、互联网证券、金融基础设施等领域均有涉猎，只有互联网保险尚未落子。

市场为王：抓住普惠金融时代的新需求

红杉资本是 1972 年在美国硅谷成立的，创始人是唐·瓦伦丁。红杉资本是全球公认的有史以来最成功的两家风险投资机构之一，先后总共投资了 1000 多家企业，并曾经作为第一机构投资者的身份投资了苹果、谷歌、雅虎等创业公司。目前，红杉管理着 30 多支基金，管理资产的初始总额为 120 多亿美元。

红杉资本于2005年9月正式登陆中国市场，并成立了红杉资本中国基金。目前，红杉资本中国管理着9支基金，其中有美元基金，也有人民币基金，管理资产初始总额为24亿美元加约40亿元人民币。红杉资本中国基金的合伙人及投资团队既拥有国际投资视野又拥有本土创业经验，因而投资成效显著。迄今为止，红杉资本中国投资过的企业众多，涉及购物、应用软件、饮食、影视、运动、医药、在线教育等各个行业，包括新浪、阿里巴巴、大众点评网、开封药业、匹克运动、火币网等（图7–1）。

正如一些业内人士所说，红杉资本中国已经买下了中国半个互联网。

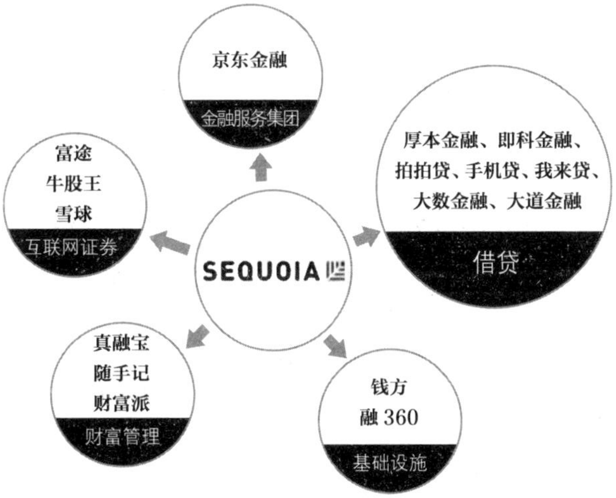

图7–1 红杉资本中国在互联网金融领域的主要投资

美国思想家爱默生说过：“一个机构就是一个人影响力的延伸”。对于红杉资本中国来说，这个人就是其创始人唐·瓦伦丁。所谓瓦伦丁的投资理念，可以用一句话总结：“投资于一家有着巨大市场需求的公司，要好过投资于需要创造市场需求的公司。”这句话被业内人士引申为更通俗的“赌选手，不如赌赛道”。因为太过强调市场对一家企业的意义，多年以来，这句话也是业内最具争议的名言。红杉资本中国因循了母公司的理念，在投资时非常重视赛道的选择。

2010 年以后，随着第三方支付、P2P 平台、众筹平台、互联网保险等新业务模式的出现，互联网金融市场开始成型。一时间互联网金融公司成了风险投资机构的“最可爱的人”之一。经过一段时间的考察，红杉资本中国认定互联网金融是一个非常宽的赛道，值得下重注，于是开始对互联网金融产业链上的一些企业进行投资。

时间到了 2014 年，一大批专业从事互联网金融业务的小型创业公司从市场上涌现了出来，并受到了风投资金的极大青睐，从这时起“互联网金融”已成为整个金融行业中最引人瞩目的领域，而 2004 年也因此成了彻彻底底的互联网金融年。

表 7-4 是红杉资本中国最近几年投资互联网金融项目的汇总。

表 7-4　2010 年—2016 年红杉资本中国所投的互联网金融项目

所投项目	投资轮次	投资金融	投资时间	时否为联投
拍拍贷	C	数千万美元	2015 年 3 月	是
	B	5000 万美元	2014 年 4 月	是
	A	2500 万美元	2012 年 8 月	
财富派	A	数百万美元	2015 年 3 月	
网金控股	B	数千万元	2015 年 2 月	是
我来贷	A	2000 万美元	2015 年 1 月	是
	A	1400 万美元	2014 年 6 月	是
厚本金融	A	未透露	2014 年 12 月	
随手记	B	数千万美元	2014 年 9 月	
	A	1500 万美元	2012 年 1 月	
即科金融	A	数百万美元	2014 年 8 月	
火币网	A	数百万美元	2014 年 3 月	
钱方支付	B	1 亿元	2014 年 12 月	是
	A	数百万美元	2013 年 1 月	

（续表）

所投项目	投资轮次	投资金融	投资时间	时否为联投
雪球财经	B	1000 万美元	2013 年 6 月	是
	A	2000 万元	2011 年 6 月	
19pay 一九付	A	数千万美元	2010 年 10 月	是
手机贷	B	3500 万美元	2016 年 2 月	是
	A	数百万美元	2014 年 8 月	是
京东金融	B	3500 万美元	2012 年 2 月	是
	A	数百万美元	2014 年 8 月	是
Ping++	B	1000 万美元	2016 年 1 月	是
	A	200 万美元	2014 年 8 月	是
小雨伞保险	A	数千万	2015 年 12 月	是
大数金融	B	5 亿元	2015 年 12 月	是
	A	1 亿元	2014 年 12 月	
真融宝	B	数千万美元	2015 年 10 月	
融 360	D	10.35 亿元	2015 年 10 月	是
	C	6000 万美元	2014 年 7 月	是
	B	3000 万美元	2013 年 7 月	是
富途证券	B	6000 万美元	2015 年 8 月	是
	A	1000 万美元	2014 年 3 月	是
金斧子	B	5000 万美元	2015 年 7 月	是
	A	1000 万美元	2014 年 5 月	

从表 7–4 可知，红杉资本的所谓“赌赛道”指的是在一个领域“多点占位”的“打法”。同时，红杉资本所投的每一家创业公司都能满足个性化时代消费者越来越挑剔的需求。

先人一步：抢在对手之前布局互联网金融

而在投资金融领域，红杉资本中国对母公司那个经典的投资逻辑“赛道赛手论”，有些许调整：“既下注于赛道，也要关注赛手。”

面对赛道和赛手的选择，红衫资本中国基金合伙人周逵称，“不论多好的idea（想法），这个公司都需要由优秀的创业者带领。”

实际上，红杉资本中国在选赛手上也眼光独到。以对P2P平台拍拍贷的投资为例。

拍拍贷成立于2007，被认为是中国第一个纯线上的P2P平台，是最纯正的互联网金融企业。与很多P2P平台不同，在拍拍贷的平台上，贷款人与放贷人进行自由进行交易，拍拍贷只收取中介费获利。一旦出现坏账，拍拍贷只会协助催缴，并不提供垫付功能。

也正是因为不提供垫付功能，具有先发优势的拍拍贷逐渐被人人贷、红岭创投等P2P平台逐渐超过，失去了P2P规模老大的地位。

拍拍贷这种“不担保、不吸储、不放贷”，坚持做纯线上平台的模式，不但承担着巨大的同业竞争压力，也受到了普遍的质疑，他们认为拍拍贷的模式在中国行不通。就在业界“投什么也不投拍拍贷”的嘘声中，红杉资本中国逆风而上，在2012年对拍拍贷进行了2500万美元的投资。当时，P2P公司的前景尚很模糊，远未达到今天的清晰程度，而纯线上P2P公司在中国市场的前景则更为模糊。但后来的事实证明红杉资本中国确实独具慧眼，尽管拍拍贷的竞争对手发展得更快，但大都或多或少出现了风控问题，坏账率、逾期率高企，拍拍贷是少有的经营很稳健、坏账率和逾期率很低的P2P公司。《中国经济信息》和“山顶冻人”联合成立的“互联网金融研究眼”的调查结果显示，2016上半年，根据P2P平台所披露的逾期率和坏账率进行风控安全排行，拍拍贷位列第3。2016年10月，市场上传来拍拍贷将赴美上市的消息，据说其估值将达到20亿美元。

在资本合伙人迈克尔·莫里茨看来，红杉资本在投资领域颇为独到的一点是：红杉资本一般会选择那些其他人面对风险时知难而退的投资机会，抑或是其他人一开始并没有注意到、还并不了解的投资机会。这样一来，当所有投资者都看到赚钱机会的时候，红杉资本所投资的企业就能和它的竞争对手拉开差距，形成红杉资本的相对优势，最终让红杉成为行业的领先者。

红杉资本对互联网金融公司确实非常青睐，无论是以余额宝为代表的第三方支付平台，还是以阿里小贷为代表的网贷 P2P 平台，我们都可以在历数这些融资案例的过程中看到红杉资本对互联网金融的重点投资。

红杉资本除了独家投资上述这些企业之外，还同时参与了和其他资本的联合投资，例如 19pay、雪球财经、mo9 等互联网金融公司。

根据有关人士研究，互联网和金融的融合可以令企业运行成本大大降低，互联网金融的本质就是“长尾理论”，在布局互联网金融产业方面，目光锐利的红杉资本早已尽占先机。

并驾齐驱：让新金融和新技术相互促进

除此以外，投资诺亚财富也是一个例子。诺亚财富成立于 2003 年 8 月，是中国最大的第三方理财顾问机构，专为中国高净值资产私人客户提供不动产投资顾问、家庭资产配置方案、家庭金融投资等服务，目前管理的资产规模已接近千亿元人民币。2007 年 10 月，红杉资本中国向诺亚财富注资 500 万美元。在那以后的很长时间里，大多数人都看不懂诺亚财富的“套路”，甚至有人认为，入股诺亚是红杉资本全球执行合伙人、红杉资本中国掌门人沈南鹏只是为红杉投资中国募集人民币基金铺路。这主要是因为当时资产管理在中国尚属于新生事物，知道的人很少，尤其是第三方理财顾问，几乎没人知道。

2010 年 11 月 10 日，诺亚财富成为中国首个在美上市的独立财富管理机构。由于中国理财市场发展空间巨大，国际投资者给予了诺亚财富超过 80 倍的发行市盈率，因而让红杉资本中国获得了超高的账面回报。红杉资本中国 2012 年 2 月份向 SEC(美国证券交易委员会)递交的一份文件显示，截至 2011 年 12 月 31 日，红杉资本中国仍持有诺亚财富 590 万股股票，占诺亚财富总股本的 21.1%。

按诺亚财富发行价 12 美元算，红杉资本中国账面回报率为 36.31 倍。

2014 年，红杉资本的团队业已达到了一个比较完善的地步，并且当时创业企业的数量表现出井喷式增长的态势，所以红杉资本的选择面也更广。事实上，如果以基金配置的比例作为衡量标准，与同侪相比，红杉资本所投入的比例并不是行业内最多的。红杉的办法是，先对各类盈利模式与细分领域进行一番全面的整理，然后逐步确立自身的投资主旨之后，最后在一些尚处于起步阶段还未形成气候的细分领域中选择商业模式最科学的企业。

面对互联网金融和移动互联网在社会生活中掀起的巨浪，红杉资本还会进一步深耕移动互联网，但这种介入会更为偏向互联网金融，红杉资本的最终目标是要掌握互联网金融产业链上的每一个节点，不管是理财应用、P2P，还是移动支付。

红杉资本在 BP 阶段大额的投入主要体现在对公型金融企业方面。这些金融公司的主要业务是从事小微企业信贷，一般单笔金额会在 5 万元至 25 万元。其服务的客户也不同于买单王、天天贷、宜人贷等消费人群。

在红杉资本全球执行合伙人沈南鹏看来，大数据技术就是现代科技改变金融行业面貌的最鲜明实例，因为任何金融科技企业一定会用到大数据企业，但光有互联网平台远远不够，还应该同时具备分析数据的能力。一流的分析数据能力和拥有充足的数据一样重要，企业与企业之间的差距就表现在关键部分的关键技术上。

由此我们也就可以解释为什么红杉资本能在有关研究单位公布的中国投资机构排名中脱颖而出并一路领先了。

【投资人思考】：成功的投资机构如何捕捉行业“独角兽”？

用网民的话说，在私募股权投资领域，尤其是在风险投资领域，红杉资本就是神一样的存在。

“神”主要表现在其投资业绩优良上。红杉资本是被公认的全球最成功的两家风险投资机构之一。另一家是凯鹏华盈，其在风险投资领域的行业地位就像投行领域的高盛、另类资产管理公司及金融咨询服务领域的黑石（主要是杠杆收购）、对冲基金领域的桥水联合基金……据统计，如果把每8年看作一个周期，1992年红杉设立的6号基金年化内部回报率（annualized IRR）为110%，三年后，其所设立的7号基金内部回报率就已经高达174.5%，即使8号基金由于设立较晚而导致未完全收回回报，其在1998年到2003年初之间也实现了96%的内部回报率。如此算来，其行业内部回报率平均水平达15%—40%，这绝对是一组能够让风投业任何人惊讶的数字！

红杉资本之所以取得这么优良的投资业绩，主要是因为其总是能捕捉到“独角兽”：在大型机时代，挖掘出PC先锋苹果电脑；当PC大发展时，它挖掘出网络设备公司3Com、思科；当电脑被广泛连接互联网时代来临，它又挖掘出雅虎和谷歌……据说红杉资本自1972年成立至今总共投资500多家公司，其中有200多家后来上市，另有100多家被兼并或收购，被红杉资本投资后上市的公司的总市值超过纳斯达克市场总价值的10%。

可以说，红杉资本是一家战胜了产业周期与经济波动的风险投资机构。40多年持续实现超高收益无疑是一件很难的事。红杉凭的是什么？

对这个问题红杉资本一直以“我们无意为其他风险投资公司提供行动指南”作为回答。不过，就红杉资本一些高管偶尔公开发表的投资观点和红杉资本一贯的投资风格看，我觉得我们大体可以总结出其“成功密码”：

首先，是本案例中提到的“赌选手不如赌赛道”。这是红杉资本最基本的理念，也是它很大的一个特色。实际上，更多的风险投资机构的观点与红杉资本刚好相反，他们更强调人的作用，尤其是天使投资机构或人。我觉得单就理念而言，两者的差异并不大。

红杉资本之所以强调“赌选手不如赌赛道”主要原因是其角色是风险投资，而非天使投资——我们对这两者区别的强调不够。在美国，从事天使投资主要是个人，而在我国主要是机构，结果就是我们淡化了天使轮投资与A轮投资的区别。我觉得两者真正的差异是操作层面上的不同：与许多风险投资机构不同，红杉往往会在一个赛道内同时对两家甚至更多彼此有竞争关系的创业企业进行投资。

比如在化妆品电商领域，它同时投资了聚美优品和乐蜂网；在线旅游市场，它同时投资了驴妈妈和途牛网；在订餐领域，它同时投资饿了么和零号线。显然，这种做法是更注重赛道的一种表现，它意味着只要觉得赛道好，红杉资本就会杀进去，而不一定非得找到出色的选手。赌选手的人就非得找到出色的选手才会杀入，找不到出色的选手就宁可放弃赛道。

应该说，比起赌选手来，红杉资本这种赌赛道的做法要更符合科学投资的理念。所谓科学投资指的就是分散投资，不把鸡蛋放在一个篮子里。这就有点像彼得·林奇，其也是主要看行业，然后同时对有前景的行业中的领先企业进行投资（购买股票）。其也会看企业的基本面，但要比巴菲特“粗糙”得多。

这么做的人的认识应该是总会有一家企业“一骑绝尘”，让我大赚，而其他家也会有其价值，比如可以被并购，乐蜂网最后不就被聚美优品并购了吗？做不到第一、做不下去了，不意味着没有价值。

当然，在一个赛道内同时对两家甚至更多彼此有竞争关系的创业企业进行投资的做法需要有很强的资金实力，中小风险投资机构是学不来的。从这一点也可以看出国内风险投资机构规模都比较小的弊端，尽管我们在数量上已超过美国。

其次，是重视初心。不赌选手并不等于不“相马”，但红杉资本的理念是“天才创业者实际非常罕见。”所以“相马”更多的是屏除那些“初心不正”的创业者，哪怕他曾获得过巨大的成功。

红杉资本是第一个投资苹果电脑的风险投资机构——在它之前投资的是个人，同时其创始人唐·瓦伦丁（Don Valentine）认为史蒂夫·乔布斯是自己在一生之中遇见过的两个拥有超人洞见的创业者之一。另一个是英特尔的创始人罗伯特·诺伊斯，可见其对乔布斯有多么信任与欣赏。

但即便如此，当乔布斯被苹果电脑“扫地出门”后，重新另起炉灶创办 NeXT 公司时，红杉资本却回绝了他的融资要求。原因是唐·瓦伦丁认为乔布斯创办 NeXT 公司的目的是“复仇”，或者说是要做给苹果电脑看，这个初心是有问题的。

再次是拥有“小就美”的信念。很多投资机构都是跟着市场热度或商业概念去投资的：团购热就投团购、O2O 热就投 O2O、网红热就投网红……红杉资本则钟意于投全新的概念，其认为“没有下一个谷歌，就像没有下一个思科、下一个雅虎、下一个苹果、下一个英特尔、下一个微软一样。公司各有不同，伟大的公司则有他们自己独一无二的生意之道，有其自己的印记和标识。”

正是基于这种理念，每当先前投的一家创业企业成为独角兽，甚或上市后，红杉资本就会像电脑重启一样“重启自己”，接着去寻找尚小的、尚未得到广泛认可的创新企业。红杉资本更多的是从产品与服务会被多少用户认可的程度考量投资对象，而非市场热度有多高、商业概念有多流行的角度考量投资对象。

投资不是撞大运，持续成功的投资机构都有独到的理念与方法，红杉资本在这方面堪称楷模。

第 8 章
//智能制造：工业文明的极致绽放

智能化：一头站上产业革命新风口的“猪”

2017 年 5 月 27 日，举世瞩目的围棋人机大战落下帷幕，最终谷歌公司的 AlphaGo 2.0 以 3:0 的成绩完胜 19 岁的世界围棋第一人柯洁九段。棋至中盘这位天才少年因难以逾越的劣势，一度落泪离席。至此，在三次人机大战中，人类被机器彻底击败。

人类竟然败给了机器！要知道围棋是世人公认的“高智商”游戏，一向以变化繁复著称，可能性走法甚至超过了宇宙原子数总和：棋盘上所存在的 361 个交叉点每一个都可能存在黑、白、空三种状态。单以此计算，棋盘上的可能局面将高达 3 的 361 次方，如果再将打劫、提子等变化考虑进去，那么实际变化数量绝对是一个天文数字。进一步说，和国际象棋每落一子后面临 20 种走法相比，围棋每落一子后所面临的走法要多得多——平均 200 多种。

经此一战，人工智能风暴迅速席卷全世界，引发了科技行业的巨大反响。实际上，除了谷歌，微软、IBM、Facebook、百度等众多国内外科技巨头早就把人工智能当作了未来的发展方向，且一直在进行战略布局，加大投资力度，力图抢占到先机：

> 国际上，IBM 制造出了世界首个人造纳米随机相变神经元；微软的 Skype Translator 在智能翻译上取得了突破性的进展，实现了对 9 种语言的自动翻译；苹果公司也不甘落后，加快了在人工智能领域的布局，并重金聘请了萨拉库蒂诺夫——美国卡内基梅隆大学计算机科学院副教授加入并

领导其人工智能研发团队……

在国内，BAT同样在大展拳脚：百度从语音语义、图像识别等方面入手，加大了在人工智能领域的研究投入；腾讯先后对Scaled Inference、Skymind、Cloud MedX、Diffbot等和人工智能有关的公司进入了战略投资，并推出了移动版本的VR设备；阿里巴巴不仅在淘宝APP中使用了人智能技术向消费者推荐个性化商品，还推出了阿里小蜜等新一代智能客服产品——2016年4月，阿里云智能程序小AI对“我是歌手”歌王的成功预测更是引起了网民热议……

德国著名哲学家黑格尔在《法哲学原理》序中曾写道：凡是合乎理性的东西都是现实的，凡是现实的东西都是合乎理性的。我们可以把它理解为“存在即合理”。“存在即合理”本是一句哲学名言，应用到商业市场中，我喜欢把它解读为：任何一个新事物的诞生都有其必然的意义和价值。就如第一台个人电脑的诞生开启了互联网时代的帷幕，第一部智能手机的出现象征着移动互联网时代的到来，这次AlphaGo的胜利是否可以被视为人工智能时代的来临？我认为德国人工智能研究中心的安德烈亚斯·登格尔的一段话可以被当作对此问题的答案：此次阿尔法狗的胜出对于人工智能的发展有着非同寻常的意义，它充分证明了人工智能深度学习技术的潜力巨大，人工智能很有可能引发新一轮产业革命。

自1956年达特茅斯会议首次提出人工智能这一概念至今，作为一个学科人工智能已经走过60年的发展历程，其间经历了运算智能（能存会算）、感知智能（能听会说、能看会认）、认知智能（能理解会思考）三个发展阶段。当前，我们对于人工智能的研究已经在运算智能和感知智能方面取得了较大的突破，而对认知智能的研究仍然处于起步阶段，认知智能正是当前机器与人差异最为明显的地方，各大科技巨头均力图在这一领域取得突破。可以肯定地说，未来人们对于这一领域的投入会继续加大。

研究机构Gartner表示，预计到2018年，全球将有60亿台设备会应用上人工智能技术，人工智能将加强相关设备与互联网家电、汽车等产品的关联。目前，人们对于人工智能的主流应用集中在图像识别、语音识别、语义识别以及预测规划、智能控制几个方面，计算机通过图像识别、语音识别、语义识别等技术对数据进行采集、处理、解读，进而根据需求进行预测判断，再结合各种智能硬件设备实现最终的智能控制。

将目光转回国内。虽然现阶段包括BAT在内的一些科技巨头都在加紧在人工智能领域的布局，但从整体上来看，我国人工智能产业只能说尚处于刚刚起步的阶段，无论是在技术成熟度还是企业规模上都和美国存在着较大的差距：数量上，美国以2905家的企业总数占据全球第一的位置，而我国虽然名列第三，实际数量却仅仅为709。有一点值得关注，即我国人工智能企业的地域集中度较高，北京、上海、深圳三个城市人工智能企业的总数合计就占了全球总数的7.4%，在全球城市中的排名分别是第3、6、8。

不过，与美国比起来，我们也并非没有局部优势。正如乐搏资本创始合伙人杨宁所说："总体而言，在人工智能领域，美国的技术要比我们好一些，毕竟人家搞了半个世纪了，有积累，但我们的产品化程度要高于他们，我们更贴近用户。技术与产品是两个概念，不是技术好就一定产品好。"

这话绝不是空穴来风，放眼当前国内人工智能市场，的确不乏一些取得了不错成绩的公司，比如研发、生产、销售智能家居的南京物联。据统计，该公司现在已拥有100多项智能家居技术专利，全球排名第二，仅次于三星。还有大疆创新(DJI)、极飞(XAIRCRAFT)、亿航(Ehang)等公司，在消费级无人机领域都取得较为出色的成绩。市场研究机构Frost & Sullivan 2015年对外公布的数据显示，大疆在全球消费级无人机市场的份额高达70%，位居全球首位。2016年大疆销售突破100亿，全球市场份额已达80%以上。

2015年上半年，我国政府提出"中国制造2025"的发展规划，其中最核心的工程就是智能制造。这项规划的具体目标是到2025年我国的工业生产制造智能化水平应达到进入国际第一方阵的程度，从而实现从制造大国到智造强国的转型。2016年5月，中央政府在《“互联网+”人工智能三年行动实施方案》中明确指出要推广人工智能在家居、无人系统、安防等各个领域的应用。可以说，人工智能已经成为我国科技发展的重点，有望成为新一轮产业革命的风口。

激战红海：各路资本逐鹿智能领域

招商证券曾在一份研报对智能领域的投资机会进行了描述：“这是一个看不见天花板的细分领域。”

2016年，人工智能被视为最热门的投资领域之一。相关统计显示，随着互联网的普及，我国互联网网民渗透率超过一半，BAT收入增速也开始呈现出减缓的趋势。种种迹象表明：当前我国互联网的网民红利已基本被释放完毕，“新常态”下，追寻技术的进步将成为互联网产业发展的关键。因此，我认为，技术含量较高的人工智能产业将在未来十年乃至更长一段时间内快速发展，且这一点是非常确定的。

红杉资本中国基金创始人沈南鹏曾指出：“人工智能是下一个技术创新中重要的平台型方向。”伴随着移动互联网、大数据、物联网等技术的飞速发展，近几年人工智能技术的发展达到了历史转折点。自2010年以来，中国便迎来了人工智能技术的井喷时期，大量人工智能企业应运而生，同时众多投资机构也开始加大了对人工智能领域的投入。

渤海证券分析师称：“目前，国内外科技巨头均积极布局人工智能，科技巨头的进入势必对行业产生巨大的带动作用。未来人工智能必将广泛用于医疗健康、刑侦监测、智慧教育等众多领域，拥有巨大的产业前景，投资者可积极关注人工智能领域的投资机会。”

实际上，智能穿戴、智能家居、智能医疗等概念一直是最近几年的投资热点。除了上述科技巨头——产业资本外，一些敏锐的金融资本也早已盯上这块巨大的“蛋糕”。回顾历史，我们不难发现，在任何一个产业的发展过程中，金融资本的推动作用都是不可或缺的。演化经济学家卡萝塔·佩蕾丝曾经在其著作《技术革命与金融资本——泡沫与黄金时代的动力学》一书中将金融资本比作“创造性毁灭的执行者”，并认为在技术革命中金融资本比产业资本能起到更为直接的帮助传播的作用。在当下的人工智能革命中这一点也同样适用，金融资本的活跃性一点也不比产业资本差。

在被称为全球科技产业领头羊的美国，最近几年投资人工智能项目的案子可谓是一个接一个。《三联生活周刊》2015 年第 10 期刊发的《人工智能　一个新的春天》一文就曾指出，现在美国风险投资公司对人工智能行业的发展明显“看多”。同样，全球人工智能企业的数量自 2010 年后也日渐增多，近两年更是呈现出爆发式增长态势。与此对应，全球人工智能产业资本形成总额（GCF）在此期间也保持了稳定增长的态势，两者呈现正相关性——2016 年 11 月乌镇智库与网易科技共同发布了《乌镇指数：全球人工智能发展报告（2016）》。该报告中指出，近几年人工智能领域的投资金额和投资频次都在显著增长（图 8–1）。

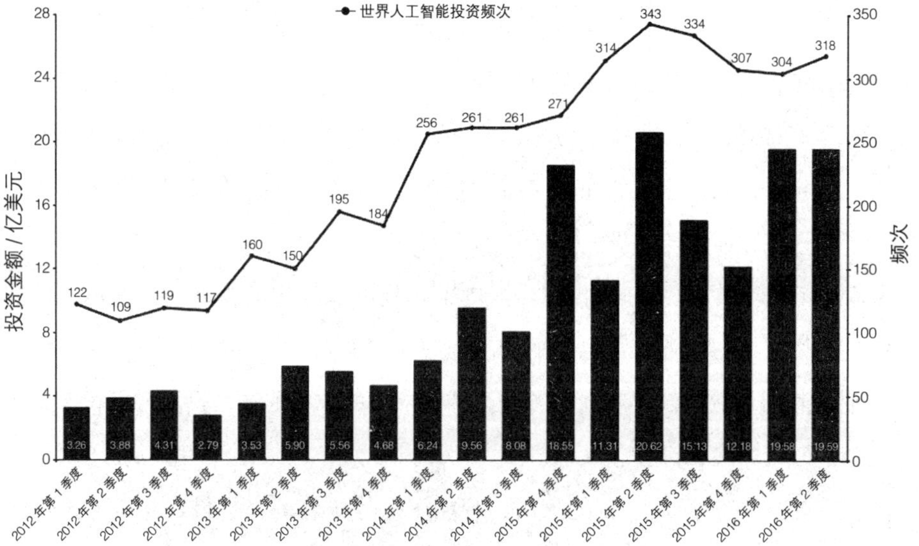

图 8—1　全球人工智能领域投资金额与投资频次变化图

回到中国。我国金融资本对于人工智能领域的追捧丝毫不逊于美国等一些发达国家。《乌镇指数：全球人工智能发展报告（2016）》指出，近两年来，我国（台湾地区除外）人工智能领域的投资活动明显增加，但每次投资活动的平均交易额并没有明显增加（图 8–2）。

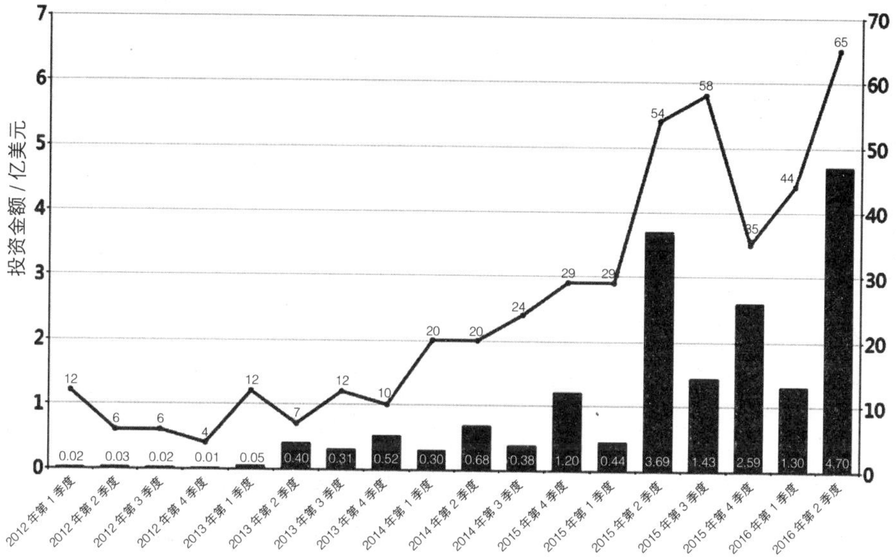

图 8–2　中国人工智能领域投资金额与投资频次变化图

总之，当前在政策、技术发展以及人类社会文明进程等多重驱动之下，人工智能行业迎来了全面爆发时期，其正在步入狂欢来临前的大热身。无论是金融资本还是产业资本，都在加紧在人工智能领域的布局和投入，人工智能的投资潮已经席卷全球，智能化新型投资领域被不断地挖掘和拓展，吸引着越来越多的企业和资本加入到对人工智能的探索之中。有关该领域的投资并购消息频繁传出：

2016 年 9 月 1 日，百度掌门人李彦宏在百度世界大会上讲话表示，未来，人工智能将成为百度“核心的核心”。随后，2016 年 9 月 13 日，百度宣布成立了专门专注于人工智能领域的独立风投公司，由此象征着百度在对人工智能领域进行自主研发的同时，也将借助资本来实现对该领域的全面布局，相当于为其投注了双保险，百度对于人工智能的重视程度可见一斑。

2016年4月18日，国内先进的机器人企业——浙江万丰集团正式完成了对美国焊接机器人应用系统服务商——Paslin耗资3.02亿美元的收购活动，据了解，整个并购花费了5个月的时间，是中国到目前为止最大规模的一起海外并购事件。并购Paslin后，万丰集团表示，其计划未来将成为全球焊接机器人集成系统的领跑者。

总之，在智能化浪潮风起云涌的今天，科技巨头和金融资本的介入正在将人工智能产业推向高潮。而该行业所蕴含的进一步的投资空间更是巨大的，是非常值得期待的。正因为如此，最近几年才有无数投资机构争先恐后把资金投向该行业。但由于该行业属于高科技领域，对风险投资来说具有较高的门槛。作为一名专业的投资人，我想要提醒大家的是，投资人工智能需谨慎，切忌盲目跟风！

层层递进：智能领域的三重面目

早在2015年初，华泰证券就曾在其发布的一份人工智能产业研究报告中指出，人工智能涉及面相对较广，其覆盖的产业链环节和领域非常多，因此，从技术层面而言，注定了人工智能的发展是不可能一蹴而就的，而是一个由点到面、由专用到通用的逐渐积累过程。同时，华泰证券认为专用领域和通用领域的技术与产品架构具有共通性，即“底层—中层—顶层”三层鼎立：基础资源支持层是底层，AI技术层是中层的地位，应用层是顶层。换言之，人工智能领域的生态圈由这三层组成（图8–3）。

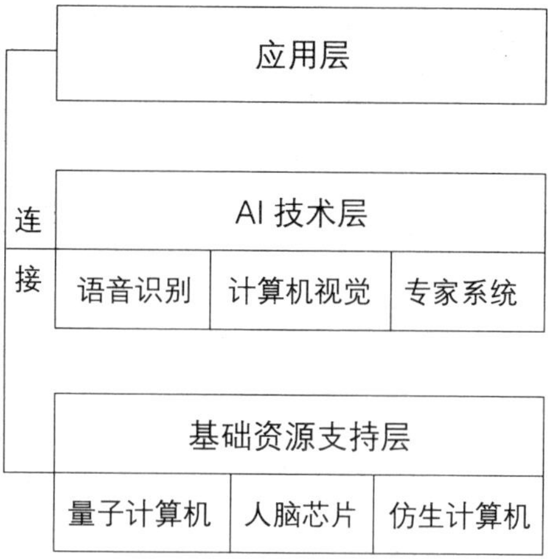

图 8–3 人工智能化领域生态圈构成图

自下而上来看，人工智能产业链依次为基础层的芯片和算法，技术层的语音识别、计算机视觉、专家系统，应用层的智能家居等。其中，作为人工智能加速器的 AI 芯片、人机交互新范式的语音识别以及人脸识别等是产业链中占比较大的部分。

在报告中，华泰证券进一步表示，那些将目光对准基础资源支持层建立的企业，事实上就是在进行一个商业生态环境的打造和掌控。事实上，AI 应用的计算资源可以被分为线下研发资源池以及线上服务资源池两个部分，其中线下研发资源池主要用于训练算法和优化模型，线上服务资源池则主要起的是将成熟的算法模型用于服务线上客户海量响应的作用。而从当前的需求端看，线下资源池对于计算需求量级有着更高的要求，因此，通常情况下只有拥有足够资源和财力的巨头企业才能够支撑得起线下研发资源池的研究和投入。而当前刚刚发展起来的云计算和云存储的发展资源池对于 AI 领域庞大的资源消耗需求来说是远远不够的。因此，可以预计的是，未来，千亿级别的云计算和云存储投资潮将拉开序幕。

而一旦人工智能实现大规模的应用，将会对计算机资源产生大量的需求，在这样的情况下，IT 设备投资需求将会出现井喷。而同时，研究表明，线下研发计算资源池规模只有达到线上服务计算资源池 10 倍以上时，才能满足该领域内行业发展的需求。因此，从这个角度来看，对于基础资源支持层的建立，即使是一个非常细分的领域，投资需求也需要达到亿元级别，这并不是一般企业所能够承担得起的。对此，华泰证券的结论是，人工智能领域更多的投资机会将集中在技术层和应用层。

无独有偶，东吴证券也在其 2016 年 10 月发布的《人工智能专题系列报告一：人工智能，颠覆现在，引领未来》报告中指出，“技术层和应用层是未来二级市场的主要投资方向”。我认为它也应该是私募股权投资尤其是风险投资的投资方向。

依照学科划分，技术层的投资机会可以分为机器学习、自然语言处理（包括语音和语义识别、自动翻译）、计算机视觉（图像识别）、机器人等多个方面，这些技术商业化后用途十分广泛，都有可能催生出独角兽，因而基中所蕴藏着投资机会是巨大的。从当前发展情况来看，技术成熟程度相对较高的机器学习与计算机视觉已经吸引了不少投资，相关投资新闻频现：

2014 年 6 月 26 日，红杉资本中国耗资数千万元美元对专注于计算机视觉和人工智能领域的北京格灵深瞳科技有限公司进行了投资；2016 年 4 月，由黄晓明、章子怡等众多明星联合创办的投资机构 Star VC 宣布将对一家致力于计算机视觉与深度学习原创技术的中国企业商汤科技（Sense Time）进行战略投资；2016 年 12 月 9 日，专注于计算机视觉与人工智能的高科技企业广州云从信息科技有限公司对外宣布成功完成 A 轮融资，投资方未披露；而同样是在 2016 年 12 月，有消息称面部识别技术开发商北京旷视科技也完成了由富士康和建银国际等机构共同投资的至少 1 亿美元融资……

国际上，根据有效统计显示，仅 2011 年到 2014 年这几年的时间里，美国就机器学习领域已经累计取得了风险投资资金近十亿美元，其中被谷歌收购的DeepMind Technologies就是从事这一领域研究的公司。

和技术层相比，应用层所蕴含的投资机会则更多。BBC曾经发布预计称，2020年全球狭义AI市场达到1190亿元，复合增长率19.7%。而艾瑞咨询则认为2020年国内AI市场规模也将高达91亿元，年复合增长率约50%。而在这个过程中，作为人工智能与下游产业结合的应用层则具有最大的发展空间，2016年5月，由国家发改委、科技部等联合制定的《“互联网+”人工智能三年行动实施方案》发布，该方案中明确提出，将在2018年形成千亿级人工智能产业应用规模。

潜力无限：抓住三大细分市场的投资契机

英国作家狄更斯曾经说过，这是一个最好的时代，这是一个最坏的时代。这句话用来形容当今这个智能时代真是太恰当不过了。2016年，在这个被称为人工智能第三次浪潮的兴起的年度中，人工智能行业的投资机会越来越多。“乱花渐欲迷人眼”，机会越多也就意味着对投资者的考验越大。

前面我已经提到，在基础资源支持层、技术层和应用层中，技术层和应用层是未来私募股权投资的主要方向，而在这二者之间，应用层的投资机会更多，特别是对于中国市场来讲。和美国相比，产品化程度高、对应用场景的把握好是中国一些创新科技公司最大的优势，再加上中国的人口规模远大于美国，因此，中国市场更有利于催生出新的产品。据此，我认为对于中国的投资人来说，从应用层中更容易找到“进击”人工智能领域的机会，而当前应用层的投资机会主要集中在可穿戴设备、智能家居、智能出行工具三个领域。

1. 可穿戴设备

可穿戴设备早就有，从智能眼镜到智能首饰、智能手表、智能手环，再到智能跑鞋、智能服饰，智能穿戴设备的种类越来越多，功能越来越强大——智能追踪、健康管理、运动计步、身份识别……由此，智能穿戴设备开始“飞入寻常百姓家”。据相关数据统计，2010 年我国的智能穿戴设备市场规模还不足 1 亿元，而到了 2015 年则已成功增长至 125.8 亿元。面对如此诱人的数字，投资者自然不会缺席。

2014 年 3 月，深创投以及中信资本向智能穿戴式设备数据平台服务商咕咚注入了 6000 万人民币，布局智能穿戴市场。同年 11 月，咕咚对外宣布成功取得海纳亚洲（SIG）和软银共同投入的 3000 万美元的 B 轮融资。而据了解，早在2011年4月，盛大资本就已经向咕咚投入了2200万元人民币，作为天使投资资金。从运动监测产品——“咕咚健身追踪器”，到运动工具 APP“咕咚”，再到咕咚手环 ROM，一路走来，咕咚从来不乏资本的倾情捧场，由此，我们不难看出当前资本市场对于智能穿戴产品的信心。

最近 2 年，作为物联网产品的早期代表，随着物联网的发展智能穿戴设备的市场容量在继续膨胀。有专业机构预计，2016 年，智能穿戴设备整体销量的增幅有望达到 36%，由 2015 年的 0.84 亿台增至 1.14 亿台。市场研究公司 Kantar Worldpanel ComTech 首席分析师卡罗琳娜·米拉内西甚至预测，智能穿戴设备将会是继智能手机之后的智能领域的“下一棵摇钱树”。

2. 智能家居

随着物联网的发展，家居的智能化不再是单一的智能产品，而是彼此联动的智能系统，任何平台的任何设备，必须能够与其他设备相互连接和交流。用户需要能够帮助他们解决问题的家电产品，需要更加“聪明”的解决方案，让他们获得真正的安全、方便与自由。众多的科技公司也都在致力于一个整体化的智能家庭、一个智能生态圈的打造。智能家居背后的巨大商机吸引着一批又一批科技公司进入的同时，也促使了一场资本盛宴的开启。

2014年初，智能家居设备商Nest被谷歌以32亿美元现金收购的消息传来，引发了人们对于智能家居行业的极大关注;2014年7月，南京物联——中国本土最大的智能家居企业获得6000万美元风险投资；2015年的年初，小米联合13家照明企业布局智能家居，共同推进智能照明在家庭的落地；360公司则正式发布了基于360智能家居开放平台的互联互通解决方案“360智连模块”，为了吸引更多硬件厂商和开发者接入360智能家居开放平台，360推出的首批限量10000个“360智连模块”定价仅为1元……

智能家居的实现需要硬件、云服务、智能终端等众多因素的参与：手机、穿戴设备等智能终端负责操控交互，计算、存储、连接等则由云端实现，而家电（居）则需要做好洗衣、冰冻等本职工作，传感器对数据进行收集，之后再通过通信模块实现数据的回传以及远程命令的接受，以最终实现智能化。

而当前，智能终端对于某个操作系统的过于依赖是一个普遍存在的情况，如谷歌的安卓、苹果的IOS等，因此平台接入协议和应用协议标准是当前智能家居行业最为缺少，也是各大互联网行业和家电企业最为期望主导的东西。相信，在未来很长的一段时间内，拥有巨大市场规模的智能家居行业将仍是企业和资本争抢的主要领域，但是就目前而言，智能家居仍然处于跑马圈地阶段，谁也不能预料谁将是最后的胜利者，只能说覆盖面越广的胜算也就相对越大。

3. 智能出行工具

这个是当前炒得比较火热的一个领域，包括无人驾驶汽车、无人机、智能滑板车等多个项目，国内三个巨头对该领域都有所涉猎：百度、阿里巴巴、腾讯都在进行无人驾驶汽车的研发。而从当前发展情况来看，无人机和智能滑板车的研究成果最振奋人心，已涌现出大疆、亿航、极飞等一批非常成功的创业企业，且这些企业都成功取得了融资。

2012年底，大疆成功取得了深圳麦星投资管理有限公司的A轮融资资金；2014年4月亿航成功取得了乐博资本的首笔天使投资，而其产品Ghost无人机也成功通过众筹方式募集到了约80万美金的投资，2014年12月，亿航宣布成功取得了由GGV资本领投、PreAngel和真格基金跟投的1000万美元的A轮融资；2014年9月，硅谷的成为资本向我国最早开始多旋翼无人机研发的公司之一——极飞科技投资了2000万美元。

尽管当前我国的智能出行工具市场才刚刚起步，很多方面还需要进一步完善，但是无论是对于资本还是普通用户来说，对于智能出行的迅猛发展都有着深刻的体会，毫无疑问，这个市场正在崛起。其中，智能硬件的复兴以及航拍市场的兴起起到了推波助澜的作用。

需要说明的是，上述几个领域带来的不仅仅是其自身的投资机会，还为相关的元器件领域和相关软件系统创造了更多的投资机会，以无人驾驶为例，其实现所需要的高级辅助驾驶系统就设计到了信息采集、信息处理、信息通讯等三类基层模块，为该三类产品带来了投资机会。

此外，除了以上三个应用领域外，智能农业、智能医疗、家用机器人、智能制造等领域蕴含着许多的投资机会。招商证券认为，“人工智能真正开始产业化的时期已经到来。”

可以肯定地说，未来一段时间里，人工智能将会继续深入到我们生活的各个方面，而对于投资者来说，千万不能盲目跟风，要做到慧眼识真金，从市场上琳琅满目的智能穿戴产品选择出具备发展潜力的好项目并非易事，但也并非毫无规律可循。根据多年来在投资领域的研究和经验，我认为投资者在进行项目抉择时应重点考量以下几点：

其一，硬件能力上：那些在传统企业做生产制造、技术支持的团队，或者有底层开发能力、传感器核心能力的团队会在智能硬件上更有优势。

其二，软件能力上：用户体验不只“作用于”硬件本身，更重要的是软件端应用场景及使用体验。有一定交互能力或者拥有核心计算技术的团队会将用户体验做得更好。

其三，产品定义：满足用户需求的产品才会有市场，引领用户需求的产品才会有发展的空间。做产品，当然要以击中用户痛点为己任，而不是仅仅停留在满足自己发烧的爱好上。

在我看来，对人工智能行业项目或企业进行投资最为关键的是要能准确判断其技术的先进性与应用的普及性。这需要投资者要拥有一定的专业能力。在智能化风暴来临的今天，市场上不乏一些浑水摸鱼的“伪智能”公司，比如一些号称智能家居的产品，事实上只是解决了联网问题，智能根本无从谈起。

另外，还需要提醒一句，对人工智能行业项目或企业进行投资要有长远眼光：产品和技术的成熟度和投资周期息息相关，对于人工智能行业的投资想要在短期（1—3 年）内取得高回报并不现实，较长的投资周期则决定了进入该领域的投资者要承担较大的风险。因此，我认为只有那些与相关产业结合度高、拥有明确的商业变现场景的项目才值得关注。

【案例8】小米参股美的：战略投资就是卡位与布局

2014年12月14日，小米和美的正式对外发布声明称双方达成战略合作：小米科技以12.66亿元取得美的集团1.29%的股份，美的将以23.01元每股的价格定向对小米增发5500万股。

美的是一家拥有三十多年历史的大型综合性企业集团，1980年正式进入家电业，2013年9月，在深交所上市，是世界500强企业。其主要经营洗衣机、冰箱、空调以及微波炉等家电产品，拥有美的、小天鹅等十多个品牌，产品远销海外。

小米参股美的，或者说美的积极注入像小米这样的产业“新鲜血液”，有其深远的目的。

战略需求：产业升级革命中的最佳合作伙伴

小米为什么要投资美的？首先因为两家公司拥有共同的战略方向。

众所周知，“为发烧而生”的小米从手机出发，仅用了不到两年时间就在移动通信市场站稳脚跟。其后，随着智能时代的“小荷露角”，小米及时对战略进行了升级，并于2013年正式推出了“小米生态计划”，希望率先抢占“万物互联”和“智能硬件”的风口，“好风凭借力”，成为“智能时代”硬件产品霸主。

为此，小米一方面加强了对核心硬件产品的研发力度，构建供应链，另一方面加大了对相关领域企业的投资力度。小米秉承的原则的是：在专注做好手机平板、电视盒子以及路由器三个主要产品之外，以投资的方式加大和其他公司的合作，将其他智能硬件领域开放给其他公司，以追求企业发展的全面化和多元化，不断完善自身生态，推动产业升级。

值得一提的是，自2014年3月，美的也开始启动其智慧家居战略，在产业布局上和小米的智能家庭战略有异曲同工之妙：实现所有产品的互联互通。美的集团董事长方洪波也曾多次强调，美的要成为时代的企业，他认为，在互联网时代的今天，像美的这样的传统白电企业，想要通过单打独斗实现从传统厂商向互联网转型，实现智能化之路，几乎是不可能的。投资有时是为了获得资源，融资有时也是为了获得资源。方洪波表示，要想实现白色家电的智能化改造，就必须要建立在移动互联网技术和互联网思维的基础之上，而在这一点上，以资本为契合点加强和其他互联网企业的合作无疑是最好的选择。

无独有偶，早在小米电视与小米路由器发布以来，智能家庭就已经被小米列为“下一个风口”，雷军认为，这将极有可能成为“下一个千亿美元规模的市场”。然而，虽然在手机上取得了巨大的成功，但是由于缺乏市场规模和用户反馈，小米在其他产品开发上的成绩却并不尽如人意，一个现实的问题摆在了小米眼前：要想做平台，就必须要在终端方面进行更大的扩展，其需要打造一个正确的突破口。于是，小米想到了将自己模块开放给家电企业，借助家电企业的庞大终端做大市场规模，以抢占话语权。

投资绝对不是一件简单的事情。事实上，在合作对象的寻找上，小米也是颇为下了一番功夫的，众所周知，当前家电企业中最具有实力的就是格力、美的以及海尔三家，而鉴于格力负责人董明珠和雷军的恩怨，基本排除了二者合作的可能，即使排除这些个人因素，格力的国企性质也决定了其很难和资本进行深层绑定。而海尔则已经拥有自己的“U+ 平台”，其在智慧家庭方面的研究已经相对成熟，不再需要借用小米这个外力参加，在这样的情况下，美的无疑成了最好的选择。

小米在确定对美的进行战略性投资的可能性后，便通过各种渠道向美的表达了自己的看法。

英雄所见略同且有互补性！就这样，一家传统的家电企业，一家典型的现代互联网企业，两家截然不同的企业由于相同的发展眼光和路径规划几乎一拍即合。2014 年 12 月 6 号下午，小米和美的双方高层聚在一起，准备拿出一个下午的时间专门来对合作事宜进行探讨，但是没有想到的是，仅仅20分钟，他们就已经就公司层面达成了合作意向和共识。就连美的集团副总裁李飞德对此都表示非常惊讶，他表示从来没有见过也不敢想象，“像这么大的两家公司，可以这样在极短的时间内谈妥这样的事情。”

稳扎稳打：携手深度布局智能家居

投资入股，绝对不仅仅是一个简单的决定，特别是对于美的和小米这样的大型企业来说，虽然双方决定下得看似十分轻巧，但这背后是两家企业领导人无数次的深思熟虑。即使有了共同的方向和价值观，将合作落实到具体上还必须经过周密完整的规划。

美的集团发布的公告中披露，双方决定将以面向用户的极致产品体验和服务为导向，对智能家居产业链全面协同发展以及智能家居生态链等领域，本着以下基本原则和方向进行合作（但不限于）：

(1) 全面开放、系统合作、协同发展；

(2) 共享原则：共享智能系统平台、数据和云计算；

(3) 融合原则：融合基于移动互联网的线上线下的业务运作；

(4) 优先原则：相互之间给予对方同等条件下的优先战略合作。

而小米科技入股12.66亿元后，除了可以在名义上获得美的集团1.29%的股份，还可以选择一名其核心高层管理人员成为美的董事。从现在的投资理念上讲，投资并非只投钱，还投其他资源，比如管理、供应链上的资源等，而对于美的来说，后者显然是其更加看重的。

事实上，明眼人都可以看出来，作为一家拥有绝对实力的家电企业，美的集团在资金上并不匮乏，其缺少的其实是互联网时代下全新的互联网思维和创新。对于美的这样的传统企业来讲，如何进行企业转型、真正融入互联网并适应新时代下年轻消费者的全新消费需求，才是当下最为迫切也是最为困难的事情。

近年来，随着互联网技术的飞速发展，传统家电企业所面临的互联网转型紧迫感也愈加清晰，这也就要求这些传统企业必须以更加开放的思维和步伐去探寻企业未来的发展方向，这也才是美的选择接受小米投资的主要原因。对于正在着力推动和打造智能家居、努力实现家电家居产品互联互通的美的来说，从这个角度来看，以战略投资的方式引入小米集团，以实现和互联网企业理为深入的融合对于美的来说也不失为一个好的选择。

而身为一名资深的企业家和投资者，雷军绝对不会不明白这个道理，因此，小米在战略规划上，选择了以入股派遣核心高管参与美的战略决策的方式和美的达成了合作。要知道，传统企业向互联网企业转型，最需要的就是互联网技术以及互联网思维，这个时候，能够加入一个有实力的互联网人才是非常重要的。

和美的一样，小米之所以选择入股美的目的也绝非单纯追求资金上的回报，就像雷军所说，在投资公司的盈利问题上，小米并不是十分看重，从投资者角度来看，自然是希望投资企业能够盈利的，但是这并不是小米最为关心的，也不是小米的主要目的。雷军认为，其所投资的公司能否盈利是公司自己的问题，而小米战略投资的最终目的就是为了使小米的整个产业链得以丰富，从而全面公司主打产品的竞争力，可以说其看中的是美的的资源。

从这个方面来讲，小米入股美的是建立在对于生态链的布局和打造之上的，虽然美的集团对于智能化转型战略已经有了非常明确的方向，但是在其具体实施的过程中，还将面临企业管理手段、组织架构等众多方面的问题，而小米所要做的正是为其提供技术帮助，以最终实现双方在智能家居及其生态链、移动互联网业务领域的深入探索。

根据当前形势判断，家用电器的智能化和网络化是未来发展的大势所趋，此次美的和小米两大巨头的强强联手，势必会加速智能家电市场行业的发展，因此从经济效益来看，小米携手美的深度布局智能家居也不失为一个明智的选择。

具体而言，小米投资美的的好处有三个。

(1) 从资源来看，美的以白电和小家电为主打产品，而小米的强势——手机和彩电正好是美的所缺少的，因此选择美的合作无疑可以恰到好处地实现二者产品结构上互补。

(2) 作为一家传统大型家电企业，美的超过千亿元的市场规模对于小米具有巨大的吸引力。如果能够和其进行合作，将小米生态顺利延伸到美的在家电市场所拥有的超过20亿台终端上，无异于找了一个巨大的端口。

(3) 美的分布在全国的物流和专卖店体系也可以为小米提供较大的帮助。

入股背后：合作与竞争并存

在讲究生态战略的互联网时代，商业上没有绝对的朋友，也没有绝对的敌人。

小米对美的投资是建立在其对于自身生态的完善打造上，而美的接受小米的战略性投资也是出于同样的理念。他们之间的合作是建立在对于未来方向规划的一拍即合之上，但是这样的合作绝不代表他们就可以成为完全的朋友。

2015年5月，美的发布公告称，之前向小米非公开发行A股股票的申请已经通审核，这也就意味着小米和美的战略性合作正式完成。而事实上，在此次资本正式完成之前，小米和美的联手开发的第一款产品智能空调就已问世。据了解，该空调的核心技术是美的，其通过与小米手环的交互，实现了和小米数据的共享，空调的一些设置可以通过小米手环进行相应调整。和传统空调需要回家调节风速和温度不同的是，智能空调可以在主人到家之前提前将以上因素进行调整。

智能空调仅仅是双方合作的一个开始，未来小米和美的合作的项目绝对不会仅限于家用空调，加湿器、冰箱以及洗衣机都有可能成为双方的合作对象。

前面已经提到，小米入股美的是建立在完善资源的基础之上，实现生态资源的有效融合才是双方最为主要的目的。然而，很多人都忽略的一点是，双方仍然是完全独立的个体，可以说，无论对于美的还是小米，对方都只是优先合作对象却并不是独家。因此，二者共赢的背后，还有竞争。

除了美的，小米科技还投资了专注小家电开发的云米科技，其成立于2014年5月，小米曾和其合作研发了具有令业界哗然499元“屠刀”价格的净水器，而据了解，云米科技的创始人陈小平虽然出身美的，但是云米科技和美的二者之间并无关系，产品直接参与竞争是他们之间唯一的关联。

而对于美的来说，小米也并非唯一选择。事实上，早在和小米建立合作关系之前，美的就已经和阿里、京东以及华为等众多企业结盟，和小米的合作也只是其“整体变革转型、调整战略的一部分”。

截至2016年底，此次变革效果并不明显，双方合作的首款产品——I青春彩色空调销售并不尽如人意，但是这也和空调本身的功能属性有一定关系，如果现在就对小米和美的战略合作做出评价未免为时过早，至少从当前来看，智能家居仍然有着不错的发展趋势，其未来仍然是非常值得期待的。

【投资人思考】：如何用资本构建高级生态圈？

小米科技是一个奇迹。它仅用了几年的时间，就成了世界级的独角兽——最高时估值达到450亿美元。

凭什么？凭的是生态概念及新型产融一体的玩法，即一方面自己做实业，一方面像一个风险投资公司一样大规模对外投资，谋求生态效应。截止到2017年5月，小米科技累计投资的公司已经多达77家，其中包括4家估值已经超过10亿美元的独角兽企业，如果以风险投资机构的平均回报率为标准衡量，小米科技的这个成绩无疑是非常出色的。小米科技入股美的本也是这个思路，只不过其他对外投资的对象多为创业企业，美的则是成熟企业，是行业龙头。

应该说，小米科技的“玩法”有很强的特殊性：雷军本人是一个风险投资人，且有自己的投资机构——顺为资本。把金山软件带上市的企业管理与运营经验与投出欢聚时代、猎豹移动、迅雷等独角兽的创业企业投资经验，使得雷军“独树一帜”。很多投资人都乐意把钱交给他或他领导的公司，无论是小米科技还是顺为资本，然后让他再投其他的公司。一般的企业老板是得不到这种信任的。

作为一个投资人，对小米投资美的的商业逻辑我没有疑问，对小米科技的“小米生态计划”我也高度认可。不过，对于小米科技与美的的战略合作能否达到预期的效果我也不会怀疑，而对于小米科技能否实现其生态战略目标我则“捏了一把汗”。

我认为所谓生态就是对“强关系性”的一种描述。生态本就存在，所谓“玩生态”的目的其实是对某个生态环境的控制力与影响力。进一步说，即既要有形而下的技术控制力，又要有形而上的文化影响力。举两个例子：一是苹果。其有自己的处理器（电脑、手机都有，但电脑因成本问题也使用英特尔的）和操作系统，因而拥有了技术控制力，其产品属于时尚产品，因而形成了文化影响力；二是阿里巴巴。其有自己的云计算技术、大数据技术（尤其是金融科技领域）、互联网技术（物流管理领域），因而拥有了技术控制力，其衍生出了一套淘宝语言、商业观念，甚至有网购节日，因而形成了文化影响力。

从另一个角度说，生态也有高下之分。最好的生态是能产生出一些“新物种”的生态，不论是动物还是植物，且彼此之间相生相克。阿里巴巴的生态就是“最好”的生态，它产生出了一批“新物种”：淘女郎、刷单者、做导购的、做推广的、做网店美化的、做快递的……其完整性甚至超过苹果、谷歌、微软、IBM……腾讯基于微信搞微商，也产生了类似的“新物种”。

相比之下，小米科技的生态仍停留在“攒用户”、建平台的阶段。“攒用户”当然很重要，因为长远看，C2B模式会越来越吃香，而做C2B没有平台与广泛的用户基础是不可能的。实际上，小米商城的销售规模已经不小了，从某种意义上说小米商城才是小米科技最值钱的资产。不过，与天猫、淘宝、东京、苏宁等比起来，小米商城还是太弱了——所以为了“攒用户”，不久前雷军派小米科技原副总裁陈彤代表小米科技出任一点资讯总裁一职。

不过，对于“小米生态计划”而言，用户多少并非是最关键的问题，能不能拥有形而下的技术控制力与形成形而上的文化影响力才是。

就技术控制能力而言，小米科技的不足是非常明显的。小米科技没有太多的核心技术，虽然在操作系统上也有一些创新，但也只是优化性质的，毕竟安卓是个开放系统，谁都可以拿来玩，没有排他性——而且最近在安卓的优化上，华为已明显占了上风。另外，更为要命的是，小米科技刚刚推出自己的处理器，与高通、三星、华为的处理器比起来，应该是有代差的。而在云计算技术、大数据技术（尤其是金融科技领域）、互联网技术（物流管理领域）上，小米科技还没有什么动作——与北京银行的合作轰动一时，但2年多过去了，并未拿出特别抢眼的产品或服务。可以说，现在小米科技是四面出击，但根基并不稳固。小米手机的市场占有率连续被华为、OPPO、VIVO超过即是其证。

就文化影响力而言，小米科技的不足似乎更为明显。在小米科技迅速崛起的过程中，“互联网思维”或者说“互联网+”论、粉丝经济起了一定的作用，但它们都是商业概念，过于理性、过于功利性，且不够大众化、平民化，而且很容易被新流行的商业概念所取代。

当然，这并不是说小米科技“没文化”。我的意思是说小米科技现有的文化对“玩生态”来说是不敷其用的。小米科技强调颠覆式创新，而做生态只能走渐进式创新之路。生态是一个环境概念，是靠产业链上所有合作伙伴与玩家（特别是用户）共同创造的。所以，“玩生态”者一定得信奉“历史是人民创造的”。马云对此的认识就“超越凡俗”，要不他也不会请8个“小人物”为阿里巴巴敲响IPO的开市钟。

另外，还需要说一句，小米科技的“小米生态计划”的“立论”基础是，手机是个人信息设备的核心或中心。这是雷军的“信仰”。应该说，目前这个“信仰”仍是立得住的——虽然已有一些智能产品面世，但其功能与普及度都远不及手机。不过，它并非是“不证自明”的。实际上，已有一些人认为未来手机会被淘汰，比如知名天使投资人、乐博资本创始人杨宁。

总之，不论从哪个角度讲，小米科技的未来都是充满了不确定性的。当然，它肯定已在市场上“立得住”了，已是传奇了，所谓不确性，仅指“小米生态计划”能否顺利实现目标？

这是我作为一名投资人的个人看法，供大家参考讨论。

第9章

//大健康产业：高速发展的“财富第五波”

经营健康：有福气更有财气的阳光产业

健康是人类永恒的话题，生老病死中蕴含了太多的产业机会和投资风口。美国经济学家保罗·皮尔泽在其著作《财富第五波》一书中提出，健康产业是继发明蒸汽机引发的“机械化时代”以及后来的“电气化时代”“计算机时代”和距今不远的第四波“信息网络时代”之后的全球“财富第五波”。随着人民生活水平的不断提高和科学技术的日益进步，健康产业的重要性被越来越多的投资机构认同，并由此衍生出一个新的概念——大健康。

所谓大健康是在时代的发展浪潮下，由于社会需求与疾病谱的改变，而提出的一种全局理念。它围绕着人的衣食住行、生老病死，关注各类影响健康的隐患和误区，提倡自我健康管理，提倡对生命全过程全面呵护。简单来说，大健康不仅局限于一个人身体方面的健康，还涉及这个人的精神、生理、社会以及心理等各个方面。倡导人们不仅拥有科学的健康生活，更有正确的健康消费等，它的范畴很广，除了产品服务以及健康信息外，还包含各类组织所采取的满足社会健康需求的各种行动。

提倡大健康理念有助于提升民众的健康素养，接受科学的健康指导和进行正确的健康消费。让民众“生得优、活得长、不得病、少得病、病得晚、提高生命质量、走得安”。倡导一种健康的生活方式，消除亚健康、做好健康保障和健康管理、提高身体素质，帮助大众从透支健康、对抗疾病的方式转变为呵护健康、预防疾病的新健康模式。

大健康产业近年来得以高速发展的原因大致有以下三个。

1. 人口老龄化、环境污染、食品安全等原因提高了大众在医疗保健方面的需求

从社会环境的角度来说，人口老龄化的问题为大健康产业增长提供了巨大空间。在21世纪初期，全世界60岁以上的老年人的数量约为6亿人，比50年前增长了三倍，到2050年，老年人数量将超过20亿。全球老年人口正以每年2%的速度增长，比整体人口增长速度还快。人口老龄化速度的不断加快，已经成为一个世界问题。与大健康产业紧密相连的养老问题越来越受到政府和国家的重视，这也为大健康产业的发展提供了保障。

除了养老问题，世界范围内的亚健康状态问题，也促进了前端化健康产业的发展。据世界卫生组织近期公布的一项调查结果表明，全世界仅有5%的人符合真正的健康标准，患各种疾病的人占总人口的20%，其余75%的人都处于亚健康状态。另外，气候变化和污染也使人类的健康隐患加大。这些健康问题已引起世界各国高度关注，从而也推进了全球范围内的大健康产业迅速发展。

2. 居民健康意识进一步提升，增加了医疗保健的消费支出

随着健康意识的提高，人们的健康理念正在从疾病的治疗转变为提前预防，不仅要“治病”，更要“治未病”（图9-1）。这将改变全球大健康产业的发展重点，同时也会扩大了医疗健康产业的范围。因此，未来医疗产业的投资重点将会出现明显的前端化趋势，发展与投资重点将移至预防和保健领域。

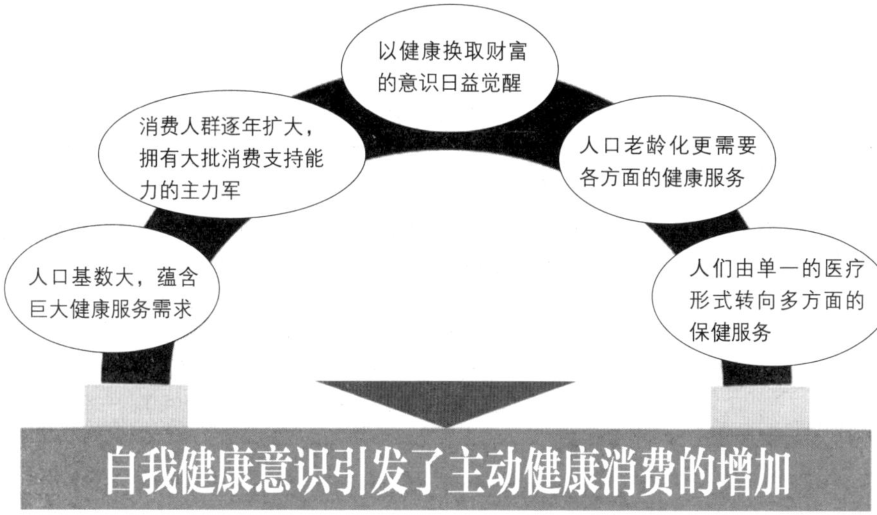

图 9-1 人们的健康意识逐渐提高

3.国家将“健康中国”建设上升为国家战略，大健康产业发展面临良好的政策环境

自 2007 年起我国大健康产业就进入了政策制定者的视野。自那以后，相关的产业政策或指导意见就时有面世，最近两年密集度大为增加（表 9-1）。

在良好的经济条件、政策环境以及社会环境下，大健康产业持续较快增长，截至 2016 年，中国大健康产业的规模接近 3 万亿元，位居世界榜首。预计到 2020 年这个数字将会超过 8 万亿元，到 2030 年这个数字则会到 16 万亿元。专注于生命科学和健康领域的投资公司维梧资本的创始人孔繁建指出，现今中国健康消费只占 GDP 的 5%，而美国是 18%，中国健康产业提升空间巨大。

值得一提的是，上述数字并不包括体育产业，但我愿意把体育产业算为大健康产业的一部分。

业内人士预测：到 2025 年，中国体育产业总规模将超过 5 万亿元。增长空间达到400%，年平均增幅在40%左右。而且，随着居民的消费水平的升级，对于体育产业的需求将大幅提升，由此也可以看出中国体育产业的朝阳之势。

表 9-1 大健康产业相关产业政策和指导意见

时间	部门	事件
2015 年 3 月	十二届全国人大三次会议	李克强首次提了“健康中国”概念，指出：健康是群众的基本需求，我们要不断提高医疗卫生水平，打造健康中国
2015 年 3 月	国务院	国务院办公厅关于印发《全国医疗卫生服务体系规划纲要（2015—2020 年）》的通知，首次在国家层面制定医疗卫生服务体系，主要在于推动深化医改，解决看病问题，是打造健康中国的一项重要举措
2015 年 10 月	十八届五中全会	将建设“健康中国”上升为国家战略。“十三五”规划建议：推动健康中国建设，深化医药卫生体制改革，理顺药品价格，实行医疗、医保、医药联动，建立覆盖城乡的基本医疗卫生制度和现代医院管理制度，实施食品安全战略
2016 年 10 月	国家卫计生委	已全国启动《健康中国建设规划（2016—2020 年）》编制工作。突出强调以人的健康为中心，实施“健康中国”战略

纵观全球，中国大健康产业在全世界占有的市场份额肯定会越来越大，且作用和地位越来越重要。从产业发展趋势来看，健康产业及其相关产业将会继续保持较为高速的增长。各大企业、各路资本纷纷嗅到了大健康产业勃发的信息，开始关注、投入到大健康产业中去。最是一年春好处！大健康产业的春天真的来了！

资本狂欢：一场大佬齐聚的资本盛事

大健康产业已成为全球范围内的热点，当前中国迎来了“健康保健时代”，大健康产业也必将成为全球新经济焦点。顺应这一趋势，中国也将努力将大健康产业打造为国民经济的支柱产业，在经济新常态下，促进大健康产业稳健、快速地发展，构建健康中国。总体而言，整个大健康行业有以下三个显著特点。

1. 巨大的市场需求

中国的人口基数、老龄化带来的各种问题、基因谱的变化、环境日益恶化等因素，都为大健康行业带来巨大市场空间。

2. 稳步高增长

大健康产业的增长幅度通常是 GDP 的两倍。2015 年，很多行业的增长速度都在下滑，大健康产业增长速度的下滑幅度远远低于其他所有的行业。2016 年 1—9 月份公布的数据利润增长达到了 13%，是所有产业里增长最快的一个领域。

3. 产业跨度极大

大健康产业的外延极广，比如体育、医疗旅游等，也将迎来快速发展的时机。其和传统健康产业最大的不同就是其注重于健康生活解决方案的提供，而非单一的一种或一类产品，提供健康生活解决方案才是大健康产业最大的商机。在这个过程中会产生一些新的细分领域，其所组成的“新健康产业”将会极大地激发创业者的创业热情和投资者的投资热情。

作为朝阳产业，大健康产业的光明前景吸引了资本的竞相进入。近几年，在大健康领域的投资，阿里巴巴集团堪称典型代表。创始人马云曾多次在各种公开场合表示，中国未来十年最大的社会问题是健康医疗问题，存在巨大的投资机会。马云从不是个光说不做的人，2010 年初，马云和聚众传媒创始人虞锋共同成立了以两人的名字命名的云峰基金，在大健康产业打出一套令人眼花缭乱的组合拳。

2012 年，全球最大的基因组学研发机构华大基因旗下的华大科技获得云锋基金 2.3 亿元的战略投资。

2014 年 1 月 23 日，云锋基金以 1.7 亿美元战略投资信息服务提供商“中信 21 世纪有限公司”，2014 年 10 月 21 日，在香港上市的中信 21 世纪发布公告称，正式改名为“阿里健康”，股票简称和公司网址也一并做了更改。收购完成后，阿里云计算平台将打通与对接中信21世纪公司的后台数据，共同推进中国药品信息化平台建设。

2015年1月14日，广州白云山医药集团股份有限公司公布了100亿元定增计划，云峰基金在此次定增案中，投资近5亿元人民币现金，成为广州国资系统之外唯一的战略投资者。同时，广药集团还与阿里健康签署了战略合作意向，双方将在医药电商等领域进行深层次合作。

众所周知，马云的战略眼光具有极强的前瞻性，引领着阿里系在不同领域展开了一次又一次颠覆性变局。随着阿里的介入，大健康产业的颠覆性变局已在进程中。

精明的商人当然不止马云一个，在阿里布局大健康产业的同时，中国恒大（以前名为恒大地产）等产业资本也在进行着跨界投资，开始了在大健康领域的攻城略地。

2014年12月23日，中国恒大与在香港上市的新传媒集团控股有限公司共同发布公告，宣布中国恒大完成收购新传媒6.48亿股股份，总价约9.5亿港元，占新传媒集团已发行股份总数的约74.99%，成为该公司的控股股东。公告显示，为了更好地反映新的商业策略，收购完成之后，“新传媒集团控股有限公司”将更名为“恒大健康产业集团有限公司”，对全国各地包括医疗整形美容、中医养生、健康体检以及抗衰老和产品研发等在内的健康产业项目进行运营管理。

与大健康领域相比，体育领域投资市场显得更为热闹，尤其是牵动亿万国民之心的足球。足球是中国人心中抹不去的伤痛，而资本的进驻确实让我们看到了少有的几许颜色。

开风者是中国恒大董事局主席许家印。他用“金元攻势”引领恒大足球在中国足球界一枝独秀，且在 2013 年 11 月勇夺亚冠，让国人对中国足球再次点燃信心。那之后，足球界出现了越来越多资本的身影：

2014 年 6 月 5 日，阿里巴巴向恒大足球俱乐部投资 12 亿，持有其 50% 股权，其后恒大足球俱乐部更名为恒大淘宝足球俱乐部。

2016 年 6 月 28 日，号称要用足球撬动地球的苏宁电器旗下的苏宁体育产业集团以约 2.7 亿欧元的总价获得国际米兰俱乐部 68.5% 的股份。

2016 年 12 月 13 日，IDG 入股里昂集团。IDG 之前收购的“兴致体育”将与里昂集团在中国成立合资公司——北京里昂兴致体育文化有限公司。该公司未来将在开办足球学校的同时发展俱乐部咨询、商务赞助和体育旅游等业务。投资里昂集团意味着 IDG 资本往足球产业链上游又前进了一步。

2016 年 12 月 27 日，国安的大股东中信集团把国安足球俱乐部 64% 的股权转让给了专注于高端地产的开发商中赫集团，价格为 35.5 亿元人民币。中赫集团成为国安足球俱乐部的大股东。

一些企业的足球投资及其收益（收益并不局限于获利上）对体育投资起到了良好的示范作用。由此，体育投资开始全面开花。比如上面提到的 IDG 资本，其投资的体育项目就并不局限于足球项目：新英体育、搏击赛事 IP 昆仑决、瑞士盈方、专注城市自行车的 700Bike、新型健身房乐刻健身……这些项目大都属于商业模式独特的创新型项目。

体育投资中有一大类往往被人忽视，即电子竞技。许多人可能不会把电子竞技视为体育。不过，就像围棋、象棋、国际象棋、桥牌都属于体育一样，电子竞技也应属于体育。近几年，电竞产业的增长速度非常快。艾瑞咨询发布的《2016 中国电子竞技及游戏直播行业研究报告》显示，2015 年端游电竞市场规模为 269 亿元，而 2016 年预计将超 300 亿元。其市场规模的主要组成部分是电竞游戏收人。资本总有着灵敏的嗅觉，只要存在利润便会纷至沓来。其中最引人注目的是电竞爱好者王思聪。

> 2011 年 8 月 2 日，王思聪在微博上宣布自己收购快要解散的一支 DOTA 界的冠军战队 CCM，从而进入电子竞技领域。王思聪掌舵的普思投资随即出手，于 2013 年 3 月投资云游控股，获得其 1.05% 的股权。

此后，王思聪还相继投资了乐逗游戏、网鱼信息、ImbaTV、英雄互娱等电竞企业，且大都获得了不错的收益。

凡大事必做于细：大健康产业的具体划分

虽然发展势头良好，但是与发达国家相比，中国的大健康产业尚处在初创期，在产业细分以及结构合理化方面仍需要完善和提升。换言之，在中国，很多大健康产业的细分领域还是蓝海，随着科技的进步以及消费升级，它们将焕发出新的生命力。

大健康产业包含的领域很多，通常包括医药工业、医药商业、医疗服务、保健品、健康保健服务等领域。简单地说，大健康产业更偏重于预防和保健，基本可以分为以产品和服务为主导的两大类。目前，中国大健康产业的产业链已初步形成，新兴业态逐渐涌现，养老产业、医疗旅游、营养保健产品研发制造、高端医疗器械研发制造等构成了大健康领域新兴子产业。关于每个热点产业的市场情况和发展趋势，中国中投证券有限责任公司做过一份详尽的分析报告，其中的数据和解析我认为比较准确和中肯。在这里，限于篇幅我无法一一赘述，以下只论述我最看好的五大子产业。

1. 养老产业

养老产业涵盖满足老年人需要的设施、商品、服务等，包括老年人的衣食住行、医疗及娱乐等物质精神文化方面构成的一个产业链，是多个产业相互交叉的综合性产业，是近几年由老年人需求拉动而发展起来的一个新兴产业。到2014年底，中国60岁以上老年人口已达2.12亿；到2025年，预计老年人口总数将超过4亿，养老产业未来发展空间巨大。

目前中国的养老模式主要分为两种：居家养老和机构养老。

1）居家养老

居家养老具有轻资产、需求大、可复制性强的特点，是当前最好的养老模式。运营中心只需要招聘维护人员、医务人员和家政服务人员，扩张速度可以很快。居家养老因为不用设立专门的养老场所，所以成本主要来自人力和运营中心的租金，运营模式较轻。中国目前养老格局是90%的老人为居家养老、7%的老人为社区养老、3%的老人为机构养老，可见居家养老的需求及潜在市场很大。按照每人每年费用1万元来计算，假设60岁以上老人中有10%的人有居家养老需求，市场容量则会达到2100亿元。

2）机构养老

随着老龄化带来养老需求的不断增长，机构养老的需求也会相应增长。但是，目前尚未发现很好的机构养老运营模式。据统计，目前在中国的民营养老机构中仅有9%实现了盈利。可见目前中国民营养老机构的盈利能力是比较弱的。

虽然发展情况一般，但应该说中国机构养老市场的细分工作做得还是很充分的：

从市场需求类型的角度，可按照健康状况将老年客户细分为自理型、介助型和介护型三类，每类客户的需求都有所不同。

从消费层次角度来看，养老服务产业大多针对的是一些具有一定消费能力的中高端老年人群，其中还包含一些针对高净值人群提供全方位VIP服务的特殊项目。

从地域覆盖的角度来看，目前市场上的养老服务产品基本只有两类：一类位于一二线城市中风景优美、环境安静的郊区，主要面向本地老年人；另一类位于旅游城市，如四季温暖的昆明、三亚等，面向全国老年消费者。

细分是与商业模式的探索相关的，细分充分说明商业模式的多样。

2. 健康管理

健康管理是指对健康危险因素进行全面管理的过程，既可针对个人，也可针对群体。健康管理追求的是以最小的成本实现最大的健康效果。中国近年来的食品安全、空气污染、生活方式病等各种因素而引发的担忧、富裕人群对个人健康需求的提高以及国家对健康服务业的政策支持，都给私人健康管理产业的发展注入了兴奋剂。据估算，健康管理市场的潜在规模约为600亿元，而目前这个数字只是30亿元（图9–2）。

图9–2　健康管理领域巨大的市场潜力

健康管理虽然是一个慢性过程，但回报很快，是一门不错的生意。

目前中国健康管理市场，可以分为以下6种类型：

1）体检主导型

这个细分市场目前较为成熟，客户接受度好，利润高、现金流稳定；可以向后进一步扩展。

2）中药调理型

这种类型主要针对亚健康人群，有稳定的市场基础，但是对从业者人力资源的要求较高。

3）资源整合型

整合当地医疗资源，包括人力资源和高端仪器设备，为患者提供便捷的就诊、住院、手术等便利；一般会以连锁加盟的形式为私人诊所和中小医院提供服务。

4）综合信息平台型

提供健康咨询、寻医问药等方面的服务。

5）技术服务型

致力于技术研发，为健康管理公司和体检机构提供服务工具，比如对慢性病、亚健康以及心理素质的评估、运动处方、疾病在线管理以及体检过程控制及数据电子化等服务。

6）私人医生型

这种模式锁定高端人群的市场，通过整合稀缺医生资源和精细入微的服务来获取市场。

3. 商业医保

商业医疗保险是医疗保障体系的组成部分之一，指由保险公司提供的医疗保障，这种保障是以营利为目的。消费者缴纳一定数额的保险金，在患有重大疾病时，可以从保险公司获得一些医疗费用。商业医保受到政府政策的大力支持，是典型的朝阳产业，预计未来十年其市场规模可达 1.8 万亿元。

过去几十年，中国医保覆盖率逐步上升，保障水平逐步提高，国家卫生支出高速增长，导致一些地区医保收支失衡。而中国医保采取收支分开的赔付制度，医保机构要实现控费难度很大。目前，国家已开始借鉴国外经验，鼓励商业保险公司更多介入医疗保障体系，同时逐步推进医疗信息化。可以预计，一场由支付端主导的变革将会开启。

目前，医保在我国的医疗支付体系中占了约七成，剩下的三成中，两万以上是个人自费方式，而商业保险公司赔付占据的还不足2%，应用效果非常不明显。而近年来，我国正在不断推进对医保体系的建设工作，商业保险机构的作用也越发引起政府的重视：一方面，在基本医保和大病医疗保险中鼓励商业保险公司介入，使保险公司在医保体系中将发挥更加重要的作用，提高基本医疗的管理效率；另一方面，发布税收优惠等政策，鼓励商业保险险种的发展。

政策的效果已充分显现：2014年全国健康险保费收入为1587.18亿元，同比增长41.27%；2015年全国健康险保费收入为2410.47亿元，同比增长51.87%；2016年1月至11月全国健康险保费收入为3841.8亿元，呈爆发式增长态势。

4. 体育产业

作为大健康产业的一个重要领域（有些产业分类里大健康是不包括体育的），体育产业市场规模巨大。2014年国家发布《国务院关于加快发展体育产业促进体育消费的若干意见》，将全民健身上升为国家战略，将体育产业作为朝阳产业加以培育、扶持。国家的目标是，到2025年，中国体育产业总规模要超过5万亿元，体育场地面积达到人均2平方米，经常运动的人数达到5亿。

2016年11月30日，国家发改委在回应媒体提问时针对消费政策措施的进一步扩大情况进行了说明，国务院推出《国务院办公厅关于加快发展健身休闲产业的指导意见》的意义主要在于对健身休闲产业供给侧结构性改革进行推进，以此实现对健身休闲产业发展质量和效益的提高，使得各类市场主体培育壮大，产品和服务供给得到丰富，为经济发展新常态下健身休闲消费的扩大指出了一条清楚的道路。为了确保国务院文件的彻底贯彻落实，体育总局以及国家发改委等有关部门将紧密配合，为一些具有良好发展前景和巨大带动能力的项目提供一些专项规划和政策性文件。

在宏观政策有力支持下，各地体育消费热点正加速形成。各类体育设施、项目落地的步伐正在加快，消费投资两旺。

5. 生物医疗

所谓生物医疗，顾名思义，就是将生物工程学的方法应用到医学领域，实现工程技术和医学的有效结合，以使医疗水平得到显著提高，为患者提供更好的治疗和服务，同时也为健康的个体提供更高的生活质量。

众所周知，我国生物医药产业起步较晚，和一些发达国家相比水平相对滞后，具体体现为行业集中度低、中高端产品与服务进口依赖度高等。这些问题极大地制约了我国生物医疗产业的发展。

只有改革才能“破阵”。在 2017 年 1 月 12 日印发的《医药工业“十三五”发展规划》中实现生物医疗的重点突破被列为今后医药工业的主要任务之一：“未来我国将进一步夯实生物产业创新基础，实现产业结构的持续升级。”具体目标是到 2020 年我国生物产业将取得突破性的发展，成为国民经济的主导产业，产业规模将达到 8 万亿 –10 万亿元人民币。其中，生物技术药品在全部药品中所占比例将大规模提升，创新型生物企业数量也会得到显著提高，年销售收入超过 100 亿元的大型生物技术企业要达到 20 家，若干经济强省以及生物产业双创高地将诞生。值得一提的是《医药工业“十三五”发展规划》还特别明示未来将实现基因检测对出生人口 50% 以上的覆盖率。

事实上，近年来生物医疗一直是一些企业关注的重点。

据统计，当前我国国家生物产业基地已经多达 22 个，包括上海生物医药科技产业基地、中关村生命科学园等已经比较成熟的产业园，另外还有 80 多个城市正在进行医药科技园、生物园以及药谷等设施的建设，同时越来越多的高科技产业园区开始将生物医疗企业作为重点培养对象。

在生物技术飞速发展的今天，越来越多的行业开始借助先进的生物工程技术实现自身的升级和转型，生物技术和医疗行业的有效结合可谓是未来发展的大势所趋。我认为，在相关政策的大力支持下，未来生物医疗行业将会实现规范有序的发展，投资空间非常巨大。

中投顾问曾经发表过一篇名为《2016-2020年中国生物医药产业集群发展模式深度分析及发展战略研究报告》的报告。在该报告中中投顾问指出，我国生物医疗产业起步虽然晚，但现在已进入转型提升期。据了解，2014年我国生物医药市场的规模已高达50亿美元，预计到2020年，我国生物医药的市场规模将位列全球第二，仅次于美国。

以上是我对大健康产业中的五大细分市场领域做的一些粗浅分析。健康产业被比尔·盖茨喻为“未来能超越信息产业的重点产业”。大健康产业的细分领域绝不只是五个，其他还有很多，且其中有不少仍是蓝海，值得发掘。

躬行践履：因地制宜地实施投资策略

与其他行业不同，大健康产业的投资通常周期长、专业性要求高，对资金配置的要求更高，这意味着在一些细分领域会出现较多的并购机会。很多投资机构都表示，2017年要加大对大健康产业的投入，大健康市场上的投资未来只会更热。

大健康产业中各细分领域中的投资机会点、投资风险和投资要点不尽一致，我还以养老、健康管理、商业保险、体育以及生物医疗五个领域为例，做一下具体的说明。

1. 养老

参考前述的中投的分析报告，我认为在养老产业中投资机构可以重点关注以下领域的投资机会：养老地产、养老服务、养老娱乐、养老金融保险、养老日用品、养老教育。

民间资本投资养老产业可以在方式上有所创新，一些生产保健品的药厂，在有条件的基础上，可以延伸其产业链，投资建设养老机构，促进其保健产品的销售，实现“双赢”；另外一些拥有闲置资源，工作量不饱和的民营医院也可以发展养老事业。民营养老机构在实行产业化后，可以在不同城市开展连锁经营，一方面打造了旅游式休闲养老的模式，另一方面也可以填补国办养老机构在这方面的空白。

从投资的角度讲，我认为面对养老产业最应该考量的是 3 点：一是被投资对象是否专业且拥有比较完善的配套服务设施；二是商业模式是否持续可行；三是如果需要拿地，是否在拿地成本及其后的建设成本上具有优势。另外，还需要注意的是，养老产业项目一般对前期资金的需求比较大，投资回报周期长，需要长线资金。

2. 健康管理

健康管理领域目前还未建立起完整的服务链，全国尚无具备一定规模并能够系统全面地提供健康管理服务的机构。健康管理公司发展与盈利模式还有待探索，如何创建适合中国国情的发展与盈利模式是投资健康管理领域面临的难题。

商业模式创新与技术创新是健康管理未来发展的驱动力。我认为资源整合、私人医生以及体检主导、中药调理等商业创新模式都是比较贴合我国国情以及消费者需求的。同时，随着物联网技术的出现，专业健康管理服务的发展也会产生较大的市场空间。

专业健康管理服务产业今后将成为投资机构青睐的重点行业，比如月子中心、生殖健康、中医养生以及康复中心等均是比较具有发展前景的，很有可能成为下一批热门投资领域。

从投资的角度讲，我认为面对健康管理产业最应该考量的是 4 点：一是被投对象是否是健康管理服务领域里的权威，最好是顶级专家或顶级专家的学生，拥有较高的学术地位——如果是行业标准制定的参与者则更好。二是商业模式、技术、设备最好是从国外引进的，能得到高端用户的认可。三是拥有专业的管理团队、独特的技术和服务体系。四是拥有明确的战略规划，要不“小而美”，只做高端，可发展链锁；要不“生态化”，同时或分步推进大健康领域的多个子产业，并让其产生协同效应——当然，这需要强大的实力与战略执行力。

3. 商业保险

目前商业医疗、健康保险还是要以“微利经营”为原则，扩大市场才能获得更多收益。这就要求保险公司在产品设计、营销方案、风险控制等方面做得更好，在打开机遇窗口的同时应对盈利模式的挑战。对于那些拥有较强产品设计能力、专业的精算队伍以及广阔营销渠道的大型商业保险公司来说，这无疑是一个值得把握的发展和进阶机会。

未来的中国医保，很有可能参考德国，走向“基本医疗保险为主，商业医保为辅”模式，因此，我认为商业健康险极有可能在不久的将来呈现出爆发性增长的态势。当前，大病保险作为保本微利的险种开始被推广向广大人民群众，相信巨大的客户资源和国家支持将成为未来健康保险公司介入的主要动力。

在商业保险领域，虽然市场潜力和空间是显而易见的，但与其他行业不同，其有两个很难消除的风险。这种风险与源于信息不对称的市场风险不同，它们源于人性，会长期存在，你可以控制或减轻它，那需要付出高昂的成本：一是逆选择风险，也就是投保者在明明知道自己已经得病的情况下，还选择以欺瞒的手段参保以骗取保险公司为其支持高额的医疗费用。二是道德风险，即病人和医院联合，采用小病大治、开空头医药费的方式，导致保险公司支付高额医疗费。在一些地方，甚至出现了患者不住院，只在医院虚开床位的骗取保险费的现象。

从投资的角度讲，我认为面对商业医保产业最应该考量的是商业模式。商业医保产业是一个传统产业，能不能凭借新的技术让其成为“新经济”，关键在于商业模式能否创新。而创新的大方向是与其他产业的融合：与养老产业、与新金融产业、与新医疗产业（比如远程医疗、医疗旅游）的融合。

4. 体育

2015 年可谓是中国体育产业发展元年，政策的红利、沸腾的资本让这个原本稚嫩的产业焕发出朝阳的光芒。

体育产业的巨大发展前景吸引着众多资本进入中国体育产业，很多投资机构都预见到了体育的前景，纷纷开始布局体育产业链，大量资本进入该市场。

在艾瑞咨询的《2016 年中国全民运动健身行业报告》中，详尽地列举了 2016 年体育市场的一些数据（图 9-3—图 9-5）。

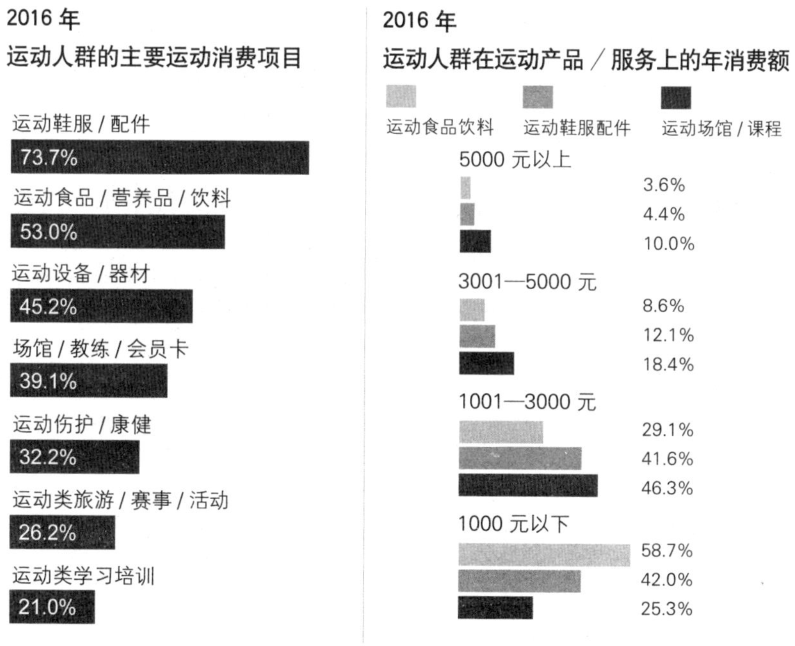

图 9-3 2016 年运动人群的消费项目数据

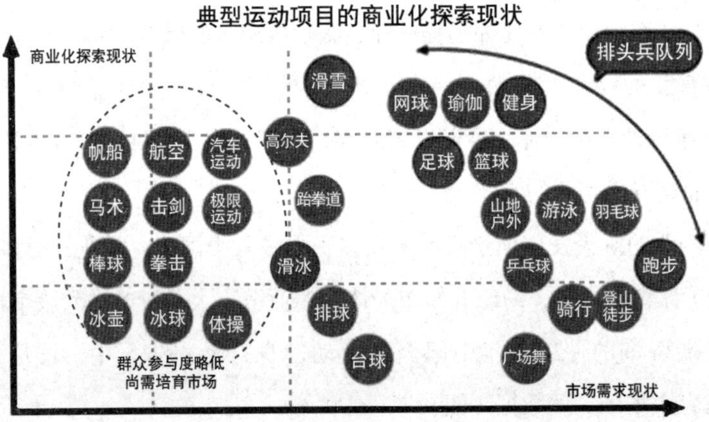

图 9–4　典型运动项目的商业化现状

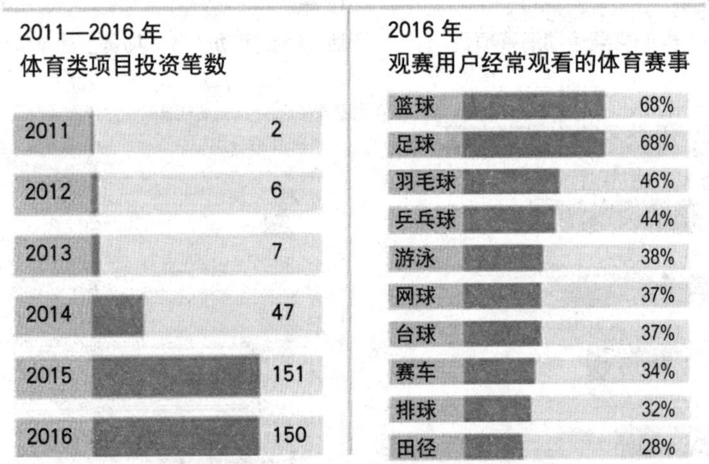

图 9–5　2011—2016 年体育市场的投资及 2016 年的赛事数据

随着体育产业的逐步市场化，体育产业的风口期已经出现，很多专业的投资人对此都有严谨的调查和认真的思索。我同意凯兴资本创始合伙人潘石坚先生的看法。他认为在体育投资领域应重点关注三类机会：首先是政策结构性机会，政策松绑会带来大量市场机会，也就是在政社、政企分开，管办分离，以及体育行业协会与行政机关脱钩的情况下，体育行业将迎来全新的发展机会；其次是上市公司转型机会。当前体育被很多上市公司作为第二主业，这就为其提供了很多机会；最后一点是消费升级。

体育产业有七个子产业值得重点关注：体育赛事运营、体育装备、滑雪产业、马拉松产业、足球产业、体育旅游、户外运动。

任何投资都是有风险的。在投资体育产业时，应重点关注以下两种风险。

1）市场节奏风险

在投资时要正确把握好政策和未来的趋势。每一次新政策的出台都意味着新的投资机会的诞生，在主导机构由政府向市场化或机构转变时，相应的观念、人才和运营体制等都会做出适当的调整，但是观念的改变和人才储备变化的过程相对缓慢，这会带来市场节奏方面的较大风险。换言之，你的动作不能太快，也不能太慢，要“刚刚好”。

2）商业模式风险

体育产业的很多细分领域目前还处在“烧钱”阶段，比如可穿戴设备。投资人要对“烧钱”有较高的承受和接受能力。

总之，体育投资要放长线钓大鱼，不能急功近利。国际上很多成功的投资案例表明——“优质的体育资产才会得到市场认可”，唯有助投资对象做细做优做强，投资才能获得良好回报。

5. 生物医疗

“生物 + 医疗”是当下备受人们关注的一个发展领域，一个关乎国计民生的领域。在国家政策的支持下可以预计，在不久的将来该领域一定会成为各大企业竞相争抢的高地。从投资者角度看，生物医疗蕴含着许多值得挖掘的投资机会，投资者应该对该领域内的龙头企业有所了解。

2016 年 8 月，在深圳召开的 2016 中国投资年会中出炉了“最佳生物医药领域投资案例 TOP10”榜单（表 9–2），成大生物、东亚制药、泛生子等企业赫然在列。该榜单可以作为生物医药行业的重要参考指标，对于投资机构和一些对投资生物医疗企业感兴趣的企业有着重要的指南意义。

表 9–2　最佳生物医药领域投资案例 TOP10（按音序排列）

企业名称	投资机构
成大生物	中钰资本
东亚制药	高特佳
泛生子	分享投资
康方生物	深创投、建信资本、前海信诺
康希诺生物技术	启明创投、礼来亚洲
仁度生物	华盖资本
上海细胞工程	君联资本
药明康德	云锋基金、联新资本、红杉中国、君联资本
英派药业	礼来亚洲、华岭资本、越秀产业基金、元生创投
再鼎医药	尚珹资本、奥博资本、启明创投、红杉资本中国、凯鹏华盈

另外，相关调查显示，自 2003 年以来，全球生物医药市场的销售收入就一直保持着 10% 以上的年均增速，其中我国的增速更是达到了年均 25%。据专业机构统计，2015 年我国医疗健康行业投资案例为 311 个（图 9–6），其中包括很多生物医疗企业。可以说，当前我国的生物医疗产业正处于史无前例的黄金发展期。

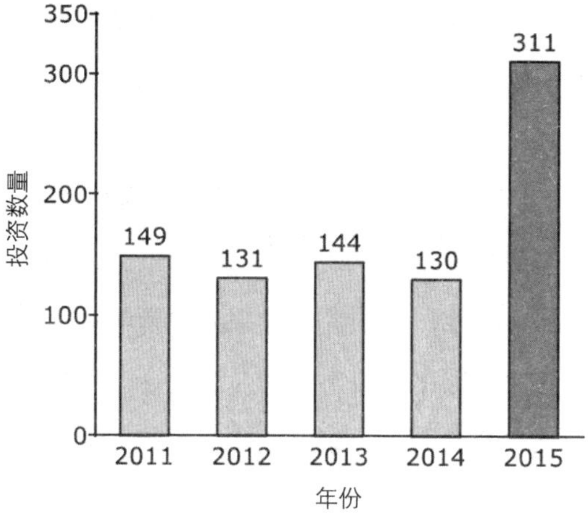

图 9-6 2011—2015 年我国生物医疗健康行业投资数量

从投资的角度讲，赶上了“风口”绝对不是一个项目取得成功的唯一原因，特别是对于生物医疗这种“技术股”来说，我们应该对多种因素进行综合考量。单就对生物医疗企业进行投资而言，我认为应该重点考虑的因素有两个。

1）有丰富的学术知识

生物医疗本身是一门高门槛产业，其技术应用复杂，学术研究烦琐，投资者如果没有经过专门的严格的科研训练，很难对行业中鱼龙混杂的技术做出正确的判断，找到真正的潜力股。因此，在踏入该领域之前，一定要对相关学术研究的前沿情况有个基本而全面的了解。实际上，投资医疗企业的主要是一些具有医疗背景的产业基金。如果不是他们中的一员，且又看好医疗行业的投资，包括生物医疗，那最好先采用跟投的方式开展工作，待熟识后再做领投的打算。

2）有优秀的科研管理团队

和许多互联网项目不同，生物医疗创业往往是在已拥有了相关的技术与产品之后再创立公司。这意味着企业的管理者可以是“后来者”，对企业而言并非最关键的“生产要素”。一个经验丰富且认真负责的科研管理团队才是最关键的

“生产要素”。因此，在投资时首先就得考察被投资的项目或企业是否拥有一个从技术到人品都非常可靠的科研管理团队。

健康是人类永恒的话题和追求，“十三五”战略规划的落地成功地将健康中国升级到了国家战略层面。在这样的时代大背景下，大健康产业有望成为我国新经济增长的重要“源头活水”。当前，我国大健康产业已迈入了蓝海时代，在“十三五”期间乃至未来更长的一段时间内，其将会诞生越来越多的投资领域和机会。但投资者们要切忌盲目跟风，要以总览全局的方式进行判断，以免误入陷阱，一着不慎，满盘皆输。

【案例 9】分众传媒投资体育产业：扩大受众群体

凡是伟大的企业和企业家，都有一个共同点，那就是永远懂得顺势而为。所为势者，即大局也。放眼古今中外，凡有所成就者，无不能胸怀大局。“海纳百川，有容乃大”，不仅仅可以形容一个人的气量，还可以用在对一个人目光的评价之中，只有目光长远，能够容下足够的局，心系大局，才能准确地在时代变换中找到真正的风口，不被时代所抛弃，做出一番真正伟大的事业来，无论是做人还是做企业都是如此。

懂得因势而谋、应势而动、顺势而为的企业才能在时代变幻的浪潮中，越挫越勇，顽强成长。在这一点上，分众传媒就是一个非常典型成功的代表。

磨刀霍霍：欲在体育领域再造一个“分众”

近几年，国家对体育产业的发展越来越重视，发布了一系列旨在促进其发展的政策：简化赛事审批程序、扶持重点项目、号召开展全民健身运动、鼓励民间资本进入、促进体育服务市场化等。

在这种大背景下，中国体育产业乘势而上，进入了高速发展期。相关统计数据显示，2014 年和 2015 年，中国体育及相关产业分别实现了 4040.98 亿元以及 4736.96 亿元的增加值，占当年 GDP 的 0.64% 和 0.7%。体育产业增加值的增长速度明显快于国内生产总值的增幅。同时还应看到，与发达国家 1%—3% 的占比相比，中国体育及相关产业增加值的增长空间还很大。可以预计，在接下来的十年内，体育及相关产业增加值的年平均增长率应该会超过 20%。

2016 年是体育大年，体育领域中的资本运作频仍。一些商业巨头陆续布局自家的体育矩阵，打造体育产业生态系统，其中就包括中国第二大媒体集团的分众传媒。

分众传媒创立于2003年，创始人是江南春。其在全球首创电梯电视媒体，并占据了国内超过95%的电梯电视市场。2005年，分众传媒成为首家在美国纳斯达克上市的中国广告传媒股，2015年回归A股，市值超过千亿元人民币，被誉为中国传媒第一股。

作为著名的企业家，江南春对体育产业非常看好。在他看来，由于国家政策的引领，体育产业将成为未来十年的产业热点。他尤其看好互联网体育市场，具体地说即面向年轻一代互联网用户的电子竞技和跑步市场。他认为它们都是千亿级别的市场，且用户更为年轻，是未来的消费主体——分众传媒原来面对的用户主要是白领，是当下的消费主体。

江南春的目标是："要通过投资与并购，在体育领域再造一个分众！"为此，分众传媒与一些专业投资机构合作发起设立了私募股权投资基金。其投资对象是那些已处于某个细分市场第一梯队的公司，投资期则主要是做C轮和D轮投资，而当涉及大型并购时，分众传媒可能会直接参与。用江南春的话说，即只"投垂直领域的绝对领导者"。

高瞻远瞩：成立专项体育基金

2016年5月31日，分众传媒与方源资本牵手，共同发起设立了规模为4亿美元的面向体育产业的分众方源体育基金，并领投了咕咚运动C轮融资，投资金额为3000万美元。这是分众传媒回归A股市场后的第一笔投资。

咕咚运动成立于2009年，是一个体育社交平台和终端硬件产品公司。其从可穿戴运动设备切入，从最开始的"硬件+传统社区"模式发展为"智能手环+咕咚APP"和"互联网全民运动社交平台"。在得到资本的助力后，咕咚运动提出了全民运动生态系统的理念。目前，除提供移动运动社交服务外，咕咚运动还搭建起了运动健康云服务平台，推出了智能手环、跑步盒子、网络脂肪秤等多种终端硬件产品和运动资讯整合服务体系，初步构建起了一个泛运动系统，服务用户规模达 5000 万以上。

中国有 13 多亿人口，中国人均体育消费只有全球平均水平的十分之一。这些数字均表明中国的体育产业发展潜力巨大。分众传媒看重的正是咕咚运动背后的前景光明的体育产业。通过投资，分众传媒可以与咕咚运动形成战略合作关系，帮助其发展。与那些目前在体育产业里已处于领先地位的企业相比，分众传媒有一些他们不具备的优势：拥有丰富的媒介资源、B 端广告主资源、C 端用户资源。分众传媒可以帮助咕咚运动打通线上和线下，打通 B 端和 C 端，从而更加有效地吸引年轻用户，覆盖主流消费人群，并利用广告协同效应创造更大的收益，提高其流量变现能力。

除了牵手方源共同成立体育基金外，2016 年 7 月，分众传媒还与达晨创投达成协议建立了新的体育投资基金，协议中预计最高募集人民币 5 亿元，其中分众传媒的认购比例不高于 50%，即人民币 2.5 亿元。该基金将以非上市企业为主要投资对象，投资领域则集中在消费升级行业，包括互联网、文化娱乐、体育等。

深圳达晨创业投资有限公司成立于 2000 年 4 月，主要在文化传媒、消费服务、现代农业、节能环保四大领域进行投资。经过十几年的发展，达晨创投已成为中国创投行业名列前茅的投资机构。

逐步深入：利用投资并购打造坚强体育壁垒

除成立专门的体育基金外，分众传媒针对体育产业还进行了一系列的重大投资。

2016 年 6 月 13 日，分众方源体育基金对 WME-IMG 公司进行了额度为 4500 万美元的投资。与此同时，WME-IMG 宣布与分众方源体育基金、红杉资本、腾讯等公司一起成立一家新合资公司，其中分众方源体育基金出资 2250 万美元。

WME 英文全称是 William Morris Endeavour，是美国四大艺人和运动员经纪公司之一。2013 年，WME 联手私募股权投资公司银湖资本收购了体育营销巨头 IMG。其后，经过一系列整合、并购，WME-IMG 公司成了全球娱乐及体育市场上的龙头企业之一。

2016 年 7 月 28 日，分众传媒通过旗下全资子公司分众创享领投天津英雄体育管理有限公司，交易额为 3 亿元人民币。投资后，分众创享持有英雄体育 8.242% 的股权。

英雄体育的主业是举办移动电子竞技赛事，目前承办了包括《皇室战争》官方赛、TGA 腾讯移动游戏大奖赛以及《王者荣耀》职业联赛等在内的多项电竞赛事。这些赛事的注册用户数高达 4 亿人，遍布亚洲、北美、欧洲等世界各地。在赛事的基础上，英雄体育还将建造赛事场馆，进行基于电竞赛事的运动服饰、鞋类等衍生产品的开发及销售活动。

艾瑞咨询发布的一份报告显示，2015 年端游电竞市场规模为 269 亿元，2016 年这一数字超 300 亿元，移动电竞赛事的市场容量很大。

江南春认为，电子竞技现在是年轻人的第一运动。通过投资英雄体育，分众传媒实现了对年轻、多样化的电竞玩家市场的布局，下一步就是把广告资源引入这个市场，让英雄体育的流量变成真金白银。

当前，在各种有利因素下，体育产业“大风吹”，各类企业得到资本市场青睐。分众传媒加紧步伐加大了在体育、体育娱乐产业的投资布局，相当于渗透进了上游体育赛事运营等环节，其媒介资源的下游优势就能彻底激活，对于分众传媒而言，在主营业务内生增长的同时，又在体育消费得到了新的利润增长点。

从当前局势来看，分众传媒的媒介（广告载体）已遍及公寓、写字楼、电影院等地方，受众高达 3 亿人。进军体育产业则可以让分众传媒获得新的媒介和新的受众。因此，分众传媒对体育产业的投资应该不会是浅尝辄止的。未来分众传媒还会推出其他相关举措。

让我们拭目以待！

【投资人思考】：如何用资本打造新的产业？

最近2年，无论是在创业投资与产业投资领域还是在A股二级市场上，体育投资都处于引爆后的高温状态。引爆点是2014年10月2日《国务院关于加快发展体育产业 促进体育消费的若干意见》的发布。该文件明确提出到2025年我国要基本建立起布局合理、功能完善、门类齐全的体育产业体系："体育产品和服务更加丰富，市场机制不断完善，消费需求愈加旺盛，对其他产业带动作用明显提升，体育产业总规模超过5万亿元，成为推动经济社会持续发展的重要力量。"

自那之后，原本暗流涌动的市场开始与政策共振、显化，结果是体育投资开始发烧。

请注意我用的词：发烧？没错。我确实觉得体育投资已经"过热"了。有一个数字可以间接证明这一点：相关统计表明，如果把全国31个省份2025年体育产业规划中市场容量目标加在一起，得到的数值为7万多亿元，远超《国务院关于加快发展体育产业促进体育消费的若干意见》设立的5万亿元的目标。

一个产业在进入高速发展期后难免会出现过热的现象，前几年的团购、O2O、影院建设等都是如此，谁让我们人多钱多呢？对此我们倒也不必过分忧心。换个角度看，过热也有过热的好处，它可以迅速地催大市场。但面对一个过热的市场，我们确实应该特别留意不要陷入"攀比"的坑，或者说不要在别人屁股后头狂奔，那样容易被"带沟里去"。这是一种老道。

分众传媒在进军体育产业时避开了足球这一大热门就显示了这种老道。分众传媒虽然也是非常成功的企业，实力不弱，但与阿里巴巴、中信集团、中国恒大、乐视网、苏宁电器比起来毕竟还是差了一截。现在的足球真不是一般人能玩的，买个外籍球星要花好几亿元人民币——当然，足球热有热的道理。一般来说，足球的产值会占到整个体育产业产值的40%。换言之，以体育产业总产值5万亿元人民币计，2025年我国足球产业的产值将达到2万亿元人民币，以体育产业总产值7万亿元人民币计，2025年我国足球产业的产值将达到2.8万亿元人民币。让无数英雄竞折腰不是虚的！

一句话，太“烧钱”！恒大淘宝已经烧了10多亿元人民币，仍没有显露出盈利的迹象——当然，其市值一度超过200亿元，但终究让人觉得有点虚。

所以，我觉得分众传媒不碰足球的打法是很明智的。具体地说，投资咕咚运动、投资全球WME-IMG、领投英雄体育都是偏重互联网的新式打法，且都与分众传媒的主业关系密切，可以达到为分众传媒扩大广告媒介与受众的目的。

一、咕咚运动不必多说，是一个非常典型的以互联网终端+APP来圈粉的打法。这种打法已有很多成功先例，小米是最典型的，另外美柚、大姨妈也相当成功。当然，这种打法也存在技术门槛不高、竞争对手偏多的问题。

二、艺人和运动员经纪大都可以被转化为网红业务。实际上，除了个别人外，草根网红的生存周期大都比较短，传统的影视明星与体育明星相对而言要比草根网红靠谱得多，商业价值也大得多。更直白地说，网红不就是明星、名人吗？

三、电子竞技则是一个堪与足球比肩的领域。在欧美和韩国等发达国家，政府对电子竞技都给予了极大的支持，电子竞技产业也为其带来了相当可观的经济效益。以我们的邻居韩国为例。1997年亚洲金融危机爆发后，韩国政府致力于发展新兴产业，其中的一个举措即大力推动电子竞技产业的发展，并将主导权赋予了韩国文化体育观光部门。

相关统计显示，2014年，韩国的电子竞技产业的产值已超过120亿美元。就人口与国民收入等因素而言，我国电子竞技产业的产值应该是韩国的15—25倍。换言之，我国电子竞技产业的产值至少也应该达到万亿元人民币的规模。正是因为看到其发展前景，最近几年，我国政府也在大力推动电子竞技产业的发展，一些城市甚至把它作为主导产业，比如宁夏的银川和江苏的苏州（太仓），前者号称要打造中国电竞之都（承办WCA电竞大赛），后者号称要成为电竞之城。

与足球产业相比，在我国电子竞技产业有一大优势，即产业链完整。我国的电子竞技产业依托信息产业。由于信息产业发展得很好，产业链完整，所以虽然2013年以后我国才将电子竞技作为一个完整的产业看待，但至今——仅用了短短两三年即已形成相对完整的产业链，包括主导方、广告主、电子竞技俱乐部、赛事、媒体、电子竞技受众、政府主管部门等。

有了产业链才能有稳定的盈利模式。这也是我在短期内更看好电子竞技投资而非足球投资的根本原因。而从长期看，我也觉得电子竞技的投资机会不会比足球少：现在的孩子大都在玩电游，踢球的很少。有人会说那是因为球场少造成的，加大投入即可改变。不能说这种观点没道理，但它肯定不全面。我总觉得玩电游的孩子多于踢足球的孩子还有另一个原因：玩电游的参与度要高于踢球。

除了偏重互联网，我觉得分众传媒进军体育产业还有一个更为值得点赞的打法：成立私募股权投资基金而非全部自己投资。这一方面分散了部分风险，另一方面扩大资金来源与资源来源——在募集资金的同时可以募集到其他资源。滴滴为什么能从众多打车软件中杀出重围？一个重要原因是他得到了腾讯的投资，从而也就得到了腾讯的资源。资金的背后一般都会有许多资源。

我觉得这种产业资本与金融资本并举的打法尤其适合于那些希望就解决方案、产业链、生态圈进行布局的企业，阿里巴巴、腾讯等都是如此。可以预计，分众传媒及其旗下基金仍会继续投资或收购体育类公司，因为现在其还没有形成闭环，也因为体育产业的边界在扩大。

第 10 章

// 现代农业：用互联网重塑农业

农业触“网”，传统与现代的融合

2012 年 3 月，世界五百强之一、中国钢铁行业的领军者——武汉钢铁集团总经理邓崎琳对外宣布，武钢将投资 390 亿元用来发展立体养殖、绿色养殖。一石激起千层浪，消息一经发出，便引发了业内外人士的热烈讨论和质疑：堂堂钢铁“巨无霸”不专心发展发展钢铁产业，却跑来养猪种菜，是不是有些不务正业？有人认为这只是武钢在钢铁市场低迷情况下的一次自救行为罢了，但我认为这件事是近年来中国农业发展情况良好的反映。

在宣布养猪计划 7 年之后，2016 年 11 月 25 日，互联网大佬丁磊的味央猪终于出栏了。紧接着，丁磊又宣布了种茶计划。

中国是传统的农业大国。在过去的几十年里，中国农业发展取得了较为显著的成就，对世界农产品市场的影响力也在不断增强。农业一直都为政府所重视，从土地制度改革、城乡统一发展、农业现代化到农产品安全，与农业有关的几乎所有领域均得到了国家的大力扶持，特别是进入 21 世纪后，中国政府更是从经济社会发展全局的角度出发制定出了实现农业现代化的方针、政策。

最能体现这种重视是中央一号文件的内容。自 2004 年以来，中央每年印发的一号文件都是关于现代农业建设战略部署的，特别是近几年，“农业现代化”一直都是中央一号文件中的关键字：2013 年，文件强调要“加快发展现代农业”；2014 年，提出农业现代化的推进；2015 年，强调走“产出高效、产品安全、资源节约、环境友好”的现代农业发展道路；2016年，指出破解“三农”新难题要从确立发展新理念出发。

在国家政策的大力支持下，近年来中国农业取得了可喜的成绩，目前中国已经是世界最大的农产品生产国之一，许多农产品的产量在全球遥遥领先，其中谷物、油菜籽、水果、棉花等产量更是位居世界之首。另外，在畜牧养殖领域，中国一直承担着“猪肉生产大国”的重任。相关统计数据显示，过去十年，中国猪肉产量占据了全球总产量的半壁江山。在水产养殖领域，中国也是让其他国家望尘莫及。相关统计数据显示，自1989年起中国水产养殖产量便一直稳居全球第一。有相关机构预计，2022年中国水产养殖产量极有可能达到全球总产量的63%……

在对外贸易上，自2001年加入WTO后，中国便在保证重要粮食产品自给自足的基础上加大了对部分农产品市场的开放，这使得中国农产品的贸易额大幅增加。农业部国际合作司发布的数据显示，中国农产品进出口额由2001年的279亿美元增长到2015年的1875.6亿美元。受国内外经济增长放缓的影响，这一上涨趋势在2016年有可能发生变化。商务部2016年12月14日发布的《中国农产品进出口月度统计报告》显示，2016年上半年，中国农产品进出口总额为867.5亿美元，出现了十多年来的首次下滑，同比下降了3.0%。具体如图10-1所示。

成绩固然可喜，但也应该看到在农业发展方面我们仍面临一些问题：一是土壤质量与生态环境不断恶化；二是人均农业产值较低；三是资源依然稀缺，人均土地面积少，水资源供应不足。这些问题可以归结为一个问题：总体上中国农业仍处于靠天吃饭的状态。

要解决这个问题就得实现农业产业化，或者说农业现代化。但改革开放三十多年来，和工业化、城镇化相比，中国农业现代化一直是“跟不上趟儿的”。

中投顾问曾在其发布的《2016—2020年中国现代农业投资分析及前景预测报

告》中指出，作为国家现代化的基础和支撑，农业现代化的发展既是新机遇，也是新挑战。随着经济社会的不断向前发展，农业现代化的内容也在不断丰富。目前，除农业生产过程的机械化、水利化、电气化等内容外，农业现代化的内容还涉及生产的条件和技术、管理制度等。建设农业现代化的过程就是对农业产业、基础设施、经营管理和质量保障体系不断完善的过程，也是推动技术创新和化解自然风险、环境污染、资源限制等各种问题的过程。

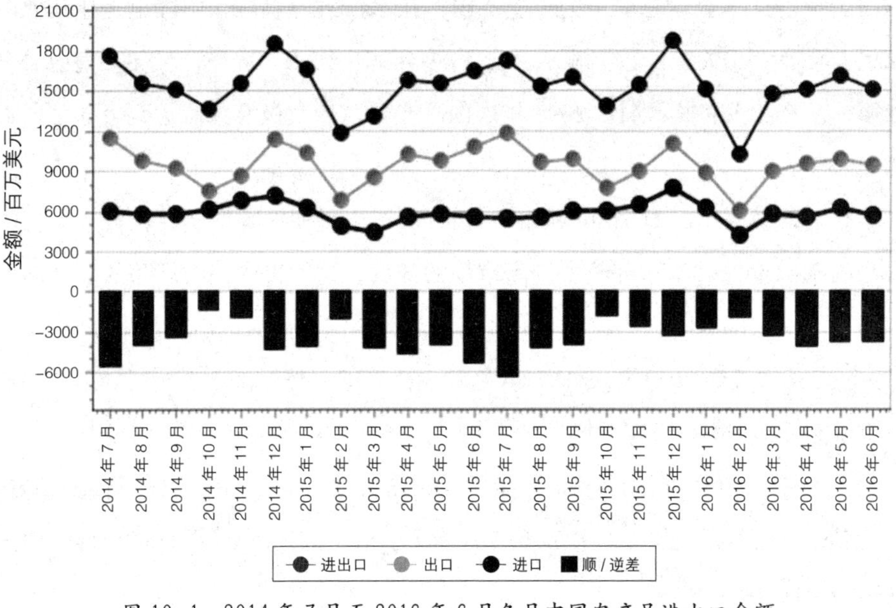

图 10-1 2014 年 7 月至 2016 年 6 月各月中国农产品进出口金额

换言之，农业现代化需要新的内涵。这个新内涵就是互联网 + 农业。这很容易理解，所谓农业现代化就是用工业化技术来提升农业的生产效率，而工业化与信息化并行一直是中国基本发展思路。

正是基于这种认识，互联网 + 农业进入了人们的视野，进而进入了政府的视野。2014 年的中央经济工作会议将“加快转变农业发展方式”列为中国 2015 年五大经济大任务之一。其后，李克强总理在 2015 年的政府经济报告中提出了

“移动互联网 + 农业”的行动计划。各部委的相关规划随之而出：2015 年 5 月商务部发布《“互联网 + 流通”行动计划》发布，将电子商务进农村视为第一大目标；2015 年 11 月《国务院办公厅关于促进农村电子商务加快发展的指导意见》发布；2015 年 11 月国家财政部发布《农业综合开发扶持农业优势特色产业促进农业产业化发展的指导意见》，表达了对“互联网 + 农业”、建设“特色农产品电子商务平台”大力支持的态度。

在政策红利的推动下，近两年来，互联网和农业融合的脚步明显加快，农业再生产的各个环节均受到线上监控监管。

那么，农业有多大的市场空间呢？图 10–2 是网上流传的数据图，从中我们不难看出，农业产业链上的每个环节的市场空间都有千亿元甚至万亿元。

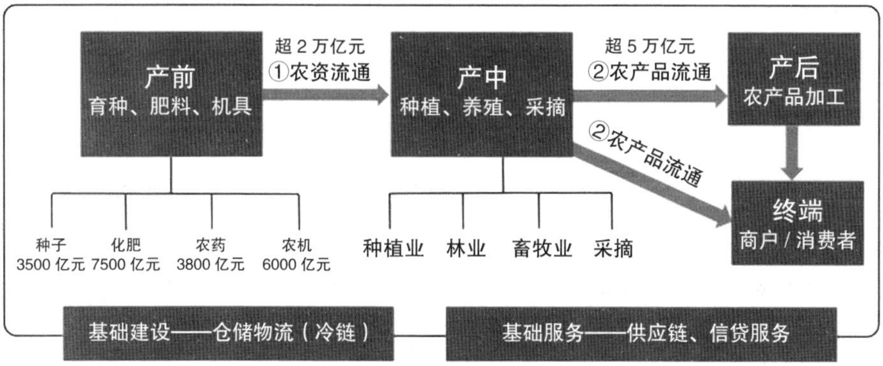

图 10–2 农业产业链数据示意图

从发达国家的情况看，互联网技术几乎可以被用于农业产业链的所有环节，无论是产前的育种、肥料、机具，产中的种植、养殖、采摘，还是产后的物流销售、产品加工，均可被互联网技术优化。显然，“互联网 + 农业”是一盘大棋，非常值得期待。

抢占供给侧改革大潮，点燃农业的涅槃之火

秉鸿资本创始合伙人孔强曾经说过："将农业与科技创新结合，通过传感器、物联网、生产自动化等技术，降低人工成本，提升效率，实现生产过程中监控监管的改善以及尝试营销端各种各样的模式，将会是未来农业投资中百亿级的机会。而通过互联网平台把区域农产品的消息发布给终端消费者，优化农产品的资源整合能力将是未来的风口。"

现阶段，中国农业正处于由传统型向现代型转换的关键时期。以往分散的生产和交易方式将会被先进的互联网化方式取代，实现规模化、标准化的生产。实现这种转换少不了技术、人才、政策等因素的支持，更少不了资本的支持。农业现代化需要资本，资本也不想错过农业现代化的"风口"。于是，近几年来，"巨头下乡"的消息便时有出现——阿里巴巴、京东商城、联想控股、苏宁云商……众多互联网公司开始布局农业产业或农村市场。

早在2010年，联想就开始了在农业领域的布局，并在几年里进行一系列的投资并购活动：2014年11月，联想对翼龙贷进行了10亿元人民币的战略投资；2015年3月，向农资电商云农场投资了1000万美元；2015年8月，其旗下佳沃集团的生鲜电商平台"佳沃市集"正式上线，同时佳沃集团还在全国范围内启动了新农人孵化器布局；2015年12月，佳沃集团和鑫荣懋集团达成战略合并协议，新公司"佳沃鑫荣懋"以50亿元人民币的年销售规模成为国内最大的水果公司。

阿里巴巴在2013年底向生鲜电商易果网投资了1000万元人民币，并于2014年推出了"千县万村"计划，全面构建农村电商服务体系。同时阿里巴巴还针对农村市场特意研发上线了村淘APP，并进行"村淘合伙人"的招募，并推出了以"洋货下乡、土货进城"为主题的"阿里年货节"活动。

2016年12月20日，阿里巴巴旗下子公司蚂蚁金服发布农村金融战略——“谷雨”计划，计划在未来三年里联手100家龙头企业为大型种养殖户提供金融服务。

2014年11月，京东商城正式启动农村电商项目，之后便一直将发展农村电商作为主要业务之一。2015年4月，京东商城在“广东省农村电子商务发展峰会”上提出了农村电商的“3F战略”，即工业品进农村战略、农村金融战略和生鲜电商战略，之后围绕该战略进行了物流、营销、金融、大数据等网络的建设，全面促进“三农”电商转型升级。到2016年9月，京东商城已经基本完成了对一个以涉农企业和个人为核心的农村金融生态圈的构建。

2014年，苏宁云商启动了配合发展农村电商的贫困县建店计划，并在苏宁易购上上线“地方特色馆”，截至2015年，已完成千家包含苏宁易购直营店、服务站在内的店面建设工作。2015年7月，苏宁云商获得阿里巴巴283亿元人民币的战略入股，其后双方在推动农村电商的发展方面达成了协议。2016年1月15日，苏宁云商宣布将投资400亿元在湖南全面推进“互联网+农业”业务。2016年5月，苏宁云商农村金融事业部正式成立，并在三个月后和农业服务平台农分期达成战略合作，二者未来将携手打造面向农村市场的农村信贷品牌——“惠农贷”。

从上面所述内容不难看出，产业资本投资农业的兴趣是很高的。

除了产业资本，金融资本对农业的投资也很积极：顺为基金、天图资本、春晓资本等投资机构均纷纷“携资本以抢市场”。顺为资本联合创始人雷军就曾明确表示：“农村互联网蕴含着海量的创新机会。以往互联网创业是以城市为核心的，农村则会越过互联网直接进入移动互联网。顺为3年前想投资农村互联网创业企业，当时没有找到一家合适的投资标的，没有人愿意回到农村创业，没有人愿意做苦力。可喜的是，现在农村互联网创业已经起飞。顺为 2 年前开始投资，现在已投资了 10 多家，未来至少会投资 100 家。”

投中信息旗下金融数据产品 CVSource 发布的数据显示，2016 年第三季度中国 VC/PE 在农业领域的投资案例共计 8 起，投资金额总计 1.913 亿美元，环比增长 46.48%，同比增长 211.56%。无论是投资数量还是投资规模，该季度都实现了自 2015 年第四季度以后的首次回升——虽然案例数量比上一季度仅仅增加了 1 起，但投资规模却有非常明显的增长（图 10–3）。此前，由于“触网”不久，一些相关技术未能得到市场认可，被投资企业业务进展不顺，造成投资机构对“互联网 + 农业”的热情有所下降，相关的投资数量和投资金额均经历了一个持续一年多的下降过程。显然，这个过程也是对“互联网 + 农业”的投资回归理性的过程。

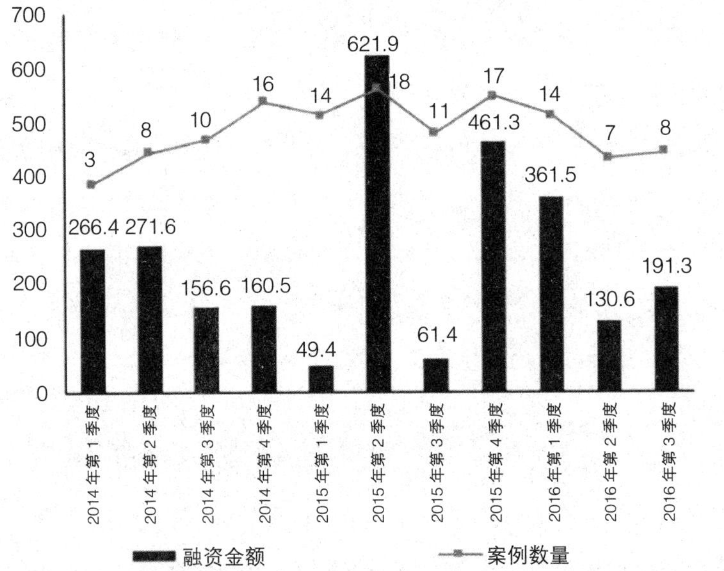

图 10–3　2014 年第 1 季度至 2016 年第 3 季度中国农业 VC/PE 融资情况

不论是产业资本还是金融资本，加码农业投资都是因为农业生产和流通方式落后，需要提升和改造的空间很大。换言之，“互联网＋农业”会产生更为剧烈的化学反应。事实也证明了这种化学反应确实存在——主要是在农产品电商、农资电商、农村互联网金融、农业信息化等领域。

国家统计局发布的2016年第3季度宏观经济数据显示，2016年前三季度中国农业行业的投资出现了明显的回升态势，其中农林牧渔业投资的同比增长率达到了20.1%。这说明国家发改委联合农业部发布的《关于推进农业领域政府和社会资本合作的指导意见》已经开始发挥作用。该意见明确指出：未来将对开展高标准农田、种子工程、现代渔港，以及动植物保护等农业基础设施建设和公共服务的社会资本进行重点支持，同时还将加强政府农业的投资引导，并强调要加快农村集体产权制度的改革步伐，使得合理的投资回报机制尽快建立。

可以说，农业在供给侧改革的大潮中是非常抢眼的，农业的发展前景也是毋庸置疑的。这正是众多资本争相涌入农业产业最主要的原因。

但需要注意的是，农业是一个很特殊的产业：从早期研究培育到后期发展成熟并实现稳定盈利往往需要很长的时间，且在这个过程中，不确定的因素是很多的。这与许多PE/VC的运营周期是有冲突的。因此，做农业投资最好成立相关主题的专门基金。

依托互联网，现代农业将不断“精耕细作”

随着移动互联网时代的来临，资本开始挖掘农业这块“最后的处女地”，传统农业向现代农业转型的步伐再次提速。在这场伟大的“互联网＋农业”的变革中，新的投资机遇以及来自传统行业自身的局限性都在考验着各路资本的远见。学会从细分市场中寻找机会则是所有投资者的必修课。

CVSource发布的数据显示，2016年第三季度，取得VC/PE融资的8起案例中，有3起面向的是种植及加工领域，4起面向的是畜牧及加工领域，另外一起面向的是农林牧渔其他行业。而从融资金额的角度看，排名第一的是种植及加工领域，金额为1.0327亿美元。畜牧及加工领域虽然取得了融资数量排名第一，但由于单起的平均融资较小，其融资总金额远远不及种植及加工领域（图10–4）。

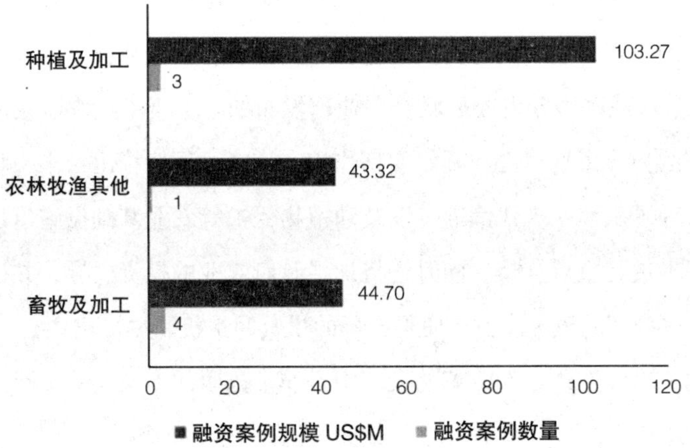

图10–4　2016年第三季度农业行业细分领域VC/PE融资情况

畜牧及加工领域投资案例数量虽多但总投资金额却少的主要原因是投资周期长、获利低且风险性高。目前，大多数投资机构虽然并非不看好畜牧及加工领域，但在实际投资时却很谨慎——只是试水性质，不愿投入过多的资金。

农业是一个覆盖范围很广的产业，包括种植业、畜牧业、林业、渔业等细分行业。德勤中国曾经对近几年来农业领域的投资进行了统计和分析，并在《中国全产业链现代农业发展和投资报告》中指出，目前农业投资的主要细分行业是谷物、蔬菜种植、牲畜、家禽饲养、造林等领域。

对此，德勤进一步分析称，投资机构对农业细分领域的投资偏好一方面反映出关系国民生计的基础种植、养殖行业更容易取得资本的青睐，另一方面也体现出了由于生活水平的提高，中国消费者的消费结构正在改革、升级，人们对农产品的需求已经不再满足于维持基本生存需求。德勤发现，投资机构对农业细分领域投资偏好的变化始于2010年，具体体现为：

在畜牧业领域的投资呈现稳定增加的局势。德勤表示，这与消费者食品消费结构的升级有着直接的关系。在乳制品、肉制品等食品安全问题频发的今天，投资机构会更青睐那些力图通过发展畜牧养殖项目从而能直接从产业链上游取得资源的企业。

而另一方面，随着消费者对于含有高蛋白、低脂肪、高营养价值水产类食物需求的逐步增大，渔业也成了投资机构重点关注的对象。渔业投资呈现出明显的上升趋势。

同时，从近几年来的交易规模看，林业投资热度正在减少，虽然也能看到零星的大规模交易，但就整体而言，投资机构对于林业的兴趣无疑是在下降的。一般来讲，投资热度下降意味着一个细分行业即将进入产业整合期。

此外，从数据上来看，近几年来，以茶、中药材为代表的非生活必需品类农业项目的投资比重也有所增长，这在一定程度上反映出了中国农业生产活动和产品价值处于逐步扩张状态。所占比例虽小但增长稳定的非生活必须用品类农产品将在人们的日常生活、保健、康复等方面发挥更大的价值。

随着农业产业的不断升级以及现代农业时代的到来，我相信未来农业会进一步细分，即诞生越来越多的细分行业，同时农业服务业会空前繁荣。换言之，农业将会与信息技术（互联网、物联网）、生物科技等拥有高附加价值的新兴产业融合，进而迸发出技术、产品、商业模式等方面的创新能量，其也会催生出新的细分行业。

慧眼识珠，把握好转型孕育的机会

英国著名哲学家培根曾经说过："善于识别与把握时机是极为重要的。"机会就像风，只有对于那些善于把握和利用的人才是动力，对于投资者来说，正确判断和抓住机会是非常重要的一课。

互联网的飞速发展无疑为很多传统行业灌输了新鲜的血液，成为推动行业转型和改革的关键力量，就连在人们印象中一直很“土”的农业，在互联网和移动互联网的“风口”之下，也开启了从传统农业向现代农业的转型升级之路。在这个过程中存在着众多的投资机会。

1. 特色农业

所谓特色农业，就是包括绿色农业、有机农业、休闲创意农业等在内的一些具有特色的农业。近年来，投资机构对该领域的关注逐步增强。虽然从规模上来说，特色农业只是对传统农业的一种补充，但是由于其更能满足消费者日益增长的多元化消费需求，所以该领域的发展也是值得期待的，毕竟我们生活在一个崇尚个性的时代。该领域当前的主要问题是市场集中度低，没有规模效应。谁能在该领域率先实现规模化运营，谁就能“跳脱”出来。

作为投资人，我认为这种企业是非常值得关注的，且愿意给予其较高的溢价。

2. 打通上下游，构筑完整的农业产业链

中国农经学会会长尹成杰曾经指出，“互联网 + 现代农业”的快速发展需要把握四个关键问题：首先是运用互联网技术和信息技术，在决策和信息层面指导农产品生产；其次是要通过运用互联网技术，改善农业产业管理；第三是要运用互联网技术改善农产品的流通体系，让流通过程更加顺畅；第四要运用互联网技术建立农产品质量全程可追溯体系，实现农产品的标准化生产和管理。也就是说，“互联网 + 农业”应该是以现代信息技术为突破，用信息流调控农业活动全过程，而不仅仅局限于买卖环节。

由于落后的生产和交易方式，农业产业链显得特别冗长，不利于农业产品供需之间的匹配。而互联网的一大优势就是去中心化，让各种信息迅速地在各个信息主体之间得到传播和交流。因此，在互联网不断向农业渗透的过程中，产业链的全方位拓展和整合绝对是值得投资机构看重的一个发展方向，特别是对于那些实力雄厚的企业来说，全产业链策略的可操作性和现实吸引力就更加明显。

2013 年 3 月，中粮集团将中国最大的跨区域粮食物流企业——华粮集团纳入麾下，借助华粮集团完善的物流体系和仓储体系改善自身在该领域的不足，进而构建起农业的全产业链。中粮通过华粮的通道体系实现了自身内部生产资源和产业跨区域布局，完成了产销网络的搭建。可以说，中粮集团这次并购活动所产生的协同效益和规模效益，在农企的全产业链布局中有着标杆性的示范意义。

需要注意的是，如今，农产品、农资电商的发展虽如火如荼，但大多仅停留在渠道的改变上，并没有触及农业产业链的根本。有的企业甚至把农村当成其产品的倾销地。对此，投资机构要格外留意。

我认为投资机构应该投资那些会打造生态环境的企业，而非只会“跑马圈地”的企业。

3. 智慧农业

互联网时代的社会最显著的特征就是智能化。在这个崇尚科学技术的时代，生物和信息科技在农业领域的应用有着广阔的市场前景，同时由于该领域的研发专业化程度高且全程风险可控，所以投资风险也相对较小。

2015 年底，北京市政府投资建造了一种新的智能温室大棚，用于蔬菜种植。该智能大棚融合了物联网、能源再生、无影玻璃、无土栽培、电子标签、光伏发电、采摘机器人、智能分类、智能喷灌等最前沿的技术，实现了以智能化生产为特征的智慧农业。

互联网之于农业，就是将先进的技术理念和中国传统行业相结合，让互联网技术在农业产业链的各个环节中得到应用，实现农业信息交换渠道的畅通，以最终使流通模式得到拓展，推进农业产业内部的深度变革。但由于当前技术尚未完全成熟，智慧农业的发展也只能处于蓄势状态。投资机构在领资智慧农业时要做好打持久战的准备，且最好投资那些技术成熟度较高与稳定性较好的企业。

4. 农村电商

“互联网 +”是一种神奇的力量，当互联网“+”到哪个传统行业，哪个传统行业就会像加了催化剂一样发生脱胎换骨般的变化。“互联网 + 农业”应用最多的、最直接的领域就是农村电商，包括农产品电商和农资电商等。

智研咨询在《2016—2022 年中国农村电商市场运行态势及发展趋势预测报告》中指出，2015 年，中国农业电子商务市场交易规模累计高达 1444.5 亿元。智研咨询预测，中国农业电子商务将在 2017 年进入高速增长期，预计环比增长率极有可能达到 51.6%；2018 年，其市场交易规模将实现飞跃式发展，突破 3800 亿元。

华英农业本身属于传统行业，在“互联网化”和“电子商务化”的进程中，华英农业投资 2000 万元建立了农业电商平台——华禽网。

华禽网的目标是打造中国第一个专业的禽肉批发电商交易平台。其商业模式是构建电子商务流通链：联结起生产者农户、农村销售合作组织、商务电子批发市场、线上零售商、消费者等环节。多年来华英农业积累了丰富的经销商、物流资源。通过华禽网他们对二、三级经销商进行了整合，将其转变为华禽网的服务商，然后构建起产业链线下渠道。华禽网将线下商机与互联网有机结合在一起，让互联网成为线下交易的前台，在消费者和商家之间实现了无缝链接，真正构建起了从“农场”到“餐桌”的超级农牧平台。

农村电商有不同于普通电商的特性，比如农产品、农资商品的区域性、季节性、时效性等。因此，除了阿里巴巴、京东商城这样的全国性电商平台，垂直电商、区域电商也有较大的发展空间，只要他们能找到符合市场需求的特色盈利模式。

5. 环保农业

2016 年 10 月，国务院印发《全国农业现代化规划（2016—2020 年）》。该规划明确指出，未来我国将加大在农业面源污染防治、秸秆等废弃物资源化利用水平、保护生物多样性等农业环保领域的投入。

华兴控股集团曾投资过一个秸秆项目。该项目的核心是一种把秸秆“压制”成一种具有高环保价值的新材料的技术。利用该技术生产的产品主要由农作物秸秆和其他化合物构成，其中秸秆占比高达 80%，且不含塑料和甲醛，安全环保。该技术的普及将使农民焚烧秸秆等问题得到有效解决。

应该说，当前我国环保农业尚处于起步期，每走一步都会遇到问题，但这不意味着没有投资机会。相反，我认为其所蕴藏的投资机会更大。

6. 农村冷链物流

资源分布不平衡是当前中国农业最为突出的一个特点。随着生活水平的提高，人们的饮食消费结构需要升级，对反季蔬果以及不易保鲜的水产品的需求不断增加。种种迹象表明，未来，中国农业物流仓储服务市场巨大。中粮集团通过并购华粮集团的方式进行物流体系和仓储体系的完善，即是基于这种认识。预计类似的并购活动今后还会出现。

特别值得一提的是，冷链物流尤其值得投资机构关注。事实上，农业电商的快速发展已极大地提升了冷链技术在农产品物流环节的重要性。自 2012 年电商企业开始试水生鲜市场以来——顺丰优选、天猫商城、苏宁易购、京东商城等平台所覆盖城市的数量迅速增长，中国冷链物流需求便进入了高速增长期。

众所周知，中国农业资源约束力较大、生产效率有待改善且规模化程度较低。这些不成熟的因素会给投资机构投资农业带来各种风险和挑战。对此，投资机构应该心中有数。

首先要理性规划，杜绝盲目投资。农产品生产周期较长，收益不会立竿见影，因此投资企业一定要做好长期规划。有些企业只看到国家政策的扶植，而没有考虑到自身的优势在哪里，往往会铩羽而归。最近几年，一些从事房地产、建筑、医药等与农业八竿子打不着的企业纷纷进入农业市场，结果大都不好，甚至有“跑路”者，最终导致农民利益受损。

其次要看准市场，进驻适宜投资的农业领域。随着中国传统农业向现代农业转型，农业功能和形态在不断拓展。由于不同产业领域及其各价值环节的资本结构不同，可进入性和风险收益率也不同，投资机构要考虑清楚相关问题再进入，比如是否具有专业化知识、行业风险收益率和政策指向性等。例如适合企业化经营的种养殖业就更适合大资本进入，因为在现代技术条件下，动植物的生长过程是可以控制的，是能够实现工厂化生产的，同时其对资金和技术的要求较高，单个农户很难进入，大资本在此领域更有优势。

中国是一个人口大国，也是一个农业大国，农业是中国的基础产业，也是一个弱势产业，有许多需要改革和提升的地方。因此，投资农业肯定是有大机会的。但投资机构要清醒地看到，投资农业需要有打持久战的准备，并制定出长期战略。只有这样，才不至于“乘兴而来，败兴而去”。

【案例 10】联想控股打造农业生态圈：让并购成为主驱动力

提起联想，几乎所有人都会想到一个传奇人物——联想控股股份有限公司董事长柳传志，柳传志绝对可以称得上是创业界的一个传奇，这个传奇不仅仅体现在他一手将联想从 11 个人 20 万元资金的小公司发展成了今天中国最大的计算机公司，更重要的是，对于许多年轻人来说，他创业这件事本身就具有极大的激励意义。这个四十岁才开始创业的男人，用他的亲身经历告诉人们：创业成功远非我们想象般那么遥不可及，只要肯努力，一切皆有可能。

联想控股股份有限公司成立于1984年，旗下拥有联想集团等十余家成员企业。最初从IT行业起步，经过三十多年的发展，现已成为一家大型多元化的投资集团，投资业务主要分为IT、现代服务、金融服务、农业与食品、房地产以及化工与能源材料六大板块；财务投资业务包括天使投资、风险投资及私募股权投资，覆盖企业发展的所有阶段。

渊图远算：蓄势已久的“务农”大布局

2010 年，柳传志做出了一个让很多人感到诧异的决定：投资农业。不但成立了专门的农业投资事业部，还对此做好了规划蓝图——“先从水果起步，逐步进入其他领域”。

决定投资与原有产业几乎不搭界的农业，对联想控股来说，挑战不言而喻。在投资 10 多亿元，经历了 6 年的奋斗之后，联想控股初步完成了对农业板块最初的构想，旗下已拥有佳沃集团、丰联集团（现代农业和食品板块）、翼龙贷（金融服务板块）与网上农资垂直交易平台——云农场，初步形成了农业生态圈。

2011—2014 年，联想控股农业亏损 10 亿元。2015 年，联想控股农业收入达 300 亿元以上。投资农业，或许是联想控股旗下最“慢”的一笔投资，但也是最具潜力和最具发展空间的一笔投资。

其实，对于现代农业，联想蓄势已久。柳传志说，进入现代农业这一领域，联想是经过“非常认真严肃的思考，经过了长期调研”，才“下定了决心要做这件事”。

在投资农业之前，柳传志曾与经济学家周其仁教授进行过探讨。周教授认为，“中国乡村是一个冻土层，打松了业务会有很大的发展。农业应该有突破性的做法，以往的分散经营没法做大。”

柳传志说，最初想做农业有两个原因：第一个是国家需要、老百姓需要——食品安全已经成了老百姓的一个非常重要的话题，老百姓对食品没有安全感，市场上出现劣币驱逐良币的严重现象，民众和国家都需要放心食品；第二个是土地改革给了农业新机遇，农业发展空间很大，联想控股准备采用的方式相比于传统农业的运作方式有巨大的发展空间和盈利空间。经过反复衡量，联想控股的决策层虽然觉得挑战很大，但是相信自己有能力做好。

重点突破：从高端水果入手并购起跑

与其他企业不同，作为金融控股公司，联想控股进军农业是从并购开始且主要用并购来驱动的。

2010 年 7 月，经联想控股执行委员会讨论决定，正式成立联想农业投资事业部，现代农业随之成为联想控股的五大支柱产业之一。

2012 年 8 月，在原农业投资事业部的基础上，佳沃集团成立。2013 年 5 月 8 日，经过一年多的准备，联想控股正式推出了现代农业品牌“佳沃”。

柳传志对佳沃提出三个要求，首先介入的农产品，要同时达到三个条件：体验感强；容易产生差异化，便于建立品牌；能够保证产品的品质与安全。

按照柳传志提出的方向，佳沃集团董事长陈绍鹏认为，果业作为切入口应该是个很好的选择。据陈绍鹏介绍，“果业有超过 5000 亿元的市场规模，是一个充分竞争的行业。现代农业里，超过5000亿元的领域不多，只有猪肉（过万亿）、油、果、蔬等五个左右。过去10多年，果业每年的增速在13.6%以上，未来几年也有8%—10%。”另外，果业与联想控股要做出农业品牌的总目标最近。第一，中国果业目前没有强大的品牌；第二，水果容易产生差异化，口感如何消费者一尝便知；第三，水果有几年的生长期，投资周期较长，有一定的投资门槛。

而之所以选择蓝莓和猕猴桃这种高端水果作为主打产品，则主要是为了利润。高端水果处于水果行业的金字塔尖，可以让联想控股有足够的利润空间去探索现代农业的发展之路。

方向确定之后，联想控股主要以并购的方式扩大其现代农业版图。2012年，佳沃集团先后对青岛沃林蓝莓果业有限公司、四川中新农业科技有限公司进行了并购，并相继在山东、四川、湖北等地建立了蓝莓和猕猴桃示范园。

同时，佳沃还与智利的水果企业Subsole公司、澳大利亚的果蔬公司Perfection Fresh结成战略合作伙伴关系，初步完成了全球化业务布局，拥有了南美洲和澳大利亚的首批种植基地。目前，佳沃已成为国内最大的蓝莓全产业链企业和最大的猕猴桃种植企业。

两年时间左右，联想控股现代农业板块已经完成了初步的战略布局。当然，高调进军农业，联想的格局肯定不会仅仅止于水果领域。

2012年7月16日，联想控股正式注册丰联酒业控股集团有限公司。丰联集团的主业是以并购的方式对酒业进行重组、整合。自筹建以来，丰联集团开展了一系列并购、重组活动：2011年投资湖南武陵酒有限公司；2012年通过增资对湖南武陵酒有限公司进行控股；同年对河北承德乾隆醉酒业有限责任公司进行了收购；同样在2012年的10月，丰联集团收购了安徽文王酿酒股份有限公司；紧接着2012年11月，其又对山东曲阜孔府家酒酿造有限公司进行了收购。与此同时，丰联集团还进入了进口葡萄酒、茶叶等市场。

在2015年之前，联想控股的农业食品板块已相继对水果领域、饮品领域以及主粮领域进行了布局，成立了“佳沃鑫荣懋集团”“丰联集团”“佳沃葡萄酒”“龙冠茶叶”“酒便利”，并和黑龙江北大荒集团成立了合资公司。2015年，联想控股农业与食品板块实现了16.39亿元的收入，成功将去年同期9.48亿元的净亏损转为1.34亿元的盈利。

2015年4月6日，联想控股宣布与澳大利亚海鲜公司Kailis家族签署战略合作协议，再次通过海外投资方式切入全新的领域——海鲜产业。据陈绍鹏透露，海鲜产业是联想控股在农业食品板块的第五个核心业务。

大势所趋：打造互联网新农业

除了自创与并购同行外，联想控股做农业还有另一个特点，即注重农业与互联网的结合，而其同样是通过投资实现的。在这方面有两个案例值得一提，因为对联想控股来说，它们均是战略型的举措。

一是2014年11月3日，联想控股入股三农互联网金融平台翼龙贷。翼龙贷创建于2007年，是中国最早的P2P网络借贷平台。目前，翼龙贷在全国一百多个地级市设有运营中心，覆盖上千个区、县及近万个乡镇。成立9年以来，通过“同城O2O”模式，帮助了几十万个“三农”家庭、个体户、小微企业等得到资金支持。截至2016年8月27日下午，翼龙贷交易总额正式突破100亿元人民币，为中国30万以上的农民提供了就业机会，并为联想控股带来6亿多元的收益。

联想控股进军P2P领域，是在互联网领域的一次重要尝试，同时也进一步实施了在金融服务领域的业务布局。最重要的是，翼龙贷还将与联想控股的现有业务，比如现代农业形成良好的协同效应。

二是2015年3月19日，“联想控股战略投资云农场签约仪式”在山东济宁嘉祥县举行，这是一笔令不少人颇感意外的投资，规模达到千万美元级别。“云农场”是全国第一家网上农资垂直交易平台，经营品类为化肥、种子、农药、农机及其他增值服务，拥有数百家知名农资企业入驻，上线了上千个农资品牌，市场覆盖山东、江苏、河南等十几个省份。

对于联想控股投资云农场，柳传志说："互联网新农业是未来大势所趋，联想控股是要在现代农业与食品领域大展拳脚、长期做下去的，我们从2010年开始持续投资布局，希望为中国的现代农业蹚出一条新路来。今天和云农场的合作，正是整体战略布局中的重要一环"。确实，牵手云农场，是联想控股打造"全新农业产业生态圈"的重要布局，也是促进互联网与传统行业的深度融合，"互联网重塑传统行业"这一战略的落地实践。

投资云农场是陈绍鹏"扫描"了上千家企业后的战略决策。在他看来，得到联想控股助力后，云农场会成为一家集农村电商、农村物流、农技服务、农村金融于一体的农业互联网公司，并创立农村电商的新模式。

联想控股此次布局抓住了整个产业链的最上游——农资销售。农资销售是农业产业链上的巨大商机，根据资料显示，2014年中国农资市场规模为2.24万亿元，联想控股涉足这一领域并不意外。

另外，作为垂直电商，云农场还有一个非常宝贵的核心竞争力，那就是通过大数据产生的增值服务。例如通过分析网上交易的数据，整理出有价值的咨询，并衍生出相关的金融产品，甚至可以建立一个"农产品安全指数模型"，农场主可根据不同的安全指数，把相应的农产品出售给所需厂家，在一定程度上有助于推动中国农产品安全。

陈绍鹏表示，继投资云农场后，联想控股还将继续加大投资力度。不过在农业这样一个长期、复杂的市场，作为战略投资，联想控股会长期投入，而并非像运作基金那样，3—5年就有一个退出期。

应该说，目前联想控股已初步完成了农业生态圈的布局：佳沃集团打通了产业链条，可以为消费者提供高品质的原生态的农产品，实现田间到餐桌的革命；丰联集团从事农产品的再加工、深加工，可以为消费者提供高端的高品质食品和饮品；翼龙贷实现了金融服务"下乡村"；云农场开创了农业电商新模式。

【投资人思考】：如何打造产融结合样板？

食品安全问题是近年来非常热门的一个话题，很多人甚至因为它的存在而“伤时谤世”，对国家与民族的命运“心灰意冷”。确实，这个问题是很严重的，对此痛心疾首是可以理解的。不过，信心不能丢。进一步说，即我们应该认识到它是发展中的问题，只有靠进一步发展才能解决它。

实际上，在全球范围内，作为第一产业的农业的发展路径与属于第二产业工业的各细分产业都是不一样的，它会经历一个产业化的过程，而这个过程意味着脱胎换骨，意味着产品的换代，意味着产业性质的升级，农业品会成为工业品，农业会成为一个混合产业——融合了第一产业和第二产业，甚至第三产业（主要是信息技术服务）。只有经历过这个过程，食品安全问题才能得到全面解决。这个过程在全球都是在工业化达到一个比较高的程度时才发生的。

从整个经济的发展进程看，在中国它来的并不是特别晚。这个过程是五六年前开始的，可以说它是产业结构调整、供给侧改革过程的一个组成部分。联想控股算得上是这个过程的推手之一。因此，我觉得我们可以把联想控股进军农业与食品市场，当作投资者如何以资本运营的方式抓住产业结构调整、供给侧改革的机会对传统产业进行整合的一个案例。

正如本案例所述，联想控股进军农业与食品市场始于2010年，到今年已是第6个年头。在此期间，联想控股一直没有盈利。2016年半年报显示，2016年上半年联想控股农业与食品业务的净利润仅为0.28亿元，同比实现扭亏为盈。换言之，在此之前，联想控股的农业与食品业务一直是是亏损的。不仅利润少，甚至收入也不多——2016年半年报显示，2016年上半年联想控股农业与食品业务的收入为12.25亿元人民币，比起联想控股近1350亿元人民币的总收入，这个数字几乎可以忽略不计。

可以说，联想控股在农业与食品市场上的步伐不快。这种“不快”说明什么？联想控股没有实力？没有能力？没有魄力？答案显然都是否定的——2016年半年报显示，2016年上半年联想控股的总资产已超过3117.33亿元；而联想控股是一直以管理能力强著称，联想集团和神州数码（两者均属IT产业）均以供应链管理高效称雄业内；联想控股做事的风格也不乏高举高打的一面，这个看联想集团即知。我觉得，这种“不快”只能说明联想控股对农业与食品业务“所谋者大”，它要打造农业与食品行业生态圈，并一直在为此进行布局。这也是联想控股创始人柳传志先生所擅长的。

同时，这种“不快”也符合农业与食品行业的特点，从某种意义上说即符合产业结构调整、供给侧改革。众所周知，农业与食品行业的投资回报期要较一般行业更长一些。

说到底，这种“不快”是源于联想控股拥有完整而清晰的农业与食品业务战略。战略始于对市场环境与投资机会的分析：“中国农业与食品领域存在重大市场机遇：一是消费升级。随着中国人均可支配收入的增长和消费习惯的转变，我们认为中国消费者正在寻求生活方式上的改善；二是模式创新。我们认为中国农业与食品企业经营模式在农业生产经营体制改革和科技创新持续推进的过程中实现了不断的变革，给企业创造了巨大的创新空间；三是产业整合。中国农业和食品产生链分割、利益分配机制不太合理，通过产业链协同布局，可以大大提高产品品质和运营效率；四是利用海外资源。海外在资源禀赋、品种、技术方面具有明显优势。”

上述文字出于联想控股2016年半年报，它说明联想控股对农业与食品行业市场环境与投资机会的分析是非常到位的。正是基于这种分析，联想控股制定出符合自己特点的农业与食品业务战略。联想控股的总策略是构建“战略投资＋财务投资”双轮业务协同驱动的创新商业模式，打造价值不断成长的投资组合。因此，其在发展农业与食品业务方面也采用了自投、并购、参股（投资但不控股）多种方式并进的策略。这在本案例中已有充分描述。

自2012年开始，联想控股先后并购了多个农业与食品（包括酒业）生产与销售企业，同时还参股了一些农业与食品（包括酒业）生产与销售企业，包括一些创业企业。实际上，这个过程仍在继续，比如在2016年12月初，联想控股即入驻了创业板上市公司万福生科。万福生科是一家集粮食收储、大米和油脂加工、大米淀粉糖和蛋白粉系列产品产售及研发于一体的农业产业化龙头企业。这意味着联想控股在内地也拥有了一个融资平台。

同时可以大胆预测，联想控股有可能将其农业与食品业务分拆上市，就像当初联想控股将神州数码从联想集团中分拆出来独立上市、近几年神州数码先后分拆其行业软件与系统集成服务业务与海量IT产品分销业务在A股独立上市（股票代码为000555和000034）一样。

显然，这是一种产融结合的“玩法”，这种“玩法”让联想控股“不快”却很稳地初步完成了自己的农业与食品布局。

这种玩法也充分体现了产融结合的一些优点，其也是控股公司这种组织形态的一些优点：一是可以用较少的资本进行更广泛的控制；二是可以在较短的时间内达到进行控制的目的，因为收购已有企业或购买已有企业的股票要比新建一个企业快得多；三是可以通过对众多企业的整合谋取规模经济效益、供应链协作效益、平台效益，提高产出投入比。

所以，这个案例也可以被视为产融结合的一个样板。

第 11 章
// 旅游行业：掘金“10 万亿元时代”

10 万亿元市场在望，变“青山”为“金山”

“世界那么大，我想去看看。”2015 年，一位中学教师简单的一句辞职申请引来了网友们的热议，有人将其评价为“史上最具情怀的辞职信，没有之一”。人们纷纷为这位女教师在事业顺风顺水之际选择离职周游世界的勇敢、豁达的心态而点赞。

随着社会不断向前发展，那个单纯追求温饱的时代早已经成为过去，现在，人们更加注重精神上的满足。生活水平的提高和互联网的发展使人们的视野和心态都有了极大的改变，“坐井观天”已经远远不能满足于人们日益增长的出行需求。新的需求带来了市场供给的变化，结果是旅游市场的日新月异。

事实上，改革开放以来，我国旅游业从无到有，从小到大，至今已经历了起步、成长、拓展、综合四个发展阶段，走出了一条具有中国特色的旅游业发展之路。进入 21 世纪后，我国国民经济总量和国民收入快速增长，为旅游业的进一步发展奠定了坚实的基础，

至 2009 年，我国旅游业正式进入了由国民经济重要产业向战略性支柱产业转型的综合发展阶段。在这一阶段，发展旅游业成为国家战略，旅游业的全面转型随之而来。至今已初步完成了由短缺型旅游向小康型旅游的转型，形成了国内游、入境游、出境游三足鼎立的新格局，同时，我国在全球旅游业中的地

位也明显提升：成为全球第一大国际旅游消费国，在全球旅游目的地国家排行榜中名列第四。可以说，我国旅游业对于我国乃至世界经济的发展都已产生举足轻重的影响。

目前，无论是从人次还是从收入上看，国内游都是我国旅游市场的主力军，是我国旅游业的主要增长点。中投顾问发布的《2016—2020年中国旅游行业投资分析及前景预测报告》显示，1984年到2015年，我国年人均出游次数已经实现了14倍的增长，从年0.2人次增长到年3人次，同时我国旅客数量也从2亿人次扩大到了40亿人次，年均增长率高达10.2%（图11-1），已经成为全球拥有国内游客数量最多的国家。特别是进入21世纪后，我国旅客数量更是呈现出了爆发性增长趋势。另外，相关统计数据显示，2015年我国旅游总收入超过4万亿元（图11-2），其中国内游收入所占比重高达85.8%。

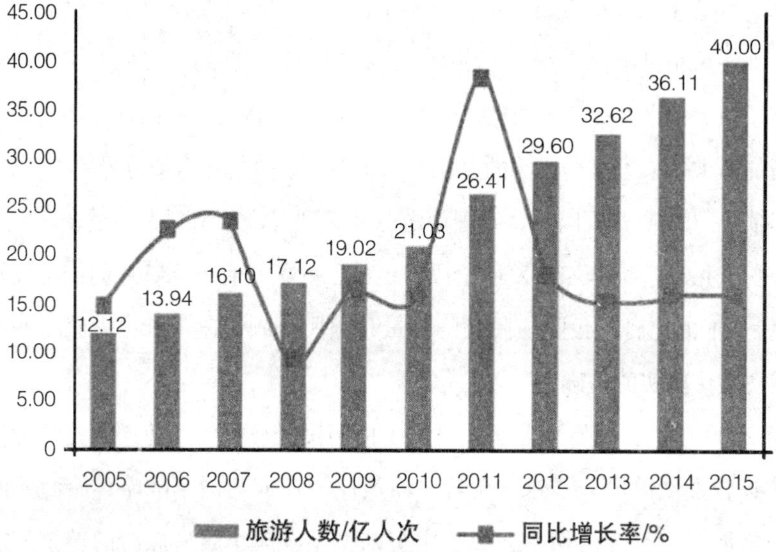

图11-1 2005—2015年中国旅游人数变化情况

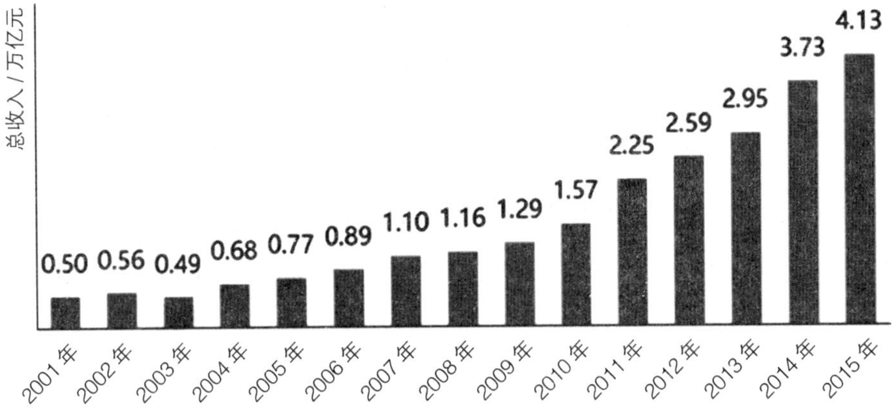

图 11–2 2001—2015 年中国旅游行业总收入情况

另有统计数字显示，我国旅游产业就业人数为 7911 万人，占全国就业总人口的比例为 10.2%，其中直接就业人数 2798 万人。

可以说，种种迹象表明，我国大众旅游时代已经来临。

而在出境游方面，作为全球增长最快的客源输出地之一，目前我国已经成长为全球第一大出境旅游消费国。2015 年，我国出境游人次高达 1.2 亿，中国公民巨大的出境游需求已经吸引了全球各国各地的关注。相关统计数据显示，自 1997 年正式推出公民出境游业务以来，截止到 2016 年 6 月 1 日，我国出境游所面向的国家和地区累计已达 122 个。2015 年我国出境游市场的相关数据显示，我国的出境游消费者最关注的目的地是港澳台地区，其次是东南亚地区和欧洲，另外，日本、美国、澳大利亚等国家或地区也较受欢迎。

再看入境游市场。2012—2014 年，受人民币升值等因素的影响我国入境游市场一直处于小幅负增长状态。2015 年，受人民币贬值等因素的影响，这一趋势得以扭转，实现了 3 年来的首次正增长。2016 年第一季度，我国入境游人次为 622.3 万，同期增长 10.9%。总体来看，我国入境游呈现出小众化、散客化、自助化等特点。

总之，无论是从国内游市场还是出入境游市场看，当前我国旅游业的发展情况都非常好，而在“515战略”、“一带一路”旅游合作战略、“全域旅游”战略等众多相关产业政策实施的“加持”下，可以肯定我国旅游市场会继续保持高速增长。

当前，在政府的大力支持下，我国旅游业正秉承着“创新、协调、绿色、开放、共享”的发展理念不断“开辟”新天地，特别是供给侧结构改革的实施，更为我国旅游业的发展提供了战略机遇。

市场自身的吸引加上政策红利的释放让越来越多的相关企业和投资机构加入到推进我国旅游业发展的大军之中。近几年，我国旅游业一直是投资热土之一，而且这种热度在未来很长一段时间内仍不会下降。

中投顾问在一份研究报告中预计，到2020年，我国将完成从初步小康型旅游大国向全面小康型旅游大国的转变，到时我国国内旅游市场规模将达到68亿人次，国内旅游消费总额将突破10.5万亿元，人均年国内旅游消费额将达到1700元，而出入境旅游人次将达到6.6亿，其中出境人次5亿，入境人次1.6亿，旅游外汇收入将高于1600亿美元。

而到2050年，中投顾问预计，我国将成为世界旅游强国，实现“八高、八强、八支撑”：八高即旅游总量、品质、效益、综合贡献、从业者素质、游客文明素质以及旅游安全水平、旅游科技利用水平高；八强指吸引力、创新力、个性特色、持续发展能力、国际竞争力、世界影响力、全球话语权以及综合带动力强；八支撑指拥有世界一流的旅游城市、企业、旅游目的地、旅游强省强县、旅游品牌、旅游产品、旅游院校以及旅游人才队伍。总之，我国旅游市场的潜力是非常巨大的(表11-1)。

表 11-1　2020 年和 2050 年中国旅游行业预期总收入情况

旅游发展阶段主要指标	2020 年	2050 年
国内旅游人次 / 亿人次	68	140
国内旅游消费总额 / 亿元	105000	600000
国内旅游消费占居民消费总额比例 /%	20	25
人均出游次数	5	10
人均国内旅游花费 / 元	1700	5000
出境旅游人次 / 万人次	50000	260000
入境旅游人次 / 万人次	16000	50000
旅游外汇收入 / 亿美元	1600	10000

跟随游客的脚步，寻找投资新浪潮

“世界潮流，浩浩荡荡，顺之则昌，逆之则亡。”1916 年 9 月，孙中山曾在观看钱江大潮后写下了这么一段千古名言。对于这句话，我的理解是，世界是在不断向前发展的，一个人一定要放宽眼界才能跟上时代前进的步伐，善于观大势者才能谋大事！将其应用到投资者身上，就是要有长远的目光，时刻保持敏锐的洞察力，因为成功永远属于那些善于抓住机遇的人。

人们生活水平的提高、消费观念的改变，再加上互联网的发展和政策的推动，中国旅游市场的发展前景是大家都能看清楚的，流向它的资本自然也少不了。

国家旅游局 2016 年 5 月发布的《2015 全国旅游业投资报告发布》披露，2015 年我国旅游业的投资金额高达 10072 亿元人民币，同比增长 42%，和第三产业相比，这一数字高出 32 个百分点，和房地产行业相比，则高出了 41 个百分点。

这1万多亿元人民币的投资中，有62.6%用在了10亿元以上的项目之上。据统计，2015年，我国在建的10亿元人民币以上的旅游项目多达2057个，总投资金额高达6305亿元人民币，其中50亿元人民币以上的项目有404个，投资金额共计2763亿元人民币，占比27.4%，100亿元人民币以上的项目有185个，投资金额共计1597亿元人民币，占比15.9%。另外，还有一些投资金额在200亿元人民币以上的超大型项目，如河北省唐山湾国际旅游岛、安徽省江北旅游休闲度假区、上海迪士尼项目、湖北省世茂嘉年华以及山东省双岛湾休闲旅游度假城。

特别值得一提的是，与一些重资产行业的投资是以政府或国有企业为主体不同，旅游行业的投资是民营企业“占大头”。2015年，民营企业对旅游行业的总投资金额为5779亿元人民币，占整个旅游行业投资总额的57.4%（图11-3）。民营企业的投资主要集中在经济发达的东部地区，大型综合类休闲度假产品是其第一投资品种。同样，外国资本也青睐东部地区。相关统计数字显示，2015年，在外商对我国旅游业的投资中有66%的资金“落户”于东部地区。相比之下，政府和国有企业则更多地把资金投向了西部地区，投资标的主要是旅游基础设施、大型综合类休闲度假项目以及公共服务设施。

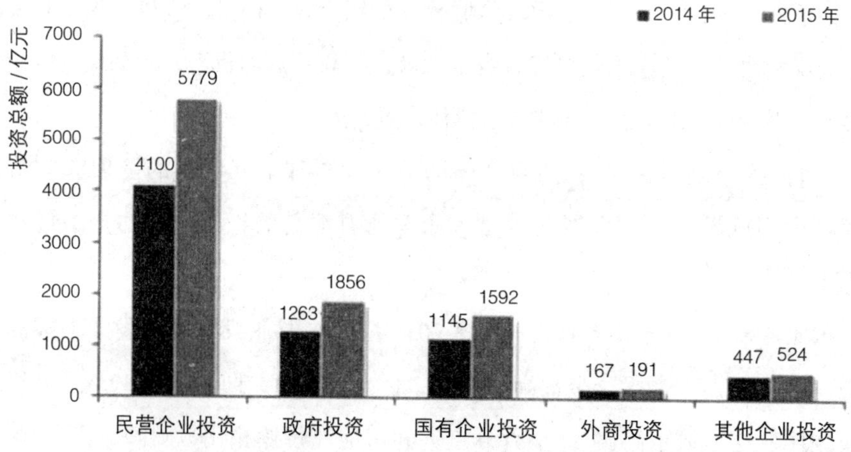

图11-3 2014年、2015年中国旅游投资分配情况

而从总体上看，东部地区仍然是我国旅游业的第一投资热土。2015年，东部地区投资金额总数为5149.4亿元人民币，占据了全国总投资金额的51.1%，同比增长16.3%。就具体的省而言，浙江、江苏、山东等是最集中的省份。值得关注的是，相关统计显示，2015年，西部地区以2714.3亿元人民币的投资金额首次超过了中部地区，其中四川、甘肃、重庆等省份最受投资者欢迎。这说明随着旅游基础设施以及公共服务的改善旅游投资的洼地效应开始显现，西部地区所完成的投资实现了同比147%的增长，涨幅十分明显。相比之下，中部地区的增速则较为缓慢，其完成的投资金额共计2209.3亿元人民币，占整体的比例比西地区少了五个百分点，16.3%的同比增长率也远远低于后者。在中部地区中，安徽、江西、河南是投资热点地区（图11–4）。

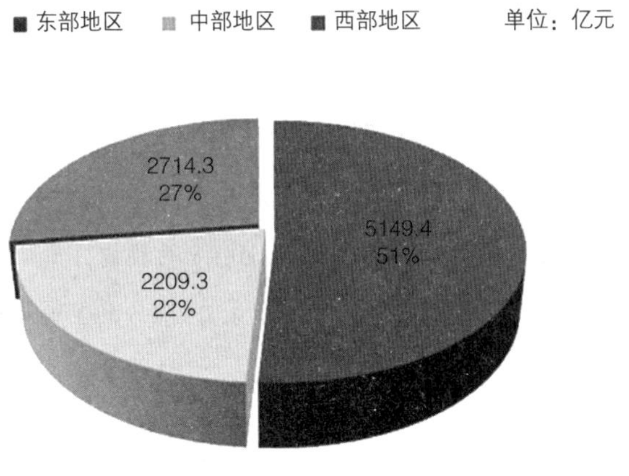

图11–4 2015年中国各地区实际完成旅游投资情况

总之，前一阶段的经济下行压力增大和社会投资增速放缓对我国旅游业的投资几乎没产生任何影响，旅游业投资仍是投资亮点之一。

与此同时，旅游业的行业整合开始提速，一些和旅游业有关的企业加快了对行业资源的整合步伐，相关事件不时传出：

2015 年 8 月 8 日，港中旅酒店有限公司以 4 亿英镑的价格对英国大型酒店集团——Kew Green Hotels 进行了战略收购。这是继 2014 年收购西非最大五星级酒店后港中旅酒店进行的又一次大规模的海外并购活动。收购后，港中旅酒店将获得 Kew Green Hotels 在英国 44 家酒店的所有权以及其他 11 家酒店管理权，从而进入英国酒店市场。

2015 年 9 月 18 日，中国规模最大的综合性旅游企业集团之一锦江集团和铂涛酒店集团正式签约，以 83 亿元人民币收购后者 81% 的股权，以扩展自身业务。

2015 年 11 月 24 日，海航集团和巴西蓝色航空共同对外宣布，双方签署了新的合作协议，海航集团将以 4.5 亿美元收购巴西蓝色航空的 23.7% 股权，成为其最大股东，其后双方在航班共享、开发新航线等方面加大了合作。

2015 年 12 月 6 日，我国首家省级国有独资综合型旅游企业首旅集团发布重组预案，宣布其已经与如家酒店集团签署了一份《合并协议》，计划以 110 亿元人民币收购如家酒店集团 100% 的股权，如家酒店集团将成为首旅集团的全资子公司。2016 年 4 月 4 日晚，首旅集团发布公告，称双方已经完成股权交割。

2016 年初，在线票务服务公司携程对众信旅游进行了投资，同时双方还计划进行更为深入的业务合作。同年 10 月，携程又对旅游百事通进行了战略投资，意图借助旅游百事通 5000 多家门店完善在二三线城市的布局。随后，2016 年 10 月，携程和美国三大旅行社达成投资协议，全面布局北美旅游市场。

……

除此之外，BAT 等大型非旅游企业也在加紧对旅游业的布局。相关统计显示，2015 年百度、阿里巴巴、腾讯三大互联网巨头对于旅游业的投资累计超过了 160 亿元人民币。通过投资，BAT 的旅游业链条得到了进一步完善。

从看景到度假，多层次协同发展

在国有资本和民营资本的双重驱动下，我国旅游业无论是在数量增长还是在质量提升方面都出现了明显变化，开始进入从资源依赖型向资金驱动型转变的新发展阶段。这一阶段最主要的特点之一即市场细分的深化。

通常来讲，旅游业会经历从观光游到休闲游再到度假游的发展历程。而根据世界旅游组织的研究，一个国家旅游业的发展和该国人均 GDP 有着直接的关系，当一个国家的人均 GDP 达到 2000 美元时，该国会从以观光游为主转变以休闲游为主；而当人均 GDP 达到 3000 美元时，该国会从以休闲游为主转变为以度假游为主；而当人均 GDP 进一进增长，达到 5000 美元时，就会迎来度假游的爆发。根据相关部门发布的数据，2015 年我国人均 GDP 已经达到 7185.64 美元，度假游市场早已过了爆发点。

度假游本身有着非常明显的特点，主要表现为消费层次高且类型丰富，度假人群更加注重精神追求，对于旅游地的文化属性有着较高的要求，且更愿意花时间追求“闲情逸致”，因此一般来讲度假游的时间也会比观光游与休闲游长。同时，在旅游方式上，和传统以旅游团队为主的模式不同，度假游消费者更希望拥有自主选择权，散客和家庭式的组织方式更受他们青睐，因为他们把旅游视为一种生活方式，即旅居，所以需要“居家服务”，需要浓烈的生活色彩，也就需要更高端的配套设施。

值得一提的是，度假游属于中高端市场。由于我国经济发展不平衡，加之度假游项目建设落后，所以目前我国的旅游市场呈现出的是高、中、低端市场多层次协同发展的格局。

从游客数量角度看，三个市场呈正金字塔形分布，即逐层递增，而从消费能力角度看，三个市场则呈倒金字塔形，即逐层递减。这也与我国中产阶级队伍还不够大的情况相符。

1. 高端旅游市场

高端旅游市场可以被分为度假游、出境游、商务会展游等细分市场。在这一市场上活跃的消费群体通常是追求高品位、高品质生活的高端人士，他们更加关注精细化的服务，希望拥有独特且原生态的度假体验。

度假游，与传统的观光游不同，其不再是以单纯的景区参观、游览为主，而是强调在观光的同时进行休闲和娱乐活动，因此对配套设施、服务质量等方面都有较高的要求。度假游一般会有高尔夫、温泉、邮轮等要素，是当前较为火热也是非常值得投资者们关注的一个市场。

出境游，受当前发展条件限制，我国高端旅游产品供给很难满足消费者日益增长的需求，出境游因此成了当前我国一些高端游客的首选。调查显示，目前我国已经成为全球第 4 大客源输出国，2005—2015 年十年间，我国年出境游客实现了由 3102.6 万人次到 12000 万人次的惊人增长。

商务会展旅游，是随展览、会议、奖励旅游等商务活动发展起来的一个旅游品种，通常定位高端，目标客户群体大都具有很强的消费能力，受价格、季节性等因素的影响较小。

2. 中低端旅游市场

中低端旅游市场更加强调观光、休闲。其消费群体不追求服务的精细，他们寻求的是性价比高的产品、周到的基本服务，比如在饮食住宿上更喜欢具有当地特色的平价餐厅和经济型酒店。该市场又可被分为休闲游、自驾游等细分市场。

休闲游消费者注重的是旅游过程中的休闲娱乐元素，他们希望能够在旅游目的地得到吃、住、游、娱等全套服务。和观光游相比，休闲游消费者一般具有较高的消费能力。发展休闲游是目前我国旅游业的主要方向，因为我国现有的许多景区大都是按照单纯的观光游思路建设起来，需要进行升级。

自驾游市场是随着交通系统的不断完善发展起来的。我国公路网的逐步完善为自驾游消费者提供了良好的出行条件。同时，生活水平的提高也使得家用汽车走进了千家万户，自驾游便已成人们的出游方式之一。

可以说，我国旅游市场已产生了翻天覆地的变化，在高、中、低端旅游市场多层次协同发展的同时，各旅游细分市场上的业态创新也是接连不断，包括旅游文艺演出、医疗旅游、免税旅游等跨界融合的业态。而工业化、信息化、国际化进程的加快则直接推动和加速了我国旅游业的转型升级。在以信息化为代表的科技力量日渐强大的今天，利用现代化技术和装备，实现旅游业的全面升级，打造全新的商业模式已经成为新时期旅游业发展的大方向。我相信在未来一段时间里，信息技术将会被应用到旅游行业的各个方面，传统旅游的消费模式、经营方式以及管理方法都会被变革，最终会实现由粗放式扩张向集约式增长的转变。

投资机遇盘点，抓住投资的“牛鼻子”

从投资的角度看，目前在各类旅游项目投资中旅游景区项目仍旧占据着主导地位；从业态分布看，休闲度假、文化旅游、生态旅游等领域已经成为当前我国旅游行业投资资金的主要去向。国家旅游局发布的数据显示，2015 年我国在上述三个领域项目上的投资分别占据全部投资的 18.9%、15.3%、12.7%。同时，国家旅游局发布的数据还显示，对邮轮游艇和森林旅游的投资增速最大，同比增长率分别达到了 142.7%、103.6%，预计未来还会进一步增长。

旅游是一个非常广阔的市场，作为投资者我们不可能全面关注。我个人关注的旅游投资的热点有 5 个：文化旅游、休闲度假、智慧旅游、特色小镇、健康养生旅游，我认为对这些领域的投资会产生更好的回报——好并不是指收益的极大化，而是指安全性与收益性的平衡。

1. 旅游主题小镇和特色旅游城镇

2016年7月20日，住建部等三部委联合发布了《关于开展特色小镇培育工作的通知》，计划到2020年在全国范围内培育出1000个左右具有自身鲜明标记的特色小镇，以此作为全国小城镇建设工作的抓手。具体而言，即通过对一些有潜力、有特色小镇的挖掘，发展一些特色产业，由此带动小镇经济发展并切实解决小镇周边一部分农村劳动力的就业问题。

2015年12月3日，龙泉市“中国青瓷小镇开发项目”正式签约。该项目总投资金额高达30亿元人民币，号称是龙泉市史上最大的招商引资项目。该项目的具体内容是，以上垟镇龙泉瓷厂旧址为核心，对周边资源进行整合，在对龙泉青瓷文化内涵进行深入挖掘的基础上建立起一个开放式、生态化的人文景区。该项目计划分三期进行，作为青瓷小镇项目核心的青瓷文化园，将在对龙泉瓷厂风貌进行保留的基础上建立各种以青瓷为主题的休闲体验区，包括青瓷传统技艺展示厅、青瓷手工坊等，用不可复制的青瓷文化历史为游客加入一些全新的休闲体验。

中国青瓷小镇开发项目签约至今已有一年的时间，已经吸引入驻的青瓷企业、青瓷传统手工技艺作坊多达89家，当地4000多名农民因此解决了就业问题。

适应新型城镇化发展的旅游主题小镇和特色旅游城镇的建设，是非常符合当前国家发展需要的，各地政府也对其很“上心”。我相信，未来其将成为拉动我国旅游业发展的一个非常重要的引擎。

但是，需要提醒广大企业和投资者注意的是，特色小镇的打造是需要一定客观条件的，并不是所有的乡镇都合适特色小镇的打造，打造特色小镇的关键是有没有“特色”，或者说当地有没有特色资源。通过对国内一些较为成功的特色小镇的分析，我觉得可以将特色小镇分为历史文化型、特色产业型、资源禀赋型、城郊休闲型、时尚创意型、生态旅游型、新兴产业型、交通区位型、高端制造型、金融创新型 10 类。

2. 文化旅游产业

文化旅游产业是在移动互联网产业大爆发、消费者需求升级的背景下诞生的一种旅游新业态，包括主题公园、主题酒店、旅游演艺场所等。

文化部党组书记、部长雒树刚在 2016 年全国文化产业工作会议上称，未来将把“创新作为引领文化产业发展的第一动力，推动文化产业跨越式发展、再上台阶”。发展作为文化产业一部分的文化旅游产业事实上已经成为传统旅游业的一个突破点，它具有综合性强、产业链长等特点，是一个维度广、层面宽的大产业。最近几年，为了实现旅游业发展的战略目标，在政府相关政策的支持下，各地都把大力推进文化旅游产业的发展作为重要任务，特别是在乡村旅游的规划上。可以预测，未来文化旅游业会有更大的作为。

3. 购物休闲游产业

吃、住、行、游、购、娱是我国传统旅游中的六大要素，其中“购”占据着非常重要的地位，特别是在物质发达的今天，生活水平的提高使得我国居民购物能力持续提高，这就给了旅游度假区、特色商业街区、温泉等休闲区、高尔夫球场等购物地带来了极大的发展空间。于是，购物休闲成为旅游业的一个重要分支。

4. 智慧旅游

智慧旅游，简单地说就是利用现代信息化技术，对已有的旅游资源及信息进行全面整合，为游客提供量身定制的旅游产品。可以说，智慧旅游是在物联网、云计算、智能数据等 TMT 技术的基础上发展起来的，是一种对旅游物理资源和信息资源进行系统化整合及深度开发的全新旅游形态。其可以根据用户需求对其旅游计划进行即时性地安排和调整。

智慧旅游注重游客的便利和舒适度，而智慧旅游景区的建设也并非简单的软硬件比拼，而是要通过互联网技术为用户创造更好的旅游体验，实现“以人为本”。在这个“用户至上”的年代，智慧旅游无疑是一个非常值得期待的投资方向。

5. 医疗健康旅游

医疗健康旅游，世界旅游组织对其的定义是“以医疗护理、疾病与健康、康复与休养为主题的旅游服务”。我们通常还可以称之为观光医疗，是一种将旅游和健康服务相结合的全新旅游形式。医疗旅游覆盖范围非常广泛，小到美容整形、大到重症手术，让人们在求医的过程中领略美妙的异地文化。

近年来，医疗健康旅游行业的发展备受投资界人士的关注。据有关机构统计，当前全球医疗旅游人数净增量每年均有数百万。相关调查显示，2000 年世界医疗旅游业的总产值还不足百亿美元，而到 2013 年，这一数字已经达到了 4386 亿美元。医疗旅游可谓是全球增长最快的产业。有专业人士预测，2017 年全球医疗旅游的收入可能会达到 6785 亿美元。

中国旅游研究院院长戴斌曾公开表示，从当前市场发展以及消费需求情况看，在生活水平提高等各有利条件的推动下，我国旅游正朝着更加多元化的方向发展，其中医疗旅游将成为旅游业转型非常重要的一个突破口。

2011 年，世界闻名的“长寿村”广西巴马县凭借着优美的自然风光和独特的养生传统，成功打造出了我国第一条世界级养生旅游线路——

“神奇桂西”，对沿途几个乡村的旅游业起到了极大的带动作用。广西西部旅游联盟主席蓝红平对此发表评论称：“桂西是世界级的养生胜地和长寿带，人们近距离接触长寿之乡，在旅途中可以放松身心，探寻健康的生活状态。”事实证明，这个养生旅游线路的设立是非常明智的决定。近几年来，来此的游客络绎不绝，当地居民生活条件因此得到了极大的改善。

随着医疗健康旅游概念的火热，越来越多的健康旅游产品被推出：钟鼓楼胡同访名医馆、颐和园品尝药膳、长城脚下品养生茶道……这种“旅游＋健康”的全新旅游模式受到了游客们的大力追捧，极大地拉动了当地的旅游投资与消费。

当前，我国旅游正处于转型升级的重要时期，热点繁多，除了上述五个领域外，与现代农业和新农村建设相结合的乡村旅游产品开发、旅游商品和旅游户外休闲用品、在线旅游产品开发、旅游房车、自驾车营地建设等也都具有一定的投资价值。希望大家都能各取所需，把握住时代赋予的机遇，成为旅游业转型、升级的浪潮中弄潮儿。

【案例 11】复星集团并购国外旅游资产：中国动力嫁接全球资源

巴菲特曾言："人生就像滚雪球。最重要的是发现很湿的雪和很长的坡。"从 1 美元，到 100 美元，到 100 万美元，再到 1 亿美元……只要选择对了，什么都有可能发生。这就是所谓的投资传奇。

复星集团成立于 1992 年，是一家 2007 年即在香港联交所主板上市的金融控股公司，曾先后对复星医药、复地、建龙集团、分众传媒等企业进行投资。2010 年，复星集团首次进入旅游业，从此开启了投资旅游业的进程。复星集团投资旅游业的基本思路是：实施全球化战略，收购优质国外资产，并将其引入中国，进行本土化改造，通过将"中国动力"和"国外资源"相结合的方式来构建休闲旅游全球产业链。

运筹帷幄：新战略锁定旅游业

复星集团前 CEO 梁信军先生曾表示，复星集团的成长过程实际上是准确把握"中国动力"的过程。针对不同时期中国经济发展动力的特殊性，复星集团采用了不同的战略，从而实施了快速且顺畅的发展。

自 2008 年起，中国经济发展进入了一个全新的阶段：内需和金融业开始快速增长。面对这样的情况，复星集团对投资方向进行了调整，开始积极走出国门，并针对国内的消费升级提出了"中国动力嫁接全球资源"的全新投资模式。旅游业正在这个时候进入复兴集团视线的。

复星副总裁兼旅游及商业集团总裁钱建农曾在接受媒体采访时表示，复兴集团之所以将目光锁定旅游业，和当时全球特别是中国旅游业的发展状况有着直接的关系。当时全球旅游业的市场规模已占到全球 GDP 的 10%。同时，我国旅游业发展速度之快也相当令人瞠目。在国家相关政策的护佑下，中国旅游业渐成国民经济支柱产业。

在加入复星之前，钱建农曾经担任一家美国上市医药企业的CEO，还曾担任过两家德国跨国公司的中国区高管，具有非常丰富的管理经验。复星集团当时已经成为一家投资公司，选择加入复星集团对钱建农来说有一定挑战性。在加入复星集团之后，钱建农在充分发挥自己管理能力的同时，也加强了对投资领域的研究，开始了从纯粹管理向“投资＋管理”道路的转变。

“一定要对企业和行业有足够的了解”。这是一直以来钱建农推崇的投资哲学。他认为在进行投资对象选择时仅凭数据是远远不够的，只有真正的了解行业、企业，才能做出正确的判断，找到真正的“风口”。因此，在进入旅游行业之前，复星集团曾经对欧洲和亚洲的旅游市场进行了详细的分析调研，最终得出结论：无论是欧洲还是亚洲，其旅游市场都呈现出明显的从观光旅游向休闲度假旅游转型的趋势。这无疑是一个巨大的商机！因此，复星集团决定对旅游业进行全面布局，并将提供新型度假休闲服务作为自己的业务定位。

复兴集团对旅游项目或企业的投资有自己的准则：采用C2M模式、产品端与中国旅游市场升级换代的形势相符、全球化。从投资标的看，复兴集团投资的旅游企业大多是在细分市场上拥有全球领先地位的企业，但也有一些拥有技术创新能力或商业模式很新颖的初业企业。

总体来说，在对旅游产业的布局之上，复兴分为了客户来源以及产品内容两大块，并在“中国动力嫁接全球资源”理念的指引下，运筹帷幄，力图做中高端休闲旅游的生意！

明修暗度：“走出去”之后再更好地“引回来”

2010年，复星集团开始正式试水旅游业的投资——入股法国旅游度假运营商Club Med（地中海俱乐部）。2010年3月，复星集团开始和地中海俱乐部的相关负责人进行接触。令人意外的是，双方对当时中国旅游市场形势的判断惊人的相似。双方均认为，中国酒店行业发展已经非常迅速，但是度假休闲型酒店市场却仍是空白。据此双方形成了合作意向。首次见面三个月后，复星集团便对地中海俱乐部进行了第一次投资，获得地中海俱乐部两个董事会席位和约10%的股份。

这仅仅是复星集团控股地中海俱乐部的开始。2014年，复星集团和意大利投资大亨安德鲁·波诺米就地中海俱乐部的股权展开了一场激烈的角逐，最终，复星集团以高出原本价格44%的价格收购了地中海俱乐部约98%的股权，代价是9.6亿欧元。

2013年，复星旅游商业集团正式成立。至此，旅游正式成为了复星集团的核心业务之一。随后，基于“保险＋投资”模式复星集团在海外旅游市场上打出一套组合拳：

2013年10月，复星集团对外宣布已经和柯兹纳集团(Kerzner)签署合作协议，双方未来将共同在海南三亚打造中国的“亚特兰蒂斯”。值得一提的是，到目前为止，世界上只有两个亚特兰蒂斯项目，分别在巴哈马和迪拜。而调查显示，这两家亚特兰蒂斯的经营成效都很好。复星集团2016年半年财务报告显示，其投资110亿元建造的亚特兰蒂斯酒店已与2016年7月封顶，将于2017年下半年试营业；其可售物业已于2016年10月开始销售，预计销售回款将达80亿元人民币。

2015年4月，复星集团宣布和得州太平洋集团（TPG Capital）联手收购加拿大国宝级公司太阳马戏团（Cirque du Soleil），此项交易的价值约93.14亿元人民币。

2015年11月初，复星集团以9180万英镑的价格收购了英国老牌旅行社Thomas Cook 5%的股份。Thomas Cook主要在欧洲地区开展包机、豪华邮轮、酒店、度假村等业务。

另外，复星集团还先后投资了印度线上旅行社makemytrip在线旅行社、日本北海道星野度假村、英国狼队足球俱乐部等企业。分析一下这些投资对象即可知，复星集团对休闲度假旅游的关注度要明显高于对观光旅游的关注，复星集团主做的是中高端旅游业务。同时，还可知复星集团的“走出去”是为了“引进来”。复星集团董事长郭广昌曾在2015年全国两会上发言，称在国家“一带一路”政策的指引下中国企业应该在“走出去”之后再更好地“引回来”。显然，复星集团“中国动力嫁接全球资源”投资模式体现的正是郭广昌的这种经营思路。

凝心聚力：实现全产业链和全球布局

2016年11月，钱建农正式对外宣布，复星集团计划将旗下地中海俱乐部、亚特兰蒂斯、Thomas Cook的中国合资公司等旅游业务拆分出来成立一家新的集团公司，并计划在2020年让其上市。目前，该公司已经完成在香港和开曼的注册工作。这意味着经过前几年的海外并购后，复星集团开始了对旅游资产进行整合。

钱建农表示，现代科学技术的发展使得生态圈和跨界融合成为经济的一大趋势。当前，从客户群到产品群，复星集团旗下的旅游业务已经形成了一个相对完整的生态圈，未来，围绕中产家庭的休闲度假需求，复星集团会继续对全球旅游资源进行整合。除了已经计划成立的演艺演出公司外，复兴集团还将加入新成立的一些酒店和景区投资管理公司，使自身的业务能贯穿旅游产业链上的各个环节，最终实现全产业链和全球布局。

“我们是上下游整个产业链的投资，而不是单一的投一个酒店或者一个旅行社。我们想打通全球客源来拓展旅游版图，这就是投资控股集团与产业集团不一样的地方。”钱建农说。

【投资人思考】：中国资本如何整合全球产业资源？

复星集团创建于1992年，创立之初叫广信科技发展有限公司。据说复星集团的初始资本只有3.8万元。而据2016年财务报告显示，截至2016年12月31日复星集团已拥有总资产4867.8亿元人民币，净资产（归属于母公司股东之净权益）923.67亿元人民币。

与大多数持续增长并成为巨头的国内企业不一样，复星集团从未在某个细分领域称王。换言之，复兴集团是一家主业不突出的企业，许多人甚至说不清楚它到底是做什么的。实际上，它是一家金融控股集团公司，最大的业务或者说最挣钱的业务是投资。复星集团2016年财务报告记录了复兴集团各业务板块的盈利情况，其中投资板块盈利42.98亿元，在所有板块中位居第一。

另外，复星集团在2016年半年财报中还披露：自2000年起至2016年6月30日，其投资业务板块IRR（内部收益率）为22.6%。这是一个可以与巴菲特的伯克希尔·哈撒韦比肩的投资业绩——据统计，从1965年至2013年，伯克希尔·哈撒韦公司的账面价值累计增长了近7000倍，折合复合平均年化收益率高达19.7%。当然，两者并不具有完全可比性。

与许多持续增长并成为巨头的企业一样，复星集团也是一家非常善于把握大势的企业，而且更为出色——我个人认为其是数一数二的。这应该与其出身有关：在创立之初，它的主业是市场调查。另外，也是更主要的，这与其金融控股公司的定位有关。金融控股公司与纯实业公司或纯做金融的公司比起来有一个特点：战略自觉性更强。做金融控股公司要与做证券投资一样做投资组合，但是实业组合而非证券组合。而做投资组合必须有明确的战略，必须具有战略自觉性。

这一点在复星集团身上表现得尤为明显。这从其一直拥有明确的学习对象即可知之：向巴菲特学习价值投资理念，向GE学习人才培养和文化建设，向李嘉诚学习全球化管理，向凯雷学习资产管理，向保德信学习企业风险控制。战略自觉性不强的企业是不可能拥有如此明显的学习对象的——需要说明，战略是一个系统，涉及方方面面。

可以说，复星集团的成功很大一部分原因就是拥有战略自觉性。具体的体现之一即它创立了一种新的国际化模式:“中国动力嫁接全球资源”，开创了中国企业国际化的新投资模式。

以前我们谈国际化，都是指进入美、日、欧等其他国家的市场，把自己的产品或服务销售给国外用户。复星集团则逆向而动，强调整合国外的资源以满足中国消费者的需求。郭广昌与马云很好的朋友，马云把阿里巴巴的国际化“定义”为将外国中小企业的产品与服务带入中国市场，也是一种逆向而动。不知是郭广昌影响了马云还是马云影响了郭广昌，或者是英雄所见略同？从时序来说，我觉得应该是郭广昌影响了马云。

旅游业是复兴集团“中国动力嫁接全球资源”投资模式的第一个“落点”，且非常成功。以投资Club Med（地中海俱乐部）为例。Club Med是全球最大的旅游度假酒店集团，在全球著名的风景点有76个四星级和五星级酒店。复星集团投资它有几个原因：一是看中它的“一价全包”的商业模式——度假村吃住玩的价格全部包含在内，消费透明，对国内高端消费者有吸引力。二是没有语言障碍。在全球任何Club Med都有一个会说你的母语的G.O(Gentle Organizer，亲善的组织者，即为游客服务的接待人员），为你提供全程24小时接待服务。三是亲子活动丰富。Club Med为孩子安排了专门的活动，让家长在旅游中不必再为孩子操心。中国人最重视孩子，对此高度认同。

复星集团是2010年6月投资成为Club Med第一大股东的。2011年Club Med中国区的销售收入同比增长了40%，并带动其全球销售收入同比增长了6.25%，剔除非经常性事项后的其全球净利润同比增加了

312.5%。成效可谓是立竿见影。

显然，复星集团做旅游赚的主要是中国消费者的钱，这也是“中国动嫁接全球资源”投资模式的高明之处。中国的市场多大呀！在商言商，作为中国企业当然应该立足中国市场，赚中国消费者的钱。

这就是战略自觉性的一种体现，也是前瞻性的一种体现：复星集团是国内较早意识到要为中国消费者提供高端消费产品与服务的企业。这一点在财报中有明显体现。在2016年半年财务报告中复星集团是把健康、快乐（即旅游）、富足（即资产管理）归为一大类业务，称其为富足、健康、快乐生态圈。该类业务在复星集团中的地位持续上升。2016年财务报告显示，截至2016年12月31日，复星集团富足、健康、快乐生态圈业务的总资产为4047.10亿元人民币，同比增长28.8%，且占复星集团全部总资产的比重从2015年底的75%上升到81.1%；净资产为846.57亿元人民币，同比增长55.7%，且占复星集团全部净资产的比重从2015年底的58.2%上升到73%；净利润为92.09亿元人民币，且占复星集团全部净利润的比重从2015年底的73%微增至76%。可见，富足、健康、快乐生态圈业务已经成为复星集团的第一大业务。

//后记//

投资是一个不确定性很强的工作。做投资久了的人就会有一个习惯：复盘，也就是重新审视投资过的案子，总经成功的经验与失败的教训。我也有这个习惯，且已将其扩展至所有的工作。

本书是2016年底着手开始写的，2017年春节期间完稿。其后，繁多的公务让我只能暂时将之束之高阁。现在，付梓在即，我不得不对书中的主要内容，尤其是预测性的内容进行“复盘”，既出于主观的习惯，也出于客观的形势要求，毕竟自完稿至今已经过去了半年多，经济形势与行业环境已发生了变化，我必须审视一下书中的内容是否能给自己一个交代，从而让我给读者一个交代。

审视的结果是“能”：变化完全符合我之前在本书中的核心的预测。

首先，如我所预测的，中国经济发展态势良好，中国的全球地位不断升高。2017年上半年中国GDP增长率为6.9%，超过许多中外经济研究机构、经济学家与投行人士的预期。他们原本对中国经济持不太乐观的态度。这从国际货币基金组织（IMF）、经合组织、亚洲开发银行（ADB）、世界银行集团（WBG）、普华永道等众多经济研究机构相继调升今明两年中国GDP预期增长率即可看出。比如国际货币基金组织，2017年以来已经连续3次上调中国GDP预期增长率——前两次分别在4月和6月，第三次在7月24日；国际货币基金组织在马来西亚首都吉隆坡发布《世界经济展望报告》更新内容，将中国今明两年经济增长预期分别上调 0.1 和 0.2 个百分点，即分别至 6.7% 和 6.4%。

与此同时，中国作为世界经济增长引擎的角色与中美共治的局面较半年多前愈发明确。中国的全球治理方案获得了越来越多的拥趸，国际货币基金组织总裁拉加德甚至表示：如果中国和其他大型新兴市场国家的增长趋势持续下去并反映在国际货币基金组织的投票结构中，那么 10 年内，国际货币基金组织或许会把总部搬到北京。拉加德此言绝非客套话，因为国际货币基金组织的章程规定，总部应该设在份额最大的成员经济体内（目前为美国）。拉加德此言的潜台词是：中国在未来 10 年内有可能超越美国而成为全球第一大经济体，并成为全球治理方面的领导者。

其次，就像我所预测的，中国股权基金行业迅猛发展。据统计，截至 2017 年 8 月底，国内私募实际募集资金的规模已超过 10 万亿元大关，为 10.21 万亿元，其中私募股权基金资金的占比为 62%；同时，私募股权基金的数量由 2016 年底的 17932 只增加至 25407 只，8 个月增幅高达 42%。这说明私募股权基金已获得越来越多投资者的认可。这既是财富积累的结果，也是政策引导的结果：“大众创业、万众创新”；国企或者说混合所有制改革；IPO 发审提速；“一带一路”向纵深发展……特别是 2017 年 7 月召开的第五次全国金融工作会议提出了“回归本源、优化结构、强化监管、市场导向”的方针，强调要增强资本市场服务实体经济的功能，积极有序发展股权融资，提高直接融资比重。

显然，经济形势与行业环境的变化都说明我的核心预测是对的，但我觉得这并不重要，重要的是它说明本书的视角、方法及隐匿于其间的逻辑能够经得住时间检验。本书要呈现给像您一样每一位读者一个投资人大格局，我希望您能领悟到这一点。